SENSO DE URGÊNCIA

ESTRATÉGIAS PARA PRIORIZAR E ASSUMIR O CONTROLE
EM UM MUNDO AGITADO

JOSÉ ANTÔNIO RAMALHO

SENSO DE URGÊNCIA

ESTRATÉGIAS PARA PRIORIZAR E ASSUMIR O CONTROLE EM UM MUNDO AGITADO

ACTUAL

Rio de Janeiro, 2025

Senso de urgência

Actual é um selo da Editora Almedina do Grupo Editorial Alta Books (Starlin Alta Editora e Consultoria LTDA).

ISBN: 978-65-87019-98-7

Impresso no Brasil — 1ª Edição, 2025 — Edição revisada conforme o Acordo Ortográfico da Língua Portuguesa de 2009.

Dados Internacionais de Catalogação na Publicação (CIP)
(BENITEZ Catalogação Ass. Editorial, MS, Brasil)

R165s
1.ed. Ramalho, José Antônio
Senso de urgência : estratégias para priorizar e assumir o controle em um mundo agitado / José Antônio Ramalho. - 1.ed. - Rio de Janeiro : Actual, 2025.
304 p.; 15,7 x 23 cm.

Bibliografia.
ISBN 978-65-87019-98-7

1. Administração do tempo. 2. Autoajuda - Aspectos sociais. 3. Cotidiano social (Controle). 4. Planejamento e organização. 5. Resiliência. I. Título.

02-2025/120 CDD 300

Índice para catálogo sistemático:
1. Autoajuda : Planejamento e organização : Aspectos sociais 300

Aline Graziele Benitez - Bibliotecária - CRB-1/3129

Grupo Editorial Alta Books

Produção Editorial: Grupo Editorial Alta Books
Diretor Editorial: Anderson Vieira
Editor da obra: Marco Pace
Vendas Governamentais: Cristiane Mutüs
Gerência Comercial: Claudio Lima

Assistente Editorial: Andreza Moraes
Revisão: Tereza Gouveia; Carol Colffield
Diagramação: IO Design

ALTA BOOKS
GRUPO EDITORIAL

Rua Viúva Cláudio, 291 — Bairro Industrial do Jacaré
CEP: 20.970-031 — Rio de Janeiro (RJ)
Tels.: (21) 3278-8069 / 3278-8419
www.altabooks.com.br — altabooks@altabooks.com.br
Ouvidoria: ouvidoria@altabooks.com.br

Editora
afiliada à:
ASSOCIADO

Sumário

Introdução

Se eu fosse escrever um livro sobre o tempo seria mais ou menos assim.

A oferta que se renova

A escuridão da meia-noite traz consigo uma oferta única e inquietante. À medida que os ponteiros do relógio atingem a marca de meia-noite, 1.440 minutos são depositados em nossas contas pessoais. Um presente que não pode ser acumulado ou adiado, apenas utilizado durante o período que lhe é designado. O tempo corre rapidamente nessa ampulheta incansável, e cada minuto não utilizado desaparece. Mas e se houvesse um propósito maior por trás desse fluxo constante? E se cada um desses minutos escondesse um segredo que pudesse mudar a sua vida?

No turbilhão do cotidiano, a maioria das pessoas acredita que não tem tempo suficiente. No entanto, essa crença é enganosa, pois todos nós recebemos os mesmos 1.440 minutos. O que realmente falta é a consciência de como estamos utilizando esses preciosos minutos. À medida que os minutos se esvaem, uma angústia silenciosa nos envolve. Lamentamos o tempo mal utilizado, os momentos preciosos desperdiçados em trivialidades vazias e a nossa incapacidade de realizar o que é preciso enquanto eles perduram. A sensação de arrependimento nos persegue, mas há algo mais do que simples remorso por trás desse sentimento. Aos poucos, à medida que mergulhamos no universo dos minutos desperdiçados, descobrimos a verdade oculta.

Esses minutos são a chave para uma vida mais plena e significativa. Cada um deles guarda em si o potencial de criar, de amar, de aprender, de realizar e alcançar nossos mais profundos desejos e aspirações. Algumas pessoas desenvolvem habilidades que as tornam mestres da manipulação do tempo, criando uma sinergia e um domínio sobre ele enquanto outras se tornam escravas dele. Mas como podemos desvendar esse segredo e aproveitar ao máximo essa dádiva?

Parei para pensar, gastei alguns minutos do meu precioso saldo diário e achei melhor escrever um livro com uma nova abordagem sobre o tempo, que tratasse sobre o senso de urgência, uma sensação de que temos que tomar uma decisão ou atitude rapidamente para resolver uma situação que surge diante de nós e, com isso, aproveitar os preciosos minutos recebidos, sem o peso do arrependimento pelo seu desperdício.

Vivemos em um mundo acelerado, repleto de dispositivos conectados e uma infinidade de tarefas que exigem nossa atenção simultânea. A tecnologia trouxe inúmeras vantagens, mas também nos submergiu em um mar de demandas e urgências. Nesse contexto, desenvolver um senso de urgência se tornou essencial para sobreviver e prosperar na vida pessoal e profissional.

Bem-vindo ao livro *Senso de urgência: Estratégias para priorizar e assumir o controle em um mundo agitado*. Aqui, mergulharemos no tema, explorando seus conceitos, suas implicações e, o mais importante, fornecendo sugestões de soluções práticas para lidar com ele de maneira eficaz e, com isso, usarmos os 1.440 minutos que ganhamos todos os dias com sabedoria e consciência.

No Capítulo 1, compreenderemos o que é senso de urgência, indo além da definição básica, e examinaremos como ele se manifesta em nossa vida pessoal e profissional. Ao entendermos sua natureza e suas origens, estaremos mais bem preparados para enfrentar os desafios que ele nos apresenta.

Em seguida, no Capítulo 2, exploraremos os impactos negativos do senso de urgência descontrolado. Ele tem de ser uma ferramenta que nos auxilia, mas não pode se tornar um problema quando o utilizamos de forma inadequada. Podemos ir de mestres do tempo a escravos temporais em, literalmente, pouco tempo. Ao analisarmos profundamente as consequências para nossa saúde mental, relacionamentos e qualidade de vida, compreenderemos a importância de buscar um equilíbrio saudável no uso do tempo. Incorporar e desenvolver o senso de urgência exige habilidades interpessoais que precisam ser criadas ou desenvolvidas. No mundo atual, habilidades interpessoais, conhecidas como *soft skills*, são cada vez mais valorizadas.

No Capítulo 3, discutiremos como cultivar essas habilidades para gerenciar efetivamente a urgência em nosso cotidiano. Resiliência, inteligência emocional, comunicação eficaz e resolução de problemas são apenas algumas das competências que ajudarão a enfrentar as demandas urgentes com confiança. O gerenciamento do tempo é uma peça-chave no quebra-cabeça do senso de urgência.

No Capítulo 4, faremos uma pausa para refletir sobre o componente mais importante da administração e do uso do tempo: nós! Sinto lhe dizer, mas boa parte dos problemas que você tem em relação à falta de tempo é causada por você mesmo, de forma inconsciente ou com certa culpa. Temos de entender como funciona o nosso relógio biológico e fazer um balanço do que é importante em nossa vida por meio da criação e do entendimento de nossa Roda da Vida.

No Capítulo 5, forneceremos estratégias práticas para priorizar tarefas, otimizar a produtividade e evitar a sensação de estar constantemente sobrecarregado. Apresentaremos técnicas comprovadas, como o método Pomodoro, a matriz de Eisenhower, as metas SMART e a técnica japonesa dos 5S que nos ajudarão a usar o tempo de forma mais eficiente. Entretanto, não se trata apenas de agir rapidamente, mas de encontrar o equilíbrio entre urgência e efetividade.

No Capítulo 6, exploraremos como evitar a armadilha da ação constante, mas sem direção. Veremos como direcionar nossa energia para resultados significativos e alcançar um senso de realização duradouro.

Ao longo do livro, também abordaremos mudanças de atitude e mentalidade necessárias para lidar com a urgência. No Capítulo 7, analisaremos as atitudes defensivas comuns que nos impedem de agir proativamente diante de problemas urgentes. Veremos como a âncora da procrastinação nos arrasta para o fundo do abismo e as asas da proatividade nos elevam. Ao aceitarmos os desafios e buscarmos soluções, estaremos no caminho certo para uma abordagem mais assertiva em relação à nossa vida.

No Capítulo 8, conheceremos e reconheceremos os efeitos da complacência em nossa vida e o seu impacto negativo na ação e senso de urgência. Muitas vezes nos tornamos complacentes com a situação atual, seja por conformismo, falta de confiança em nossa capacidade ou até mesmo pelo desfrute do sucesso por um tempo maior do que o necessário.

No Capítulo 9, aprofundaremos a importância de construir uma equipe com um senso de urgência compartilhado. Exploraremos estratégias para motivar e engajar os colaboradores em projetos urgentes, desenvolvendo uma cultura de trabalho colaborativa e eficiente.

Já no Capítulo 10, discutiremos as fontes de pressão externa que podem alimentar a sensação de urgência constante, bem como estratégias para lidar com essas expectativas e estabelecer limites claros. Lidar com a pressão externa e expectativas irrealistas é uma habilidade crucial para enfrentar a urgência de forma saudável.

No Capítulo 11, abordaremos como manter um senso de urgência sustentável ao longo do tempo. Discutiremos estratégias para evitar a exaustão e preservar a motivação, para que possamos manter um equilíbrio saudável entre urgência e bem-estar.

O senso de urgência pode ser aprendido desde cedo. No Capítulo 12, abordaremos o impacto da criação do senso de urgência, desde os primeiros anos de vida, e o impacto dos aspectos psicológicos como temperamento, caráter e personalidade no desenvolvimento do senso de urgência na vida adulta.

No Capítulo 13, olharemos seriamente para o nosso cotidiano, identificaremos nossos (maus) hábitos e os larápios temporais que roubam nosso bem precioso. São fatores internos e externos que precisaremos eliminar se quisermos ser mestres do nosso tempo.

O Capítulo 14 tratará de desintoxicação digital, um assunto importante para o processo de libertação de um avançado estágio de uso de redes sociais.

A tecnologia se mostrou uma vilã em alguns casos, contribuindo para o aumento da carga de trabalho, ampliação da velocidade de acesso à informação e, consequentemente, cobranças sobre a entrega mais rápida ou em maior volume do nosso trabalho. Contudo, estamos vivendo uma mudança radical em nossas vidas com a incorporação da Inteligência Artificial em praticamente todas as áreas do conhecimento. Se bem utilizada, ela pode ser uma incrível assistente para sermos mais produtivos, sem cairmos na armadilha da rapidez. Esse é o tema do Capítulo 15.

Finalmente, no Capítulo 16, compartilharei oito filmes em diferentes categorias que nos ensinam lições sobre senso de urgência, complacência, proatividade e procrastinação. Neles, poderemos identificar os efeitos que cada uma dessas características causa nos personagens e nos rumos da história.

Ao concluirmos esta jornada, teremos adquirido um conjunto de ferramentas e conhecimentos práticos para incorporar e desenvolver o senso de urgência com confiança e assertividade. Através da compreensão profunda dos impactos negativos e positivos do senso de urgência, do cultivo de *soft skills*, do gerenciamento eficiente do tempo e das mudanças de atitude necessárias, estaremos preparados para enfrentar os desafios que surgem em nosso ambiente de trabalho.

Este livro é um convite para despertar o senso de urgência e usá-lo como força motriz para a ação e conquistas. Esteja preparado para explorar novas perspectivas, adotar mudanças positivas e assumir o controle em um mundo agitado. Agora, é hora de mergulhar no conteúdo e começar a jornada em direção a um senso de urgência consciente e produtivo.

Vamos aprender a priorizar, focar e agir proativamente, tornando-nos mestres da nossa própria produtividade e sucesso. Juntos, dominaremos o senso de urgência e alcançaremos resultados excepcionais. Ao final, você encontrará exercícios, perguntas para reflexão e outras atividades práticas.

E se você não tem tempo para ler ou fazer as atividades propostas, tenha certeza de que este livro é para você. Ao usar alguns dos 1.440 minutos diários, verá que o tempo investido nesta leitura será compensado com uma nova forma de olhar, e principalmente, lidar com o tempo.

Dependendo do seu nível profissional e de conhecimento, poderá julgar que alguns temas não são abordados de forma profunda. Lembre-se de que o livro tem a finalidade maior de inspirar a continuação do seu estudo nas áreas em que sente maior necessidade de conhecimento. Cada capítulo merece um livro inteiro para criar um aprofundamento no tema. Pense nele como um radar de longo alcance que lhe dá uma ideia do que encontrará pela frente, mas que serão necessárias ferramentas mais precisas para filtrar e identificar seus alvos.

Se você leu esta introdução sem interrupção, deve ter consumido oito ou nove minutos dos seus preciosos 1.440 minutos diários. Use bem os demais e, se tiver alguns deles sobrando, envie-me um e-mail para dizer o que achou do livro no endereço ramalhoescritor@gmail.com.

Se preferir, acesse meu Linkedin @joseantonioramalho para ver outros artigos que poderão ser úteis e estabelecermos um contato direto por lá.

CAPÍTULO 1

Compreendendo o Senso de Urgência

Não é curto o tempo que temos, mas dele muito perdemos.

Sêneca (4 - 65 a.C.)

filósofo e escritor romano

O SENSO DE URGÊNCIA É UMA CARACTERÍSTICA INTRÍNSECA do mundo moderno. Vivemos em uma era em que a tecnologia nos mantém conectados e constantemente bombardeados por demandas, tarefas e distrações. Nesse capítulo, vamos aprofundar nossa compreensão do que é o senso de urgência e como ele se manifesta em nossas vidas pessoais e profissionais.

Você já parou para refletir sobre como lida com suas tarefas diárias? Costuma deixar tudo para a última hora ou planeja e executa com antecedência? Ter um senso de urgência bem desenvolvido pode ser um diferencial na sua carreira e tornar a convivência pessoal melhor.

Definindo o senso de urgência

O senso de urgência é a capacidade de reconhecer a importância de agir rapidamente em situações que exigem uma resposta imediata. É a habilidade de avaliar a situação e tomar decisões rápidas para resolver problemas ou aproveitar oportunidades. É uma característica importante para lidar com as demandas do mundo moderno, onde as coisas mudam de uma hora para outra, e é preciso estar sempre pronto para agir.

Ele está relacionado ao tempo que uma pessoa leva para iniciar uma ação depois que recebe um estímulo. Não se restringe apenas ao ambiente de trabalho, pois pode e deve ser aplicado a tarefas cotidianas. Ter um senso de urgência significa responder rapidamente a uma demanda e agir de forma proativa, antecipando-se às situações e tomando a iniciativa antes mesmo que lhe peçam algo, ou simplesmente agir rápido quando uma situação surge de forma inesperada. A falta de senso de urgência leva à procrastinação (adiamento, atraso) e à demora em tomar decisões importantes.

É importante ressaltar que ter senso de urgência não significa agir ou reagir de forma desesperada ou sem planejamento. Na verdade, trata-se de tomar decisões de maneira consciente, calculando os riscos envolvidos e suas consequências. Implica reconhecer também que falhas podem ocorrer ao longo do caminho, mas devem ser corrigidas imediatamente, servindo como aprendizado.

Imagine um gerente de projeto que recebe um pedido de última hora para entregar um relatório crucial até o final do dia quando sua equipe já está totalmente envolvida em outros trabalhos com prazos imediatos de entrega. A urgência desse pedido cria uma pressão extra, exigindo do gerente a mobilização de sua equipe, a revisão do cronograma, a interrupção da execução de outras tarefas e a alocação dos recursos necessários para cumprir o prazo. Algumas pessoas vão reclamar e justificar que não é possível; outras, mesmo sabendo das dificuldades, encontrarão uma forma de atender a demanda, mesmo que seja difícil. O gerente terá de priorizar tarefas e relegar outras para o fim da fila. Terá de analisar qual será o menor impacto negativo desse remanejamento e entregar o relatório prioritário. Nada fácil, não é?

Manifestações do senso de urgência

O senso de urgência pode ser uma qualidade ou habilidade que algumas pessoas têm naturalmente, enquanto outras precisam desenvolvê-lo com treinamento e prática. Um exemplo é a predisposição natural de algumas pessoas para aprender a tocar um instrumento musical e cantar, enquanto outras pessoas, que gostam de música, precisam se dedicar com muito afinco para desenvolver sua habilidade musical. É importante lembrar que, independentemente de ter uma predisposição natural ou não, é possível desenvolver o senso de urgência com treinamento e prática.

A manifestação do senso de urgência é uma mentalidade que valoriza a rapidez, a eficiência e o foco nos resultados. Quando uma pessoa tem um senso de urgência desenvolvido, é capaz de identificar as prioridades, tomar decisões rápidas, adaptar-se a mudanças, cumprir prazos, agir proativamente e comunicar-se de maneira clara e assertiva. Essas manifestações refletem a consciência de que agir com agilidade é fundamental para alcançar metas, evitar problemas futuros e aproveitar oportunidades. Desenvolver a manifestação do senso de urgência requer consciência, disciplina e habilidades de organização e priorização. É possível aprimorar essa competência por meio da prática, do autoconhecimento e da adoção de estratégias que promovam uma mentalidade voltada para a ação e a entrega de resultados de forma eficiente.

Fatores que contribuem para o desenvolvimento do senso de urgência

Vários fatores contribuem para o aumento ou o desenvolvimento do senso de urgência em nossa sociedade. A velocidade da comunicação desempenha um papel significativo, com a disponibilidade de tecnologias que nos mantêm constantemente conectados. E-mails, mensagens instantâneas e notificações em dispositivos móveis criam uma sensação de que precisamos estar sempre disponíveis e responder imediatamente.

Além disso, as demandas cada vez maiores por produtividade e resultados rápidos também influenciam nossa percepção de urgência. Ambientes de trabalho competitivos e metas ambiciosas podem gerar uma cultura em que a urgência é constantemente enfatizada. Se uma sobrecarga não é pontual, a cultura da urgência passa a ser o padrão, e as pessoas vivem em permanente estado de tensão para lidar com tudo.

O papel da família na formação do senso de urgência

A criação e o ambiente familiar desempenham um papel significativo no desenvolvimento do senso de urgência e da proatividade de uma pessoa. Famílias que estimulam e cobram dos filhos tarefas e responsabilidades desde cedo têm maior probabilidade de criar indivíduos mais aptos a terem senso de urgência e proatividade desenvolvidos e, como consequência, serem profissionais mais preparados para lidar com as tensões do ambiente.

Quando as famílias estabelecem expectativas claras em relação às responsabilidades dos filhos e os envolvem em tarefas domésticas, eles aprendem desde cedo sobre a importância de cumprir prazos e agir de forma rápida. Essas experiências ajudam a desenvolver habilidades organizacionais, capacidade de iniciativas e senso de responsabilidade. Além disso, a cobrança familiar cria um senso de importância das tarefas e ensina sobre a necessidade de agir prontamente para alcançar resultados.

Todavia, as famílias que não delegam funções e apenas servem os filhos, sem cobrarem retribuição ou participação ativa nas tarefas domésticas, podem criar um ambiente propício à procrastinação. Quando os filhos não são incentivados a assumir responsabilidades nem são expostos a prazos ou exigências, eles podem desenvolver uma mentalidade de espera e dependência dos outros para a realização de tarefas. Essa falta de senso de urgência pode se estender à vida adulta, levando-os a ter dificuldade de agir rapidamente e cumprir prazos.

É importante ressaltar que, embora a criação e o ambiente familiar tenham um impacto significativo, cada indivíduo é único e pode desenvolver habilidades de senso de urgência e proatividade em diferentes momentos da vida. Mesmo oriundo de uma família que não enfatiza esses aspectos, um indivíduo pode adquirir essas competências em experiências futuras, educação e autodisciplina, mas esse aprendizado sempre terá um custo adicional, um tempo extra.

Em resumo, as famílias que cobram responsabilidades dos filhos desde cedo contribuem para o desenvolvimento do senso de urgência e da proatividade. Essas características são essenciais para o sucesso na vida adulta, pois habilitam as pessoas a agirem com rapidez, a assumirem iniciativas e cumprirem prazos com eficiência. No entanto, as famílias que não delegam funções podem criar um ambiente propício à procrastinação, tornando mais desafiador o desenvolvimento dessas competências ao longo do tempo. Voltaremos a este tema na parte final do livro, assim como abordaremos os aspectos individuais como temperamento, personalidade e caráter no desenvolvimento do senso de urgência.

Um conto mágico sobre o aprendizado do senso de urgência

Era uma vez um jovem chamado Lucas, que desde pequeno acreditava que sua vida era cheia de magia. Em sua casa, ele nunca precisava fazer nada, pois os objetos pareciam ter vida própria e se organizavam sozinhos. Tudo o que ele desejava se tornava realidade. Lucas imaginava que existiam duendes invisíveis e até mesmo um gênio que manipulava seus pais para que atendessem a todos os seus desejos.

Todas as manhãs, Lucas se levantava da cama sem se preocupar em arrumá-la. Ele jogava os sapatos pela sala, deixava roupas espalhadas no chão do quarto, mas, de alguma forma, quando voltava da escola, lá estava a cama perfeitamente arrumada e tudo sempre aparecia magicamente guardado no armário.

Tudo parecia muito fácil, e Lucas se acostumou a viver nesse mundo de facilidades mágicas. No entanto, à medida que Lucas crescia, começou a perceber que, no mundo real, fora da sua casa encantada, as coisas não funcionavam da mesma forma. Quando entrou no mundo corporativo e assumiu um cargo júnior, Lucas deixou de fazer um relatório importante, esperando que alguém o fizesse, mas, para sua surpresa, nada aconteceu. Foi nesse momento que Lucas descobriu a dura realidade: no mundo cruel do trabalho, não existia mágica.

Ele se sentiu perdido e desamparado, pois percebeu que não havia um gênio mágico para fazer as coisas acontecerem em sua vida profissional. Lamentou a falta de super-heróis e gênios que sempre venciam no final. Agora percebia que a única coisa que vencia sempre era o implacável boleto das suas despesas, uma força mais poderosa do que qualquer gênio mágico.

Lucas ficou frustrado e desanimado com essa descoberta, não conseguia suportar a ideia de viver em um mundo sem mágica, onde ele mesmo precisava assumir responsabilidades e se esforçar para alcançar seus objetivos.

Lucas se sentiu desafiado por esse novo mundo sem mágica. Ele não entendia como colegas que haviam sido admitidos com ele eram promovidos enquanto ele permanecia no mesmo cargo. Ele precisava aprender a lidar com prazos, responsabilidades e a assumir o controle de sua própria vida. Foi um processo difícil, pois estava acostumado a ter tudo pronto, sem esforço.

Aos poucos, começou a entender que a verdadeira mágica estava em sua capacidade de se tornar proativo, de buscar soluções e de enfrentar desafios com determinação. Lucas percebeu que, embora não houvesse um gênio mágico para resolver todos os seus problemas, tinha o poder de se tornar o herói de sua própria história. Passou a assumir a responsabilidade por suas ações, a desenvolver habilidades e a buscar conhecimento para enfrentar os desafios do mundo real. E, assim, Lucas aprendeu que a vida não é sobre esperar por mágica, mas sobre criar sua própria magia por meio de esforço, comprometimento e perseverança. Ele descobriu, da forma mais difícil, que o verdadeiro poder residia dentro de si mesmo e que, com determinação e trabalho árduo, ele poderia superar qualquer obstáculo, mesmo sem a ajuda de um gênio mágico.

A poucas quadras da casa de Lucas, vivia Maria, que tinha a mesma idade dele. Ela sempre acreditou que sua vida de criança e adolescente era um verdadeiro conto de terror. Desde cedo, era responsável por arrumar própria cama, ajudar os pais nas tarefas domésticas e realizar outras que ela julgava serem desnecessárias e injustas. Para ela, enfrentar esses monstros cotidianos era um desafio constante. Algum ogro do mal devia estar por traz daquilo tudo.

Diferente de seus amigos, que recebiam presentes e brinquedos sem que precisassem fazer nada, Maria tinha de negociar com os pais. Se ela desejasse alguma coisa, eles pediam que ela fizesse alguma tarefa ou cumprisse algum compromisso em troca do que queria. Para Maria, essas negociações eram dificuldades a serem enfrentadas. Às vezes, pensava que os pais poderiam estar sob a influência de espíritos maléficos ou daquele ogro, para exigirem isso dela. No entanto, fazia sua parte e sempre recebia o que fora acordado com os pais. À medida que Maria crescia, começou a perceber que essas experiências a prepararam para a vida adulta de uma maneira única. Pensando sobre sua infância e adolescência, reconheceu que os pais lhe haviam ensinado algo que tinha se tornado natural e parte do seu comportamento. Quando finalmente ingressou no mercado de trabalho, ela se destacou e obteve grande sucesso profissional. Enquanto a maioria de seus colegas reclamava sobre a dificuldade de tudo e sobre como as responsabilidades eram pesadas, Maria encarava as situações com naturalidade.

Para Maria, ter um espírito cooperativo e de realização não era difícil, era parte de sua personalidade. Ela já estava acostumada a se mexer, ajudar, criar e executar tarefas desde cedo. Enquanto seus colegas se sentiam sobrecarregados e reclamavam das dificuldades, Maria simplesmente assumia as responsabilidades e buscava soluções eficientes.

Lucas era um dos colegas de trabalho de Maria. Ele sempre reclamava da vida difícil e não entendia como ela havia sido promovida enquanto ele continuava em um cargo júnior. Lucas, que havia vivido no mundo mágico de facilidades e esperava que tudo fosse resolvido por algum gênio, não compreendia a mentalidade proativa e responsável de Maria, achava até que ela tinha um gênio poderoso trabalhando para ela, enquanto o seu o havia abandonado.

Maria sabia que seu sucesso não era uma questão de sorte, mas sim de sua própria atitude e esforço. Ela não tinha medo dos desafios, pois já havia enfrentado seus próprios monstros durante a vida. Sua capacidade de lidar com situações difíceis e de assumir responsabilidades a destacou no trabalho, e por isso não entendia por que Lucas continuava esperando soluções mágicas que nunca viriam.

Essa história nos mostra que, apesar das dificuldades enfrentadas no início da vida, a forma como lidamos com elas pode moldar nosso futuro. Maria aprendeu desde cedo a importância da responsabilidade, cooperação e perseverança, o que a tornou uma profissional de destaque. Enquanto Lucas continuava preso a seu mundo mágico de reclamações e expectativas irreais, Maria trilhava seu caminho com sucesso e satisfação pessoal.

Fatores que impactam negativamente o senso de urgência

Quando nos deparamos com uma demanda, é importante ter o conhecimento necessário para resolvê-la, sentimentos positivos e construtivos para enfrentar as soluções e, acima de tudo, ação. Detectar um problema e pensar em uma solução é importante, mas é igualmente fundamental agir para resolver o problema. Sentimentos como insegurança, comodismo ou baixa autoestima podem impedir uma pessoa de agir, dessa forma é importante trabalhar para superar esses obstáculos e desenvolver um senso de urgência saudável.

Algumas características pessoais, criação e ambiente no qual vivemos, profissional e pessoal, impactam diretamente o senso de urgência. Alguns fatores negativos são:

- **Procrastinação.** É o hábito de adiar tarefas indesejadas ou desafiadoras, mesmo que urgentes. Isso faz as pessoas perderem o senso de prazo e não cumprirem as tarefas no tempo certo.
- **Distrações.** O excesso de distrações como redes sociais, e-mails e outras externas tira o foco das tarefas prioritárias e urgentes. Isso acaba tornando as pessoas menos sensíveis aos prazos.
- **Falta de organização.** Quem não organiza bem as tarefas e não estabelece prazos realistas acaba tendo dificuldade em saber o que é urgente ou não. Isso prejudica o senso de urgência.
- **Falta de motivação.** Quando a pessoa não vê sentido ou propósito em determinada tarefa, torna-se mais difícil priorizá-la. A motivação é necessária para gerar o sentido de urgência.
- **Falta de autodisciplina.** Muitas pessoas sabem o que precisam fazer, mas lhes faltam autocontrole e determinação para realizar as ações necessárias no momento certo. Essa atitude atrofia o senso de urgência.
- **Complacência e comodismo.** Complacência e comodismo são conceitos inter-relacionados, mas têm algumas diferenças. O comodismo é um estado de satisfação com a situação atual. É o conformismo que pode levar à inação e à falta de crescimento pessoal ou profissional. A complacência, no entanto, é uma atitude de autossatisfação excessiva, muitas vezes acompanhada de falta de consciência dos perigos ou defeitos da situação atual. É uma atitude de indiferença em relação aos problemas ou desafios, que pode levar a uma falta de ação para resolvê-los. Os dois conceitos envolvem falta de vontade de mudar ou melhorar, porém a complacência está focada na autossatisfação excessiva e na falta de consciência dos problemas, enquanto o comodismo está focado na satisfação com a situação atual e na falta de vontade de mudar.

Não é fácil mudar hábitos. O primeiro passo para iniciar a jornada de desenvolvimento do senso de urgência é reconhecer os pontos fracos em relação ao uso do tempo.

A importância do senso de urgência na carreira

Desenvolver o senso de urgência é crucial para o sucesso profissional, pois ele é necessário em diversas situações.

No quadro a seguir estão alguns exemplos de fatores que podem demandar senso de urgência em seu cotidiano.

Fator	Descrição
Prazos	Tarefas ou projetos com prazos apertados ou urgentes exigem um senso de urgência para sua conclusão.
Emergências	Situações de emergência, como desastres naturais, acidentes, crises de saúde, exigem uma resposta rápida e eficaz.
Oportunidades	Oportunidades únicas ou raras, como uma promoção de emprego ou uma oferta de investimento, podem exigir uma ação rápida.
Mudanças	Alterações rápidas ou inesperadas no ambiente, como mudanças no mercado ou na tecnologia, podem exigir uma adaptação rápida para a manutenção da competitividade.
Concorrência	Concorrência acirrada pode exigir uma ação rápida para manter a vantagem competitiva e se destacar.

Em situações em que há várias tarefas a serem entregues e pouco tempo disponível, o senso de urgência permite priorizar, organizar e entregar primeiro as demandas mais importantes. Vejamos alguns benefícios:

1. **Eliminação de elementos sabotadores**: Ter senso de urgência ajuda a superar obstáculos como insegurança, medo, comodismo, falta de autoconfiança ou influência negativa de outras pessoas. Ao se conhecer melhor, reconhecendo suas qualidades e potencial, você será capaz de lidar com esses elementos sabotadores e entregar resultados incríveis.
2. **Organização para ação**: Sem um planejamento adequado, não é possível estabelecer uma estratégia eficiente. O senso de urgência auxilia na organização das tarefas, permitindo identificar as atividades de maior impacto para a empresa ou para sua vida pessoal. Ao organizar seu ambiente de trabalho e seus processos, você terá mais facilidade em encontrar as ferramentas necessárias para concluir um trabalho.
3. **Cuidado com o perfeccionismo**: Embora seja importante realizar as tarefas com qualidade e atenção aos detalhes, o perfeccionismo excessivo

pode ser prejudicial. O senso de urgência ajuda a compreender que, em muitos casos, é impossível atingir a perfeição. Portanto, é melhor começar e progredir gradualmente na qualidade das tarefas, em vez de esperar pelas condições ideais. Aja agora! É melhor entregar dez tarefas com boa qualidade dentro do prazo do que entregar cinco muito boas a tempo e cinco fora do prazo com consequências negativas para todos.

Como desenvolver o senso de urgência

Agora que entendemos a importância do senso de urgência, vamos explorar algumas estratégias práticas para que você e sua equipe possam desenvolvê-lo. Ao longo do livro, vamos abordá-las em detalhes.

1. **Saiba priorizar**: Em um ambiente de trabalho com grande demanda e pouco tempo, a capacidade de priorizar é essencial. Foque nas tarefas mais urgentes e relevantes, pois entregar rapidamente atividades de menor impacto não trará grandes benefícios.
2. **Conheça os impactos do seu trabalho**: Para desenvolver o senso de urgência, é fundamental compreender como suas atividades influenciam a empresa em que você trabalha ou sua vida pessoal. Se você é um líder, certifique-se de que seus liderados também entendam esses impactos negativos decorrentes de um desempenho insatisfatório.
3. **Mantenha o ritmo**: É comum perder o ritmo de trabalho em momentos de baixa demanda, ou após retornar de férias, ou até mesmo na segunda-feira. Evite a perda de ritmo, mantendo-se atento e preparado para lidar com prazos apertados.
4. **Abandone as desculpas**: Pessoas sem senso de urgência costumam encontrar desculpas para adiar entregas. Assuma suas responsabilidades e seja proativo na busca do que é necessário para concluir um trabalho. Não crie desculpas para si mesmo nem para sua equipe. Justifique o atraso, mas não se esconda atrás da justificativa.
5. **Seja um exemplo**: Aja de acordo com o que você espera dos outros. Se você é um líder, é especialmente importante dar o exemplo, mostrando a importância do senso de urgência. Evite atrasos na resposta a mensagens ou na conclusão de tarefas, pois essas atitudes podem influenciar sua equipe de forma negativa.

6. **Abandone as distrações e mude seus hábitos:** Isso não é nada fácil, mas as distrações são o primeiro e maior inimigo do domínio do tempo. Mais adiante, voltaremos a este tópico, mas acredite que aqui estarão as suas maiores dificuldades.

FINALIZANDO

Ter um senso de urgência desenvolvido é um diferencial na carreira. Ao saber priorizar, organizar, abandonar a atitude de procrastinação, evitar o perfeccionismo excessivo e dar o exemplo para outras pessoas, você estará no caminho para melhorar sua produtividade e a qualidade das entregas. Você viu que vários fatores contribuem de forma negativa para o nível de senso de urgência que desenvolvemos. Temos de ter consciência de quais são eles para iniciar um processo de mudança interna e externa. Nada será fácil, mas tudo será gratificante quando chegarmos lá.

EXERCÍCIOS

1. **O que é senso de urgência?**
   a) A capacidade de adiar tarefas importantes.
   b) A capacidade de agir rapidamente em situações que exigem uma resposta imediata.
   c) A capacidade de evitar tomar decisões difíceis.
   d) A capacidade de ignorar problemas ou desafios.

2. **Quais são os benefícios de ter um senso de urgência bem desenvolvido?**
   a) Maior procrastinação e adiamento de tarefas.
   b) Maior eficiência e produtividade.
   c) Menor capacidade de lidar com situações urgentes ou imprevistos.
   d) Menor capacidade de tomar decisões rapidamente.

3. **Quais fatores podem contribuir negativamente para a formação do senso de urgência?**
   a) Medo, insegurança e falta de autoconfiança.
   b) Proatividade e capacidade de tomar decisões rapidamente.
   c) Motivação e determinação para enfrentar desafios.
   d) Conformismo e satisfação com a situação atual.

4. Quais atitudes são positivas para o desenvolvimento do senso de urgência?

a) Evitar tomar decisões difíceis ou enfrentar desafios.
b) Adiar tarefas importantes ou deixá-las para a última hora.
c) Praticar a tomada de decisões rápidas e eficazes.
d) Ignorar problemas ou desafios.

Respostas corretas: 1-b, 2-b, 3-a, 4-c.

Nas tarefas a seguir, você deve fazer uma primeira autoavaliação de como lida com o senso de urgência antes de prosseguir com a leitura livro. Seja honesto ao respondê-las. Recomendo que use um caderno de anotações físico para manter um registro de suas respostas. Depois da leitura do livro, seria interessante que você respondesse a essas perguntas novamente.

1. Quando você se depara com uma situação urgente ou imprevista, como costuma reagir? Age rapidamente ou tende a adiar a tomada de decisões?
2. Você costuma priorizar suas tarefas de acordo com a urgência ou importância delas? Como decide o que deve ser feito primeiro?
3. Você já enfrentou situações em que sentiu que seu senso de urgência foi colocado à prova? Como lidou com essas situações?
4. Você acredita que seu senso de urgência é equilibrado, ou seja, nem excessivo nem insuficiente? Como mantém esse equilíbrio?
5. Em sua opinião, quais são as principais vantagens de ter um senso de urgência bem desenvolvido? Como isso pode ajudá-lo em sua vida pessoal e profissional?
6. Faça uma autoavaliação honesta do seu comportamento em relação ao senso de urgência. Identifique áreas em que você possa melhorar.
7. Responda sinceramente: no conto de Lucas e Maria, com quem você se identificou? Qual dos personagens tem mais características da sua criação?

Lembre-se de que desenvolver o senso de urgência requer prática e comprometimento. Ao aplicar as estratégias e realizar os exercícios propostos, você estará no caminho certo para se destacar em sua carreira.

CAPÍTULO 2

Impactos Negativos do Senso de Urgência

Não recebemos uma vida breve, nem somos mal abastecidos, mas a desperdiçamos.

Sêneca (4-65 a.C.)

filósofo e escritor

SENSO DE URGÊNCIA É ALGO BOM E NECESSÁRIO, MAS É PRECISO tomar cuidado para não ficar descontrolado. O senso de urgência descontrolado ocorre quando uma pessoa apresenta uma intensidade excessiva ou uma resposta desproporcional às demandas de tempo e pressão do trabalho. Ele ocorre quando se está excessivamente focado em situações urgentes, a ponto de prejudicar outras áreas da vida ou do trabalho. Lembre-se de quase tudo na vida em excesso acaba sendo prejudicial.

Consequências do senso de urgência descontrolado

Veja a seguir algumas das principais consequências associadas a um senso de urgência desequilibrado:

1. **Estresse excessivo**: Um senso de urgência descontrolado pode levar a altos níveis de estresse. Quando uma pessoa está constantemente sentindo pressão para agir rapidamente e cumprir prazos apertados, isso pode causar ansiedade, exaustão e impactar negativamente sua saúde física e mental.
2. **Tomada de decisões precipitada**: Sob pressão constante de tempo, as pessoas podem sentir a necessidade de tomar decisões rápidas, muitas vezes sem avaliar completamente as informações disponíveis. Isso pode levar a decisões impulsivas, imprecisas ou inadequadas, que podem ter consequências adversas em longo prazo.
3. **Queda na qualidade do trabalho**: Quando o senso de urgência é priorizado em detrimento da qualidade, é mais provável que ocorram erros e falhas. Focar apenas na velocidade e não dedicar tempo suficiente à análise e execução adequada das tarefas prejudica a qualidade do trabalho, afetando a sua reputação e a satisfação dos clientes. Entregar uma tarefa no prazo, mas realizada de qualquer jeito não é o que se espera de um profissional. Por exemplo, um redator que precisa escrever uma série de artigos em um curto espaço de tempo pode se sentir pressionado a concluí-los rapidamente, sem fazer uma revisão cuidadosa. Isso pode resultar em erros gramaticais, informações imprecisas ou falta de clareza, o que compromete a qualidade do trabalho entregue.
4. **Falta de planejamento estratégico**: Um senso de urgência descontrolado pode levar a uma abordagem reativa em vez de uma estratégia de longo prazo. A tendência de sempre responder a urgências imediatas pode impedir a alocação adequada de recursos e a definição de metas de longo prazo, prejudicando o crescimento sustentável e a eficácia geral.
5. **Sobrecarga e desequilíbrio**: Um senso de urgência desequilibrado pode levar a uma sobrecarga constante de trabalho, com prazos apertados e demandas incessantes. Isso pode prejudicar o equilíbrio entre vida pessoal e profissional, levando a altos níveis de estresse, falta de tempo para descanso e relaxamento, e afetando negativamente os relacionamentos pessoais.

6. **Falta de inovação e criatividade:** Quando a ênfase está apenas na urgência e na conclusão rápida de tarefas, pode haver uma falta de espaço e tempo para a reflexão, a exploração de novas ideias e a busca por soluções inovadoras. Isso pode limitar a criatividade e a capacidade de encontrar abordagens mais eficientes e eficazes para os desafios.
7. **Dificuldade em priorizar:** O senso de urgência descontrolado pode dificultar a habilidade de priorizar tarefas de forma eficiente. Por exemplo, um profissional de vendas que recebe constantemente solicitações de clientes, e-mails urgentes e reuniões inesperadas pode se sentir sobrecarregado e ter dificuldade em determinar quais tarefas são realmente prioritárias. Isso pode resultar em uma distribuição desigual de esforços, em que tarefas menos importantes recebem atenção excessiva, enquanto as mais cruciais são negligenciadas.

É importante equilibrar o senso de urgência com outras competências, como planejamento estratégico e gestão do tempo. Isso ajuda a minimizar as consequências negativas, permitindo uma abordagem mais equilibrada e eficiente em relação ao tempo e às tarefas. O descontrole pode ter um impacto negativo em nossos relacionamentos pessoais, pois quando estamos constantemente focados nas demandas urgentes do trabalho, podemos negligenciar nossas relações pessoais e comprometer a qualidade do tempo que passamos com as pessoas de que gostarmos. Isso pode levar a sentimentos de distanciamento e insatisfação nas relações interpessoais.

Estresse, burnout *e patologias relacionadas*

O senso de urgência descontrolado, combinado com altos níveis de estresse e sobrecarga, pode levar ao desenvolvimento de condições como a síndrome de *burnout*. Por exemplo, um profissional que constantemente trabalha longas horas, sacrifica sua vida pessoal e está sempre correndo contra o relógio pode acabar exausto física e emocionalmente. Esse esgotamento pode levar ao desenvolvimento de estresse e *burnout*, caracterizado pela falta de energia, desmotivação e sentimentos de cinismo em relação ao trabalho.

Quando as pessoas têm um senso de urgência descontrolado, podem sentir que nunca têm tempo suficiente para fazer tudo o que precisam fazer. Dessa forma, podem começar a negligenciar sua saúde física e mental. Isso pode levar a uma série de problemas, incluindo:

- Fadiga
- Depressão
- Ansiedade
- Doenças cardíacas
- Doenças estomacais
- Problemas de sono
- Problemas de relacionamento

Se você está se sentindo sobrecarregado ou estressado, é importante procurar ajuda profissional. Um psicólogo pode ajudá-lo a identificar os fatores que estão causando o estresse e desenvolver mecanismos para que você aprenda a lidar com ele. Veja algumas dicas para atenuar essa situação:

- Estabeleça limites entre sua vida pessoal e profissional.
- Faça pausas regulares durante o trabalho.
- Exercite-se regularmente.
- Mantenha uma alimentação saudável.
- Durma bem.
- Cuide de sua saúde mental.
- Peça ajuda quando precisar.

A história de Maria e Joana

Maria é uma advogada que trabalha em um escritório renomado. Ela está constantemente sob pressão para atender prazos apertados, comparecer a audiências, reuniões importantes e lidar com casos complexos. O senso de urgência descontrolado combinado a longas horas de trabalho e à falta de tempo para cuidar de si mesma acabam levando Maria ao esgotamento. Ela começa a sentir-se exausta física e emocionalmente, perde a motivação pelo trabalho e desenvolve sintomas de ansiedade, como palpitações e dificuldade de concentração. Maria é diagnosticada com *burnout* devido à sua exposição prolongada ao senso de urgência descontrolado e à sobrecarga de trabalho.

Joana é uma gerente de projetos em uma empresa de TI. Ela enfrenta constantemente prazos apertados para entregar os projetos aos clientes. Trabalha longas horas e raramente reserva tempo para descansar ou relaxar. Essa pressão constante e a falta de tempo para recarregar as energias resultam em altos níveis de estresse. Joana começa a apresentar sintomas físicos, como dores de cabeça frequentes e insônia, além de se sentir constantemente ansiosa e sobrecarregada. Você já se sentiu como elas?

Relações interpessoais prejudicadas

Um senso de urgência descontrolado pode levar a um comportamento impaciente e intolerante em relação às outras pessoas. A pressa constante pode levar a uma comunicação inadequada, falta de empatia e dificuldade em colaborar efetivamente com colegas de trabalho. Isso pode prejudicar relacionamentos profissionais e afetar a capacidade de trabalhar em equipe de forma harmoniosa. A pessoa pode levar esse comportamento para sua vida pessoal e exigir que todos entrem no seu ritmo, causando conflitos graves. Em uma conversa, a pessoa não relaxa e exige que tudo seja dito de forma objetiva e clara, sem paciência para ouvir uma história, e por aí vai.

Esses exemplos ilustram como o senso de urgência descontrolado pode afetar negativamente o bem-estar e a qualidade do trabalho dos indivíduos envolvidos, contribuindo para estresse, queda na qualidade do trabalho, dificuldade em priorizar e até mesmo o desenvolvimento de condições como o *burnout*. É essencial encontrar um equilíbrio saudável entre a gestão do tempo, a definição de prioridades e o autocuidado para evitar esses impactos negativos.

Senso de urgência x estado de urgência

Senso de urgência e estado de urgência são conceitos relacionados, mas têm algumas diferenças importantes, especialmente no contexto profissional e corporativo.

O senso de urgência é uma característica individual, que se refere à capacidade de uma pessoa de reconhecer a importância de agir rapidamente em situações que exigem uma resposta imediata. É a habilidade de avaliar a situação e tomar decisões rápidas para resolver problemas ou aproveitar oportunidades.

Já o estado de urgência é uma condição coletiva, que se refere a uma situação em que há uma necessidade imediata de ação por parte de um grupo ou organização. Pode ser causado por fatores externos, como mudanças no mercado ou na tecnologia, ou por fatores internos, como prazos apertados ou crises. No contexto profissional e corporativo, o estado de urgência pode exigir uma resposta rápida e coordenada por parte da equipe ou da organização para resolver problemas ou aproveitar oportunidades.

Em resumo, o senso de urgência é uma característica individual que pode ajudar uma pessoa a lidar com situações urgentes, enquanto o estado de urgência é uma condição quase sempre coletiva que exige uma resposta rápida e coordenada por parte de um grupo ou organização.

Estar em estado de urgência refere-se a uma situação específica em que há uma demanda imediata ou uma necessidade urgente de agir. É uma situação objetiva na qual existe uma ameaça grave e iminente que requer ação rápida; é uma condição real de emergência. Pode ser um evento inesperado, uma emergência, um prazo apertado inesperado ou qualquer outra circunstância que exija uma resposta rápida. Quando se está em estado de urgência, ocorre uma pressão externa que requer ação imediata para lidar com a situação. Por exemplo:

- Um estado de urgência depois de um terremoto ou inundações, como as que ocorreram no Rio Grande do Sul, em abril de 2024, exige envio rápido de equipes de resgate e suprimentos.
- Um paciente em estado crítico na sala de emergência está em estado de urgência médica, ou seja, algo precisa ser feito ou ele morrerá.
- Um estado de urgência é declarado pelo governo para permitir alocação emergencial de recursos, como no caso de uma epidemia.
- Uma máquina essencial da linha de montagem quebrou e precisa ser reparada imediatamente.

Aqui estão três exemplos de senso de urgência e estado de urgência:

1. **Senso de urgência:** Um funcionário percebe que um prazo importante está se aproximando rapidamente e que ainda há muito trabalho a ser feito. Ele o seu senso de urgência para priorizar suas tarefas, trabalhar de forma mais eficiente e garantir que o trabalho seja concluído a tempo.
2. **Estado de urgência:** Uma empresa enfrenta uma crise financeira repentina e precisa tomar medidas imediatas para reduzir custos e aumentar a receita. A equipe se reúne em um estado de urgência para discutir soluções e aplicar um plano de ação rapidamente.
3. **Senso de urgência e estado de urgência:** Uma empresa lança um novo produto no mercado, mas enfrenta problemas com a qualidade do produto. Um funcionário usa o senso de urgência para identificar rapidamente o problema e propor soluções. A equipe entra em um estado de urgência para aplicar as soluções rapidamente e evitar danos à reputação da empresa.

O gerente da filial

O gerente da filial reúne os funcionários e avisa que eles terão de fazer um mutirão para sanar os atrasos da produção, melhorar a aparência e limpeza das instalações, porque receberão um inspetor da matriz em dois dias, em sua visita trimestral, que foi antecipada, em vez da próxima semana.

Essa situação descreve um estado de urgência. Há uma necessidade imediata de ação devido aos atrasos na produção e à necessidade de melhorar a aparência e limpeza das instalações antes da visita do inspetor. Nesse contexto, a falta de ação rápida e eficiente pode resultar em consequências negativas, como avaliação desfavorável e consequências negativas para a filial. Portanto, é importante que os funcionários ajam prontamente para cumprir essas demandas e resolver os problemas antes do prazo estabelecido. Não há o que pensar, apenas fazer imediatamente.

Se o gerente tivesse um senso de urgência ativo, poderia ter evitado essa situação agindo antecipadamente para evitar a situação que se estabeleceu. Nesse caso, o gerente poderia ter adotado medidas preventivas para evitar atrasos na produção, criando processos mais eficientes, identificando e solucionando problemas em sua fase inicial, mantendo um acompanhamento regular da produtividade e fazendo os ajustes necessários para cumprir as metas. Além disso, poderia ter estabelecido práticas diárias de organização e limpeza das instalações, criando, assim, uma cultura de zelo e cuidado.

Ao ter um senso de urgência ativo, o gerente estaria mais alerta para identificar potenciais problemas e agir rapidamente para resolvê-los, evitando que a situação chegasse a um estado crítico que exigisse um mutirão de última hora. Com isso, contribuiria para a eficiência operacional e a manutenção de um ambiente organizado e limpo de forma contínua.

Veja o quadro a seguir, em que comparamos o estado de urgência e o senso de urgência:

	Estado de Urgência	Senso de Urgência
Definição	Situação específica que requer ação imediata devido a uma demanda urgente.	Mentalidade ou qualidade pessoal que envolve a compreensão da importância de agir rapidamente, mesmo sem uma pressão externa imediata.
Natureza	Temporário, relacionado a circunstâncias específicas.	Pode ser incorporado como uma abordagem constante na vida e no trabalho.
Estímulo externo	Pressão externa que exige ação imediata.	Pode surgir de uma motivação interna para alcançar resultados oportunos.
Resposta	Requer agir prontamente para lidar com a situação urgente.	Implica antecipar a necessidade de ação e agir de forma proativa para evitar problemas futuros ou aproveitar oportunidades.
Duração	Geralmente é uma resposta rápida a uma demanda específica.	Pode ser uma abordagem contínua e incorporada ao longo do tempo.
Foco	Lidar com a situação imediata e resolver problemas urgentes.	Priorizar tarefas, definir prazos realistas e buscar soluções eficientes para alcançar resultados de forma oportuna.
Impacto	Ajuda a lidar com situações de emergência e a cumprir prazos apertados.	Contribui para um desempenho eficaz, uma maior capacidade de solucionar problemas e uma maior agilidade na realização de tarefas.
Nível de estresse	Pode gerar estresse e pressão durante a situação urgente.	Pode ser equilibrado para evitar um estado constante de estresse e pressa extrema.
Aplicação	Limitado a situações específicas que exigem ação imediata.	Pode ser aplicado em todas as áreas da vida e do trabalho para melhorar a eficiência e a produtividade.

EXERCÍCIOS

Você já se viu em uma situação parecida com a de Maria e Joana? Se sim, escreva um parágrafo sobre a sua situação seguindo o estilo da história das duas personagens. Escreva em terceira pessoa, como se outra pessoa descrevesse a sua situação.

Responda:

1. **Qual é a diferença entre estar em estado de urgência e ter senso de urgência?**
2. **Quais são os impactos negativos do senso de urgência descontrolado?**
3. **Como o senso de urgência descontrolado pode afetar a qualidade do trabalho?**
4. **Quais são os possíveis efeitos do senso de urgência descontrolado nas relações interpessoais no ambiente de trabalho?**

Tarefas

1. **Descreva uma situação em que você esteve em estado de urgência e como lidou com ela.**
2. **Liste três possíveis consequências negativas de um senso de urgência descontrolado em sua carreira.**
3. **Pense em estratégias que você pode adotar para equilibrar o senso de urgência com a qualidade do trabalho.**
4. **Reflita como a comunicação e a colaboração podem ser afetadas negativamente por um senso de urgência descontrolado, fornecendo exemplos baseados em sua experiência ou observação.**

Lembre-se de refletir sobre as informações apresentadas no capítulo, relacionar com suas próprias experiências e fornecer respostas detalhadas e fundamentadas.

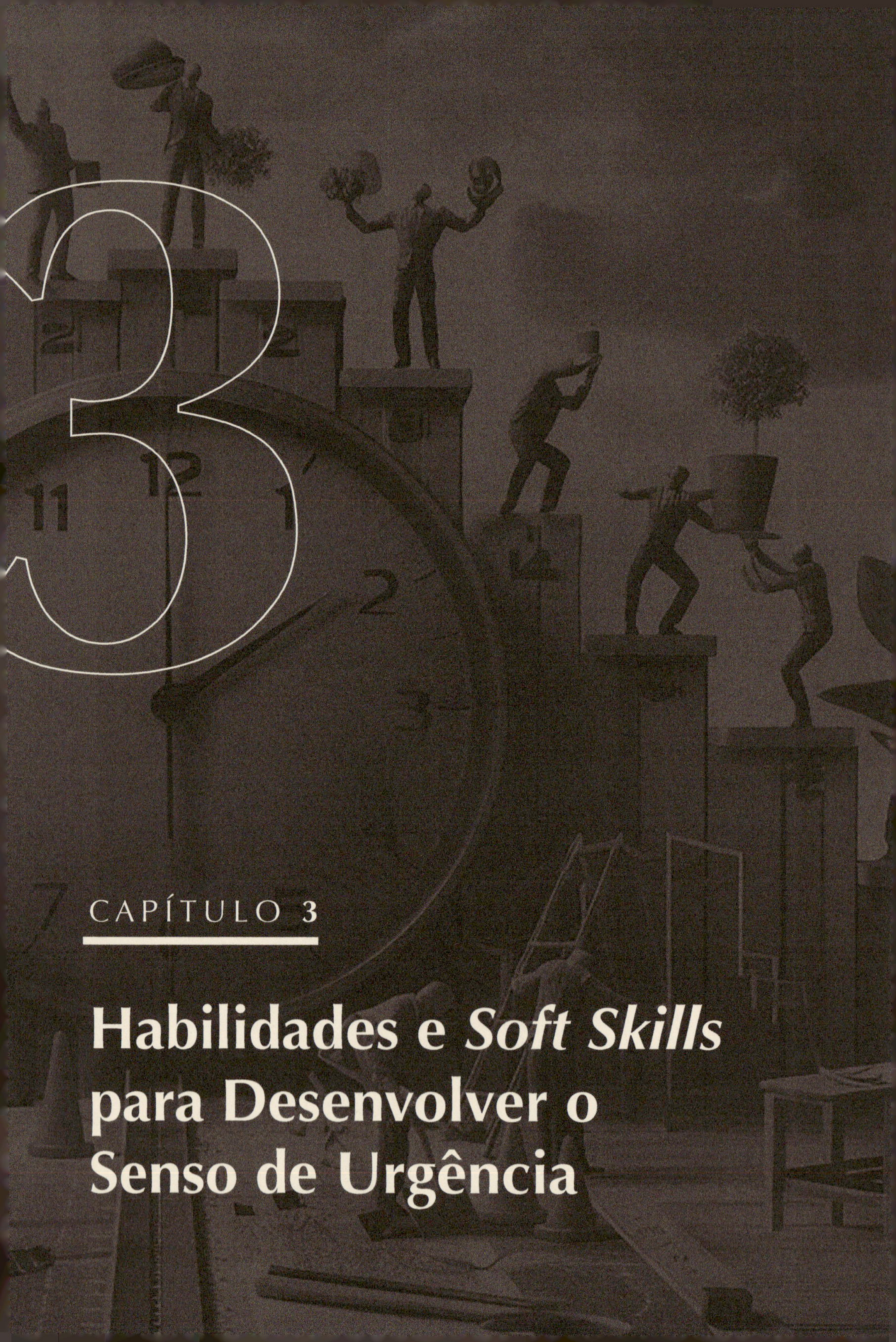

CAPÍTULO 3

Habilidades e *Soft Skills* para Desenvolver o Senso de Urgência

> **A vida é longa e com generosidade nos foi dada, para a realização das maiores coisas, se a empregamos bem.**
>
> Sêneca (4-65 a.C.)
> *filósofo e escritor*

O SENSO DE URGÊNCIA PODE SER DESENVOLVIDO E APRIMORADO por qualquer pessoa que esteja disposta a investir tempo e esforço em seu desenvolvimento, e as *soft skills* estão no centro do processo de construção de uma carreira bem-sucedida. Essas habilidades incluem, entre outras, comunicação eficaz, trabalho em equipe, liderança, resolução de problemas, resiliência e pensamento crítico. As *soft skills* são habilidades importantes porque ajudam a construir relacionamentos saudáveis e produtivos com colegas de trabalho, clientes e parceiros de negócios. Além disso, elas auxiliam na criação de um ambiente de trabalho positivo e colaborativo, o que pode aumentar a produtividade e a satisfação dos funcionários. É importante lembrar que o desenvolvimento dessas habilidades é um processo contínuo de aprendizado e prática.

Habilidades essenciais do senso de urgência

A seguir, destaco algumas habilidades que contribuem para a formação do senso de urgência. Você pode ter algumas delas, nenhuma ou todas, pode ter um conhecimento pleno ou noções delas. O importante é ter consciência da importância de cada uma, identificar aquelas que não tem, aquelas em que não se sente confiante e traçar um plano de desenvolvimento pessoal.

1. **Consciência do tempo**: Ter consciência do tempo e da importância de usá-lo de maneira eficaz é essencial para desenvolver o senso de urgência. Isso envolve compreender que o tempo é um recurso valioso e limitado, e que é preciso aproveitá-lo da melhor forma possível. Você está usando alguns dos 1.440 minutos diários que possui lendo este livro. Já pensou nas demais atividades que estão pela frente?
2. **Responsabilidade**: Ser responsável e assumir a responsabilidade pelas próprias tarefas e prazos é fundamental. Isso implica cumprir compromissos, entregar resultados e agir prontamente quando necessário. Suas atitudes impactam a vida e o trabalho de outras pessoas.
3. **Proatividade**: Ser proativo significa antecipar situações que possam exigir ação imediata e tomar medidas preventivas. Ter iniciativa para resolver problemas antes que se tornem urgentes é uma característica-chave para desenvolver o senso de urgência.
4. **Priorização**: Saber priorizar tarefas e atividades é essencial para lidar com demandas urgentes. Isso implica identificar as tarefas mais importantes e urgentes e direcionar os esforços para concluí-las de maneira eficiente. Conhecer bem o que você faz e como a tarefa impacta o todo ajuda a definir prioridades.
5. **Adaptabilidade**: Ser capaz de se adaptar rapidamente a mudanças e imprevistos é uma qualidade importante para desenvolver o senso de urgência. Isso envolve ser flexível, aberto a novas abordagens e capaz de ajustar o curso quando necessário. Não adianta reclamar que algo não está ideal. Trabalhe com o que você tem e depois tente mudar a situação para casos futuros.
6. **Foco e concentração**: Ter a capacidade de se concentrar nas tarefas em mãos, evitando distrações, é essencial para agir com rapidez e eficiência. Isso requer disciplina e a capacidade de manter o foco mesmo em situações estressantes.
7. **Resiliência**: Lidar com situações de urgência pode ser estressante e desafiador. A resiliência é uma habilidade importante, pois permite que a pessoa mantenha o foco e a calma diante da pressão. Ela consegue se adaptar rapidamente às mudanças de planos, superar obstáculos e encontrar soluções mesmo em condições adversas.

8. **Comunicação eficaz:** O senso de urgência também envolve a habilidade de se comunicar de forma clara e assertiva. Pessoas com essa habilidade sabem transmitir a importância e a urgência de uma situação aos outros envolvidos, garantindo que todos estejam alinhados e mobilizados para agir rapidamente.
9. **Trabalho em equipe:** Em situações de urgência, a colaboração e o trabalho em equipe são essenciais. Pessoas com senso de urgência estão dispostas a colaborar com os outros, compartilhar responsabilidades e apoiar seus colegas para alcançar resultados rápidos e eficazes.

Além das qualidades mencionadas, existem diversas outras influências e fatores que podem contribuir para a construção do senso de urgência. Esses elementos podem incluir:

- **Experiências passadas:** Somos a somatória de nossas experiências. Quanto mais executamos uma tarefa e praticamos nossas habilidades, mais conhecimento adquirimos. Dentre as experiências, estão situações em que tivemos de lidar com demandas urgentes ou enfrentar consequências negativas por falta de ação.
- **Ambiente de trabalho:** Um ambiente de trabalho que valoriza e incentiva a agilidade, o cumprimento de prazos e a resolução rápida de problemas pode contribuir para a construção do senso de urgência.
- **Cultura organizacional:** Empresas que promovem uma cultura de responsabilidade, iniciativa e senso de propósito são propícias para o desenvolvimento do senso de urgência em seus colaboradores.
- **Liderança:** Uma liderança que transmite a importância da ação rápida, estabelece metas claras e desafia seus colaboradores a agirem com urgência pode influenciar positivamente o desenvolvimento dessa mentalidade.
- **Aprendizado contínuo:** Buscar constantemente aprender e se aprimorar, estar aberto a novos conhecimentos e práticas, pode ajudar a desenvolver o senso de urgência, pois proporciona uma mentalidade de crescimento e melhoria constante.
- **Autodisciplina:** Desenvolver a autodisciplina para cumprir prazos, evitar a procrastinação e manter o foco em tarefas importantes é um fator importante na construção do senso de urgência.

Parece muita coisa, não é? Mas tenho certeza de que você pode melhorar as qualidades que já tem, adquirir novas e modificar comportamentos que contribuirão não só para o senso de urgência, mas para outras áreas da sua vida.

O desenvolvimento do senso de urgência não ocorre da noite para o dia. Requer paciência, perseverança e autodisciplina.

Proatividade

A proatividade é uma habilidade essencial para compor o senso de urgência, pois está relacionada à capacidade de antecipar situações, agir com antecedência e assumir a responsabilidade por iniciar ações que levem ao cumprimento de metas e prazos. Ser uma pessoa proativa significa não esperar instruções ou ser empurrada pelas circunstâncias, mas tomar a iniciativa de identificar problemas, buscar soluções e agir de forma preventiva.

No contexto do senso de urgência, a proatividade é especialmente relevante, pois permite que uma pessoa antecipe as demandas e esteja preparada para agir rapidamente quando necessário. No Capítulo 6, vamos explorar o tema proatividade. Por ora, veja no quadro abaixo as principais características de uma pessoa proativa.

Característica	Descrição
Iniciativa	Tomar ações e assumir a responsabilidade de iniciar tarefas e projetos, em vez de esperar instruções ou ser empurrada pelas circunstâncias.
Antecipação	Identificar problemas potenciais e necessidades futuras, antecipando-se aos desafios e tomando medidas preventivas para minimizar riscos e obstáculos.
Solução	Buscar ativamente soluções para problemas e obstáculos, pensando criativamente e explorando diferentes abordagens para superar as dificuldades.

(*continua*)

Característica	Descrição
Ação rápida	Agir prontamente quando surge uma necessidade ou oportunidade, evitando a procrastinação e tomando medidas decisivas para alcançar resultados desejados.
Autonomia	Trabalhar de forma independente, com autorresponsabilidade, sem depender excessivamente de supervisão ou orientação constante.
Resiliência	Lidar com desafios e contratempos de forma construtiva, mantendo a motivação e adaptando-se rapidamente às mudanças de circunstâncias.
Comunicação assertiva	Expressar ideias, opiniões e preocupações de maneira clara, respeitosa e direta, contribuindo para um ambiente de trabalho colaborativo e eficaz.
Aprendizado contínuo	Estar sempre aberto(a) ao aprendizado e ao crescimento pessoal e profissional, buscando constantemente novos conhecimentos e habilidades.
Organização	Ter a capacidade de planejar, priorizar e gerenciar o tempo de forma eficiente, mantendo-se organizado(a) para lidar com várias tarefas e demandas.

Soft skills X *hard skills*

Hard skills são habilidades técnicas e específicas necessárias para a realização de um trabalho, como habilidades técnicas, idiomas ou certificações. As *soft skills* são habilidades comportamentais que representam a forma como nos comportamos, trabalhamos e interagimos com outras pessoas. São qualidades e traços pessoais que impactam como você interage com o mundo ao seu redor, incluindo comunicação, trabalho em equipe ou resolução de problemas. As *hard skills* são frequentemente específicas de uma determinada carreira, enquanto as *soft skills* são transferíveis para qualquer tipo de trabalho.

Por exemplo, um engenheiro precisa ter habilidades técnicas específicas para sua área de atuação, como conhecimento em matemática avançada ou física. Já um gerente de projetos precisa conhecer a parte técnica da sua área, mas também precisa ter habilidades interpessoais, como liderança e comunicação eficaz. Outro exemplo é o do médico, que precisa ter habilidades técnicas específicas para sua especialidade, mas também ter habilidades interpessoais para lidar com pacientes e suas famílias. Na área de TI, as *hard skills* incluem habilidades técnicas específicas como programação, desenvolvimento de software, análise de dados, gerenciamento de banco de dados e segurança da informação. Já as *soft skills* incluem habilidades interpessoais, como comunicação eficaz, trabalho em equipe, liderança e resolução de problemas. A importância das *soft skills* na área de TI tem crescido nos últimos anos, pois os profissionais precisam trabalhar em equipe e colaborar com outras áreas para desenvolver soluções eficazes.

Comunicação assertiva

A capacidade de se comunicar de maneira clara, concisa e assertiva é crucial para transmitir a importância e a urgência de uma tarefa. Uma comunicação eficaz também facilita a coordenação entre os membros da equipe, garantindo que todos estejam alinhados em relação às prioridades e aos prazos.

Exemplo: Imagine que você é um líder de equipe e precisa conduzir uma reunião de emergência para resolver um problema urgente. Você utiliza a comunicação assertiva ao fornecer informações claras e concisas sobre a situação, permitindo que todos entendam a urgência do problema e suas respectivas responsabilidades. Também demonstra empatia ao ouvir atentamente as preocupações e ideias dos membros da equipe, incentivando um ambiente de diálogo aberto e respeitoso.

Resolução de problemas

O senso de urgência muitas vezes requer a capacidade de identificar rapidamente os obstáculos e encontrar soluções viáveis. A habilidade de analisar situações complexas, tomar decisões assertivas e programar ações corretivas é essencial para lidar com demandas urgentes de forma eficiente. Por exemplo, um empreendedor que enfrenta uma crise inesperada em seu negócio precisa identificar a causa do problema, buscar alternativas viáveis e ativar soluções de forma ágil.

Exemplo: Suponha que você seja um gerente de vendas e recebe uma reclamação urgente de um cliente insatisfeito. Você aplica a habilidade de resolução de problemas ao analisar rapidamente a situação, identificar as principais causas do problema ocorrido e propor soluções viáveis. Você aborda a questão de maneira proativa, entrando em contato com o cliente para oferecer uma solução satisfatória e garantir a sua satisfação. No filme *Um senhor estagiário*, mencionado no final deste livro, há uma cena que ilustra perfeitamente esse tema.

Criatividade

A criatividade é importante em situações de urgência, pois pode ajudar a encontrar soluções inovadoras para problemas complexos.

Flexibilidade e adaptabilidade

A adaptabilidade refere-se à capacidade de se ajustar rapidamente a novas circunstâncias e mudanças inesperadas. Em situações urgentes, é importante ser flexível e capaz de se adaptar às demandas em constante evolução, mantendo o foco nas metas e nos objetivos estabelecidos.

Exemplo: Você é membro de uma equipe de marketing e está trabalhando em determinado projeto, cujo prazo de entrega foi antecipado devido a uma mudança de estratégia da empresa. Demonstrando flexibilidade e adaptabilidade, você reorganiza seu cronograma, ajusta suas prioridades e colabora com os colegas da equipe para cumprir o novo prazo. Você está aberto a mudanças e procura soluções alternativas para alcançar os resultados desejados. Mesmo que você não concorde com as ações que estão sendo tomadas, fará o que é o melhor para resolver a demanda.

Gerenciamento do tempo

A capacidade de gerenciar o tempo de forma eficaz é fundamental para o senso de urgência. Ela envolve a capacidade de definir prioridades, planejar as atividades e utilizar técnicas de organização para aperfeiçoar o uso do tempo. Exemplo: Um profissional que utiliza ferramentas como a técnica Pomodoro, estabelecendo períodos de trabalho concentrado, seguidos por breves pausas, aumenta a produtividade e lida com as demandas urgentes de maneira mais eficiente. Veremos essa técnica em detalhes mais adiante.

Resiliência

A resiliência é a capacidade de lidar com a pressão e os desafios de forma positiva e se recuperar rapidamente após situações estressantes. Isso envolve manter uma mentalidade positiva, aprender com os erros e enfrentar os obstáculos com determinação. Exemplo: Um profissional que, após receber um feedback negativo em um projeto urgente, utiliza essa experiência como uma oportunidade de aprendizado e melhoria, em vez de se deixar abater pelo resultado.

Exemplo: Suponha que você seja um empreendedor e enfrente um grande revés em seu negócio, como uma parceria que desmorona repentinamente. Demonstrando resiliência, você encara a situação como uma oportunidade de aprendizado e crescimento. Em vez de se deixar abater, busca soluções alternativas, reavalia sua estratégia e encontra novas maneiras de impulsionar seu negócio, superando as dificuldades com determinação e persistência.

Trabalho em equipe

A habilidade de colaborar e trabalhar efetivamente em equipe é fundamental para lidar com a urgência. Isso envolve compartilhar informações, apoiar os colegas e aproveitar suas habilidades coletivas para alcançar resultados comuns. Exemplo: Um time de desenvolvimento de software que, diante de uma demanda urgente de um cliente, se une, divide tarefas e colabora de forma eficiente para entregar a solução dentro do prazo estipulado. Exemplo: Você é membro de uma equipe de desenvolvimento de software, e está trabalhado em um projeto complexo, cujo prazo de conclusão é apertado. Demonstrando habilidades de trabalho em equipe, você colabora com seus colegas, compartilhando conhecimentos, trocando ideias e dividindo tarefas de acordo com as habilidades individuais de cada membro. Todos trabalham juntos, mantendo uma comunicação constante e apoiando-se mutuamente para alcançar o objetivo comum dentro do prazo.

Trabalho em equipe presencial x remoto

Pessoas que se relacionam pessoal ou profissionalmente apenas por meios digitais podem ter dificuldades em interações presenciais. Isso ocorre porque as interações digitais são diferentes das interações presenciais. As interações digitais são mais impessoais e menos emocionais do que as interações presenciais. Além disso, as interações digitais permitem que as pessoas se escondam atrás de uma tela, o que pode levar a comportamentos mais agressivos ou desrespeitosos. No entanto, as interações presenciais permitem que as pessoas se conectem de maneira mais autêntica e emocional. Elas permitem que as pessoas leiam a linguagem corporal e as expressões faciais umas das outras com mais realidade, o que pode ajudar a construir relacionamentos mais fortes e significativos. No entanto, isso não significa que as pessoas que se relacionam apenas por meios digitais não possam desenvolver habilidades sociais para interações presenciais. É importante lembrar que o desenvolvimento de habilidades sociais é um processo contínuo de aprendizado e prática. Portanto, é essencial que as pessoas invistam tempo e esforço em seu desenvolvimento pessoal e profissional para garantir o sucesso em sua vida pessoal e profissional.

EXERCÍCIOS

1. **Descreva uma situação em que você precisou aplicar a habilidade de comunicação assertiva para lidar com a urgência. Como você se comunicou com as partes envolvidas? Qual foi o resultado dessa comunicação?**
2. **Pense em um desafio urgente que você enfrentou. Como aplicou suas habilidades de resolução de problemas para encontrar uma solução rápida e eficaz?**

3. **Reflita sobre uma situação em que você precisou ser flexível e adaptável para lidar com uma mudança de planos em um contexto de urgência. Como você se ajustou à nova situação e manteve o foco nos resultados?**
4. **Descreva uma situação em que você precisou mostrar resiliência diante de uma demanda urgente e estressante. Como você lidou com a pressão e se recuperou da situação?**
5. **Pense em um projeto ou uma tarefa que exigiu trabalho em equipe para lidar com a urgência. Como você e sua equipe colaboraram para atingir o objetivo comum dentro do prazo?**
6. **Preencha a tabela com sua avaliação pessoal em relação ao seu nível de habilidade em cada característica, atribuindo uma nota de 1 a 10. Uma nota mais alta indica um nível mais elevado de habilidade naquela área. Lembre-se de ser honesto consigo mesmo ao fazer essa avaliação. Após preencher a tabela, você pode identificar as áreas em que tem um senso de urgência mais desenvolvido e aquelas que podem ser aprimoradas. Utilize essas informações para estabelecer metas e desenvolver um plano de ação para fortalecer suas habilidades e aprimorar seu senso de urgência ao longo do tempo.**

Habilidades	Nível de Habilidade (1 a 10)
Consciência do tempo	
Responsabilidade	
Proatividade	
Priorização	
Adaptabilidade	
Foco e concentração	
Resiliência	
Comunicação eficaz	
Trabalho em equipe	

Esses exercícios visam consolidar o aprendizado e ajudá-lo a refletir sobre a aplicação prática das *soft skills* discutidas neste capítulo. Lembre-se de que desenvolver essas habilidades requer prática contínua e autodesenvolvimento, mas elas podem fazer uma diferença significativa no gerenciamento da urgência em sua vida profissional.

Este capítulo não teve intenção de suprir o conhecimento de que você precisa sobre seu conteúdo, pois cada tópico mencionado vai exigir muito esforço e dedicação para dominá-lo com maestria, e garanto que existem livros inteiros sobre cada um deles. Entretanto, fazer uma avaliação das suas reais habilidades atuais em cada um desses tópicos é fundamental para que se empenhe em adquirir essas habilidades ou melhorá-las em seu processo de crescimento.

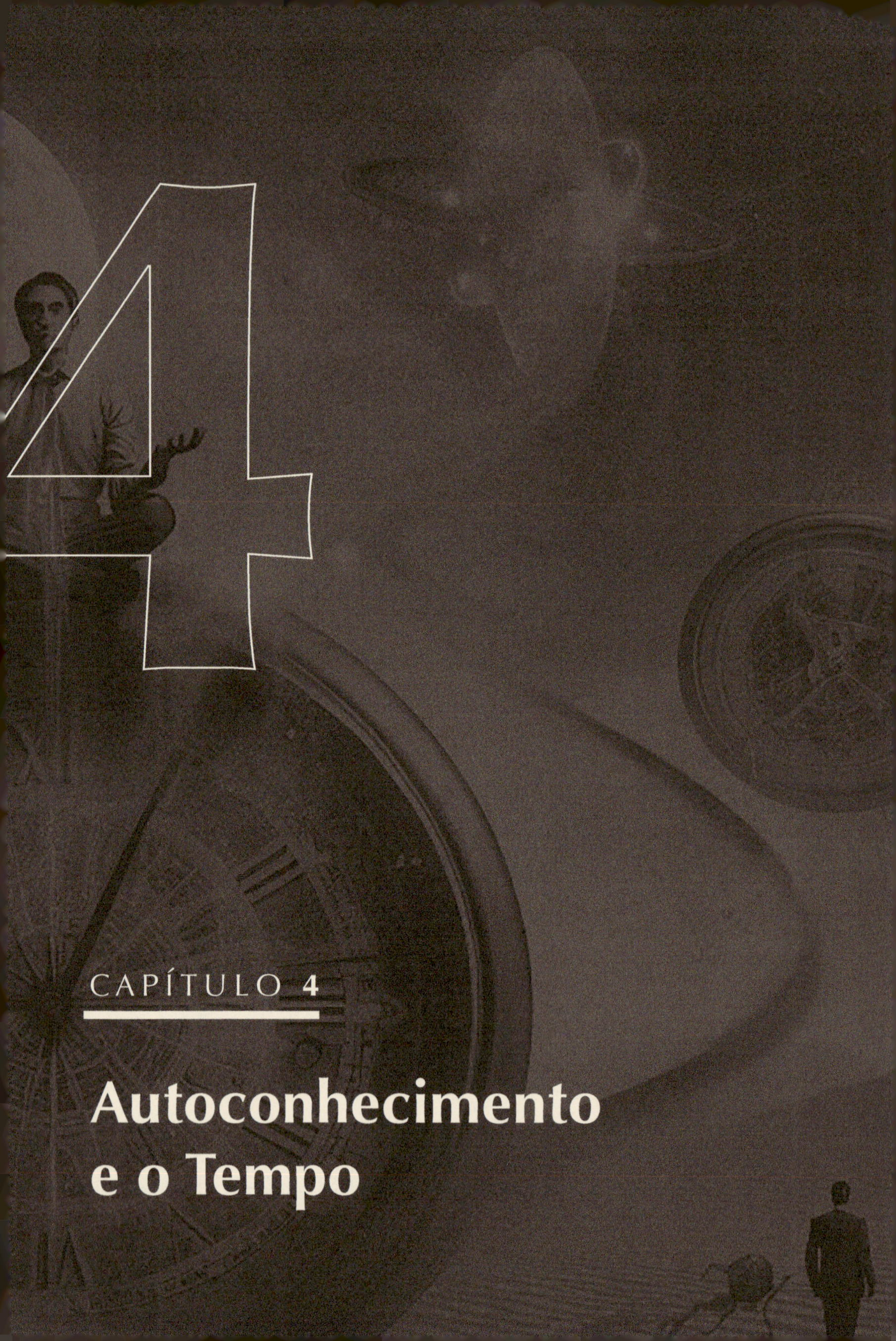

CAPÍTULO 4

Autoconhecimento e o Tempo

Deve-se lutar contra a celeridade do tempo usando de velocidade, tal como se deve beber depressa de uma fonte que não fluirá para sempre.

Sêneca (4 - 65 a.C.)
filósofo e escritor

ANTES DE MERGULHARMOS EM TÉCNICAS DE GESTÃO DO TEMPO ou estratégias para aumentar a produtividade, é essencial que nos conheçamos bem. Afinal, somos a peça mais importante de todo o processo. Lembre-se de que somos os principais responsáveis pela gestão do nosso tempo. É essencial dedicar tempo à família, ao lazer, à saúde e a outros aspectos da vida, não apenas ao trabalho.

Conhecer a nós mesmos significa entender nossos pontos fortes e fracos, nossos ritmos naturais e nossas preferências pessoais. Significa também estar alinhado a nossos objetivos e valores de vida. Sem esse autoconhecimento, qualquer técnica ou estratégia que tentemos aplicar pode não ser tão eficaz quanto poderia.

Portanto, antes de tentar fazer mais ou melhor, devemos nos perguntar: "O que é importante para mim? Quais são os meus objetivos? Em que período do dia sou mais produtivo? Quando preciso descansar e recarregar?".

Ao respondermos a essas perguntas, podemos começar a moldar nosso tempo e nossas atividades de acordo com quem somos, em vez de tentarmos nos adaptar a um modelo que pode não ser adequado para nós. Isso não só nos tornará mais produtivos, mas também nos ajudará a sentir mais satisfação e realização em nosso trabalho e vida pessoal.

É importante lembrar que o tempo é constante – cada dia tem 24 horas e 1.440 minutos. Não podemos criar mais tempo, mas podemos aprender a gerenciar melhor o tempo que temos.

Essa sensação de falta de tempo pode ser atribuída a uma variedade de fatores, como desorganização, distrações e falta de eficiência. Para combatê-los, precisamos fazer uma autoavaliação de como usamos nosso tempo, remanejar atividades, eliminar distrações e priorizar atividades importantes para os momentos em que somos mais produtivos.

Em outras palavras, precisamos resgatar o tempo gasto em atividades inúteis ou improdutivas e aumentar nossa eficiência. Isso envolve conhecer nossas características biológicas e pessoais, bem como nossas prioridades. Uma maneira eficaz de fazê-lo é reconhecer nosso relógio biológico, ou ritmo circadiano, que regula nossos padrões de sono e vigília, bem como nossos níveis de energia ao longo do dia. Ao trabalharmos em sintonia com nosso relógio biológico, podemos maximizar nossa produtividade e nosso bem-estar.

Uma ferramenta útil é a técnica oriental conhecida como Roda da Vida, que nos ajuda a avaliar as várias áreas da vida e identificar em qual delas precisamos focar nossa atenção e energia.

Ao combinarmos essas estratégias, podemos aprender a gerenciar melhor nosso tempo, reduzir o estresse e melhorar nossa qualidade de vida. Vamos explorar mais sobre esses temas adiante.

O relógio biológico

A gestão eficaz do tempo é uma habilidade crucial na vida moderna, mas nem sempre levamos em consideração um fator importante para essa gestão: nosso relógio biológico. Antes de mergulharmos em estratégias de gerenciamento de tempo, é essencial entendermos como nossas características biológicas podem afetar a produtividade e a eficiência.

O ritmo circadiano, também conhecido como relógio biológico, é um ciclo natural que regula as principais atividades e processos biológicos do corpo humano ao longo de um período de aproximadamente 24 horas. Ele influencia uma série de funções corporais, incluindo os níveis de energia, a capacidade cognitiva e o estado emocional.

Em outras palavras, nosso relógio biológico determina quando estamos mais alertas e energizados, e quando precisamos descansar e nos recuperar. Nesse sentido, há momentos do dia em que somos naturalmente mais produtivos e capazes de realizar tarefas complexas com maior eficiência.

Ao reconhecermos e respeitarmos nosso ritmo circadiano, podemos alinhar nossas tarefas mais importantes a nossos picos de energia, garantindo um aproveitamento máximo do tempo disponível. Isso não apenas melhora nossa produtividade, mas também promove nosso bem-estar geral, pois trabalharemos em harmonia com nosso corpo e não contra ele.

Identificando suas características

Pelas características do relógio biológico, é possível identificar qual é o seu tipo, em função de seu maior período de atividade. Em outras palavras, você identifica o seu cronotipo. Poderá entender se será classificado como uma pessoa matutina, mais ativa pela manhã; uma pessoa vespertina, mais ativa à tarde, ou noturna, que tem seu período de maior atividade à noite. Nesse processo você deve:

Identificar seus picos de energia: Todos nós temos momentos do dia em que somos mais produtivos. Alguns de nós são mais produtivos pela manhã, enquanto outros são mais produtivos à tarde ou à noite. Identifique esses picos de energia e tente agendar suas tarefas mais importantes para esses horários.

Observar os sinais do seu corpo: Ele lhe dá sinais quando está cansado ou com fome. Por exemplo, você pode começar a bocejar quando está com sono, ou seu estômago pode começar a roncar quando está com fome. Preste atenção a esses sinais e faça pausas quando necessário.

Fazer um mapa dos seus horários produtivos: Anote os horários do dia em que você se sente mais produtivo e os horários em que se sente menos produtivo. Use essa informação para planejar seu dia. Por exemplo, você pode agendar tarefas complexas para os horários em que é mais produtivo, e tarefas menos exigentes para os horários em que é menos produtivo.

Respeitar o seu relógio biológico: Tente não se forçar a trabalhar durante os seus períodos de baixa energia. Em vez disso, use esses períodos para descansar e recarregar as energias.

Adaptar suas atividades ao seu relógio biológico: Se você é uma pessoa matutina, tente agendar suas tarefas mais importantes para a manhã. Se é uma pessoa noturna, tente agendar as tarefas mais importantes para a noite.

Cada pessoa tem o seu próprio relógio biológico, por isso, são classificadas em matutinas, vespertinas, intermediárias ou noturnas, conforme os períodos de sono e vigília que apresentam nas 24 horas do dia.

Teste para identificação de seu período produtivo

As perguntas a seguir têm como finalidade ajudá-lo a identificar a sua característica. Responda a cada uma e some os pontos. Aqui não existe nota alta ou baixa. O valor total das respostas vai indicar o seu período de maior atividade.

1. **Quando você se sente mais alerta durante o dia?**
   a) Manhã cedo (5h-8h) – 5 pontos
   b) Meio da manhã (8h-11h) – 4 pontos
   c) Tarde (12h-17h) – 3 pontos
   d) Noite (18h-21h) – 2 pontos
   e) Madrugada (22h-4h) – 1 ponto

2. **Quando você normalmente acorda durante a semana?**
   a) Antes das 6h – 5 pontos
   b) Entre 6h e 8h – 4 pontos
   c) Entre 8h e 10h – 3 pontos
   d) Entre 10h e meio-dia – 2 pontos
   e) Depois do meio-dia – 1 ponto

3. **Quando você normalmente se sente cansado e pronto para dormir?**
   a) Antes das 21h – 5 pontos
   b) Entre 21h e 23h – 4 pontos
   c) Entre 23h e 1h – 3 pontos
   d) Entre 1h e 3h – 2 pontos
   e) Depois das 3h – 1 ponto

4. **Se você pudesse escolher, quando faria suas refeições?**
   a) Café da manhã: antes das 7h; almoço: meio-dia; jantar: 18h – 5 pontos
   b) Café da manhã: 8h; almoço: 13h; jantar: 19h – 4 pontos
   c) Café da manhã: 9h; almoço: 14h; jantar: 20h – 3 pontos
   d) Café da manhã: 10h; almoço: 15h; jantar: 21h – 2 pontos
   e) Café da manhã: meio-dia; almoço: 16h; jantar: após 22h – 1 ponto

5. **Quando você se sente mais criativo ou inspirado?**
   a) Manhã cedo (5h-8h) – 5 pontos
   b) Meio da manhã (8h-11h) – 4 pontos
   c) Tarde (12h-17h) – 3 pontos
   d) Noite (18h-21h) – 2 pontos
   e) Madrugada (22h-4h) –1 ponto

6. **Se você tivesse de fazer exercícios físicos intensos, quando preferiria fazê-los?**
   a) Manhã cedo (5h-8h) – 5 pontos
   b) Meio da manhã (8h-11h) – 4 pontos
   c) Tarde (12h-17h) – 3 pontos

d) Noite (18h-21h) – 2 pontos
e) Madrugada (22h-4h) –1 ponto

7. **Quando você normalmente tem mais fome durante o dia?**
   a) Manhã cedo (5h-8h) – 5 pontos
   b) Meio da manhã (8h-11h) – 4 pontos
   c) Tarde (12h-17h) – 3 pontos
   d) Noite (18h-21h) – 2 pontos
   e) Madrugada (22h-4h) –1 ponto

8. **Se você pudesse escolher seu horário de trabalho ideal, qual seria?**
   a) Início da manhã até o início da tarde (7h-15h) – 5 pontos
   b) Meio da manhã até o final da tarde (10h-18h) – 4 pontos
   c) Início da tarde até o início da noite (13h-21h) – 3 pontos
   d) Final da tarde até a meia-noite (16h-24 h) – 2 pontos
   e) Madrugada até o início da manhã (1h-9h) – 1 ponto

Agora some seus pontos e descubra o seu perfil:

- Entre 40 e 36 – definitivamente matutino.
- Entre 35 e 29 – moderadamente matutino.
- Entre 28 e 21 – intermediário – adapta-se aos dois períodos.
- Entre 20 e 15 – moderado vespertino.
- Abaixo de 14 – definitivamente noturno.

Lembre-se de que essas perguntas são apenas uma ferramenta de auxílio. Você, mais do que ninguém, sabe qual é o seu período de maior energia e atividade.[1]

Contudo, lembre-se de que muitas pessoas podem sofrer de algum tipo de patologia que afeta o ciclo biológico. Por exemplo, você pode ser uma pessoa matutina, mas está sofrendo de insônia e não consegue dormir à noite. Fatores físicos também podem afetar seus períodos de atividade ou descanso.

---

1. Durante a escrita deste livro, encontrei dois testes online para avaliação do cronotipo. Deixo os *links* como sugestão, embora haja outros na internet. Ao visitá-los, lembre-se de que podem estar indisponíveis:https://institutodosono.com/teste-de-cronotipo/ e https://saude.abril.com.br/medicina/teste-qual-e-o-seu-cronotipo. Acessos em: 14 jun. 2024.

Vários fatores podem afetar nosso relógio biológico, como:

1. **Luminosidade**: O ciclo claro/escuro é o principal componente para o relógio biológico humano.
2. **Estrutura genética**: Os genes ajudam a determinar como vai ser o funcionamento do relógio biológico. Eu, por exemplo, nunca consegui dormir mais do que seis ou sete horas em minha fase adulta.
3. **Alimentação**: O que e quando comemos pode influenciar nosso relógio biológico. Uma feijoada às 11 da noite certamente não vai ajudar o seu sono.
4. **Exercícios físicos**: A atividade física pode afetar nosso ritmo circadiano.
5. **Quadro psicológico**: O estado emocional e mental pode influenciar o relógio biológico.
6. **Sono**: A qualidade e a quantidade de nosso sono podem afetar nosso relógio biológico.
7. **Exposição à luz em horários irregulares**: Inclui a luz emitida por aparelhos eletrônicos. Algumas pessoas só conseguem dormir com a televisão ligada, mas a maioria é prejudicada pela luz da tela.
8. **Mudanças de fuso horário**: Também conhecido como *jet lag*, pode desregular nosso ritmo circadiano. Eu, por exemplo, se viajo para um local que está com seis horas de diferença do meu local habitual, demoro seis dias para me adaptar totalmente ao novo fuso, ou seja, um dia por hora de diferença.
9. **Estilo de vida, idade, atitude e rotina** (trabalho, estudos, filhos, projetos): Esses fatores também podem influenciar nosso relógio biológico.

Portanto, é importante levar em consideração todos esses fatores ao tentar entender e gerenciar o próprio relógio biológico.

Roda da Vida

No contexto da gestão do tempo e do senso de urgência, é fundamental considerarmos não apenas as demandas externas, mas também nossa própria biologia e bem-estar interior. Afinal, tirar o melhor de nós nas horas certas envolve muito mais do que simplesmente olhar para o relógio. Precisamos nos conhecer profundamente, alinhar nossos objetivos a nossos valores e priorizar o que é verdadeiramente importante.

Uma ferramenta poderosa que pode nos ajudar nesse processo é a Roda da Vida. Essa técnica, originária da filosofia budista, oferece uma visão holística ou ampla da vida. É um conceito que se baseia na ideia de que as partes de um sistema estão interconectadas e são interdependentes, e não podem ser compreendidas de maneira isolada. Em vez disso, para entender completamente um sistema ou fenômeno e a vida, é necessário considerar todas as suas partes e como elas se relacionam.

A Roda da Vida se divide em várias áreas essenciais da nossa existência. Ela nos convida a refletir sobre como estamos investindo nosso tempo e energia em cada uma dessas áreas.

A Roda da Vida tem suas raízes na filosofia budista, e é conhecida como *Bhavacakra* ou *Samsara Chakra*. Ela representa o ciclo contínuo de nascimento, vida, morte e renascimento, refletindo a jornada da existência humana. Na versão aplicada à gestão do tempo e ao equilíbrio pessoal, a roda é dividida em áreas da vida, como lazer, desenvolvimento pessoal, saúde, família, trabalho e outras, que serão mencionadas adiante.

Visualmente, a Roda da Vida é um círculo fatiado, em que cada parte representa uma área da vida. Você pode criar quantas fatias desejar, refletindo as áreas de sua vida, mas normalmente esse número varia de 8 a 12, podendo ser agrupadas em áreas maiores. Por exemplo, você pode dividir o círculo em quatro partes, uma relacionada à qualidade de vida; outra a relacionamentos; outra a assuntos pessoais e outra a assuntos profissionais. Essa classificação não é obrigatória.

A seguir, estão 12 áreas que podem fazer parte da sua avaliação.

12 áreas da vida

Qualidade de vida

1. **Saúde e Bem-estar Físico**: Saúde física, incluindo exercícios, dieta, sono e cuidados com o corpo.
2. **Saúde e Bem-estar Mental**: Saúde mental, incluindo gerenciamento de estresse, equilíbrio emocional e bem-estar psicológico.
3. **Saúde e Bem-estar Emocional**: Saúde emocional, envolvendo a capacidade de gerenciar emoções e lidar com desafios emocionais.
4. **Lazer e Recreação**: Tempo para relaxar, se divertir e aproveitar a vida fora das responsabilidades.
5. **Espiritualidade**: Conexão espiritual, crenças e práticas que podem trazer significado à sua vida.

Relacionamentos

6. **Relacionamentos Familiares**: Qualidade de seus relacionamentos com membros da família, incluindo pais, filhos e outros parentes próximos.
7. **Relacionamentos Amorosos**: Qualidade de seu relacionamento amoroso ou afetivo, se aplicável.
8. **Relacionamentos Sociais**: Rede de amigos e relações sociais fora da família e do parceiro amoroso.
9. **Ambiente e Propósito**: Relacionamento com o ambiente ao seu redor e a busca por um propósito maior em sua vida.

Profissional

10. **Desenvolvimento Intelectual**: Crescimento pessoal, aprendizado contínuo e desenvolvimento de habilidades.

11. **Carreira/Trabalho**: Desempenho e satisfação no trabalho, progresso profissional e equilíbrio entre carreira e vida pessoal.
12. **Finanças**: Situação financeira, incluindo economia, investimentos, dívidas e planejamento financeiro.

Você não precisa avaliar todas essas doze áreas, e talvez existam outras que possam ser utilizadas de acordo com a sua realidade. Pode subdividir, por exemplo, relacionamentos, atribuindo uma fatia para filhos, pais, pessoas específicas, e esse mesmo procedimento vale para outras áreas.

Antes de você começar a fazer a sua Roda da Vida, recomendo que reflita seriamente sobre as áreas mencionadas e, acima de tudo, seja absolutamente sincero consigo mesmo. Mentir para si é a pior das mentiras. Então, quando atribuir uma nota para cada uma das áreas, seja realista. Você não precisa compartilhar sua Roda da Vida, pois ela é sua.

O primeiro desafio que encontramos ao fazer a Roda da Vida é mentirmos para nós mesmos, pois não queremos aceitar ou temos dificuldade de ver com clareza alguns aspectos de nossa vida.

As perguntas que devem ser feitas na Roda da Vida são sobre como você se sente em relação a cada área da sua vida no momento atual. Por exemplo, numa escala de 0 a 10, quão satisfeito você está com sua saúde, com sua vida social ou com seu desenvolvimento pessoal?

Depois de avaliar o resultado, você pode identificar as áreas mais críticas (aquelas com pontuação mais baixa) e começar a trabalhar nelas primeiro. Lembre-se, a Roda da Vida é uma ferramenta de autoconhecimento e planejamento pessoal, não é um método milagroso. Ela serve de guia para seus planos e projetos de vida.

Considerando isso, o processo de criação e avaliação da Roda da Vida consiste nos seguintes passos.

1. **Desenho**: em uma folha de papel ou em uma página de caderno, desenhe um círculo e as fatias que correspondem a cada área (veja sugestão de uma Roda da Vida mais adiante)

2. **Identificação de sua Realidade**: Avalie cada área da sua vida numa escala de 0 a 10. Quanto maior o número, mais satisfeito você está nessa área.
3. **Definição de objetivos e metas**: Depois de atribuir uma nota a cada área, pense em que ponto você gostaria de estar em cada área e defina suas metas para alcançá-lo. Escreva um texto registrando sua intenção para cada área.
4. **Plano de ação**: Crie um plano de ação para alcançar suas metas.
5. **Prática**: Comece a trabalhar em seu plano de ação.
6. **Medição dos resultados**: Avalie regularmente seu progresso e ajuste seu plano conforme sua necessidade.

Concentre suas ações nas áreas que receberam as notas mais baixas, pois são essas que requerem uma atenção imediata para equilibrar a Roda da Vida.

A avaliação das notas da Roda da Vida é um processo subjetivo e pessoal. Embora cada pessoa pode ter critérios diferentes para atribuir notas a cada área, deixo algumas sugestões gerais para a avaliação:

1. **Defina critérios claros**: Antes de atribuir uma nota, defina critérios claros para cada área da vida. Por exemplo, na área da saúde, você pode considerar fatores como alimentação saudável, prática regular de exercícios físicos e qualidade do sono. Na alimentação, por exemplo, se você acha que comer hambúrguer todo dia é bom para sua saúde, procure a opinião de nutricionistas para identificar os critérios de uma alimentação saudável.
2. **Autoavaliação honesta**: Faça uma autoavaliação honesta de cada área da sua vida. Pergunte a si mesmo como se sente em relação a cada aspecto e qual nota atribuiria com base nesse sentimento.
3. **Reflexão e análise**: Reflita sobre os motivos que levaram à atribuição de cada nota. Anote suas reflexões, identifique as áreas que precisam de mais atenção e pense em possíveis ações para melhorá-las.
4. **Busque feedback**: Se possível, busque feedback de pessoas próximas a você, como familiares ou amigos. Eles podem ter uma perspectiva diferente e oferecer *insights* valiosos sobre as áreas que você está avaliando. Embora você não precise apresentar sua Roda da Vida a ninguém, como apontado anteriormente, pois pode se sentir desconfortável e até ter vergonha de algumas notas que atribuiu a si mesmo, compartilhar pode ser útil ao seu questionamento e ao modo como se vê.

Lembre-se de que a avaliação das notas da Roda da Vida é um processo contínuo e que pode mudar ao longo do tempo. É importante revisar regularmente suas notas e ajustar suas ações de acordo com suas metas e prioridades pessoais.

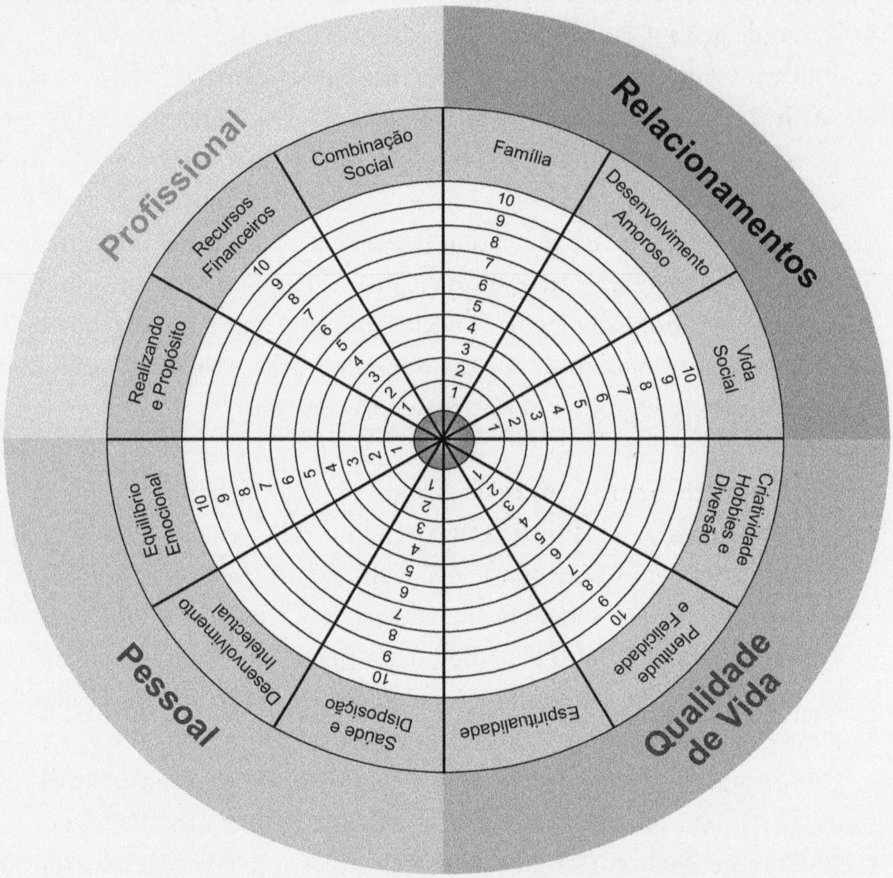

Se você utilizar este modelo de Roda da Vida, poderá preencher a nota atribuída em cada fatia, e com isso ter um estímulo visual. Por exemplo, se você atribuiu a nota 7 para família, pinte as faixas de 1 a 7 da fatia; se atribuiu a nota 3 para lazer, pinte as faixas de 1 a 3. Dessa forma, poderá ter uma visão gráfica dos valores e não somente numérica como no modelo.

Recomendo que você faça a sua Roda da Vida à mão livre. Livre-se de distrações digitais, deixe o celular desligado ou sem notificações. Esse é um momento de reflexão muito importante.

Colocando em prática as ações para balancear a sua Roda da Vida

Aqui está uma Roda da Vida hipotética, em que você atribuiu notas muito baixas para as áreas de lazer, saúde, relacionamento amoroso e vida profissional. Vejamos:

Área da Vida	Nota
Lazer	2
Saúde	3
Relacionamento amoroso	2
Vida profissional	1

Com base nessas notas, é possível identificar as áreas que precisam de mais atenção e as ações para melhorar o equilíbrio e a satisfação na vida. A seguir, veja algumas dessas ações:

1. **Lazer**: Dedique um tempo regular para atividades de lazer de que você goste, como hobbies, esportes ou passeios ao ar livre. Priorize momentos de relaxamento e diversão para aliviar o estresse e aumentar o bem-estar emocional.
2. **Saúde**: Faça uma avaliação geral da sua saúde e identifique áreas que precisam de atenção, como alimentação, exercícios físicos e sono. Considere buscar orientação profissional, como de um nutricionista ou personal trainer, para ajudar a estabelecer metas realistas e criar um plano de ação.
3. **Relacionamento amoroso**: Se você está insatisfeito com seu relacionamento amoroso, é importante refletir sobre os motivos dessa insatisfação. Considere conversar abertamente com o parceiro (ou parceira) sobre suas preocupações e expectativas. Se necessário, busque aconselhamento profissional para ajudar a melhorar a comunicação e fortalecer o relacionamento.
4. **Vida profissional**: Avalie sua satisfação com sua carreira atual e identifique áreas que precisam de melhoria. Considere buscar oportunidades de desenvolvimento profissional, como cursos ou treinamentos, para adquirir novas habilidades e aumentar suas chances de crescimento na carreira.

Lembre-se de que essas são apenas sugestões gerais, pois cada pessoa é única. É importante adaptar as ações às suas necessidades individuais e buscar apoio profissional quando necessário. Você pode buscar ações imediatas para todas as áreas, mas isso talvez demande muito esforço. Priorize a área em que você tem mais controle e recursos para iniciar as mudanças. Nos exemplos acima, talvez o lazer e a saúde sejam áreas em que seja mais fácil iniciar essas ações. Já o relacionamento amoroso e a vida profissional dependem de muitos fatores externos sobre o quais você não tem controle para resolver rapidamente. Enfim, cabe a você escolher o que pode ser feito de acordo com sua realidade.

Embora não tenhamos tratado de senso de urgência e tempo neste capítulo, sua função é sugerir que você equilibre aspectos da sua vida que interferem em outras áreas e, em última instância, o ajudem a administrar melhor o seu tempo, como você verá no próximo capítulo.

EXERCÍCIOS

1. **Faça o teste proposto para avaliar o seu perfil de relógio biológico.**
2. **Faça a Roda da Vida com as áreas a serem avaliadas e atribua as notas a cada uma.**

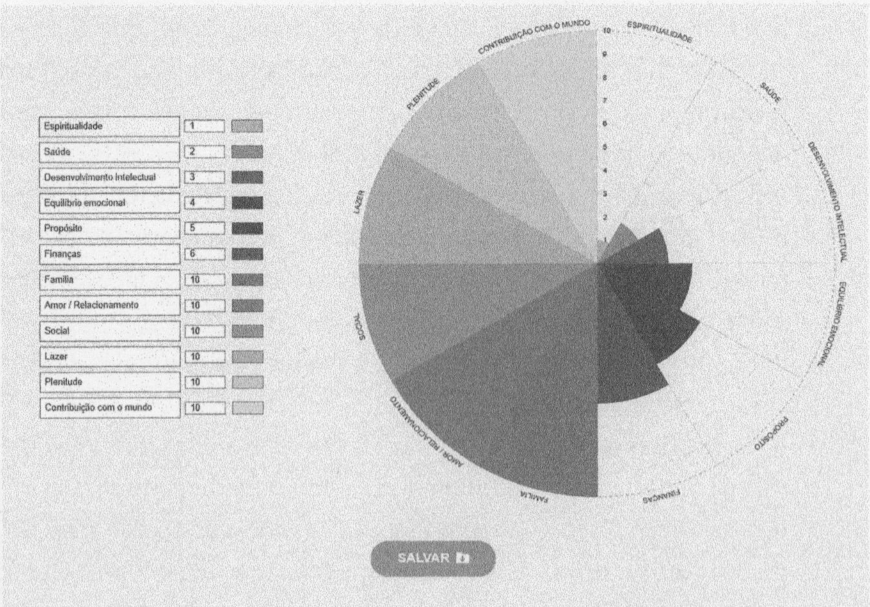

Fonte: www.rodadavida.net. Acesso em: 30 maio 2024.

Você pode ter uma versão online da Roda da Vida em www.rodadavida.net, de forma muito rápida e com uma aparência bastante profissional. Use esse modelo apenas como uma versão visualmente mais interessante, mas não o utilize para criar a Roda da Vida, que deve ser feita à mão.

Observe a imagem da Roda da Vida da página anterior. À esquerda, na primeira coluna, há 12 áreas já nomeadas, que podem ser alteradas de acordo com sua preferência, e na segunda coluna, você atribui a nota para cada área. À medida que você preenche as notas, o gráfico é atualizado.

Personalize a sua roda da vida

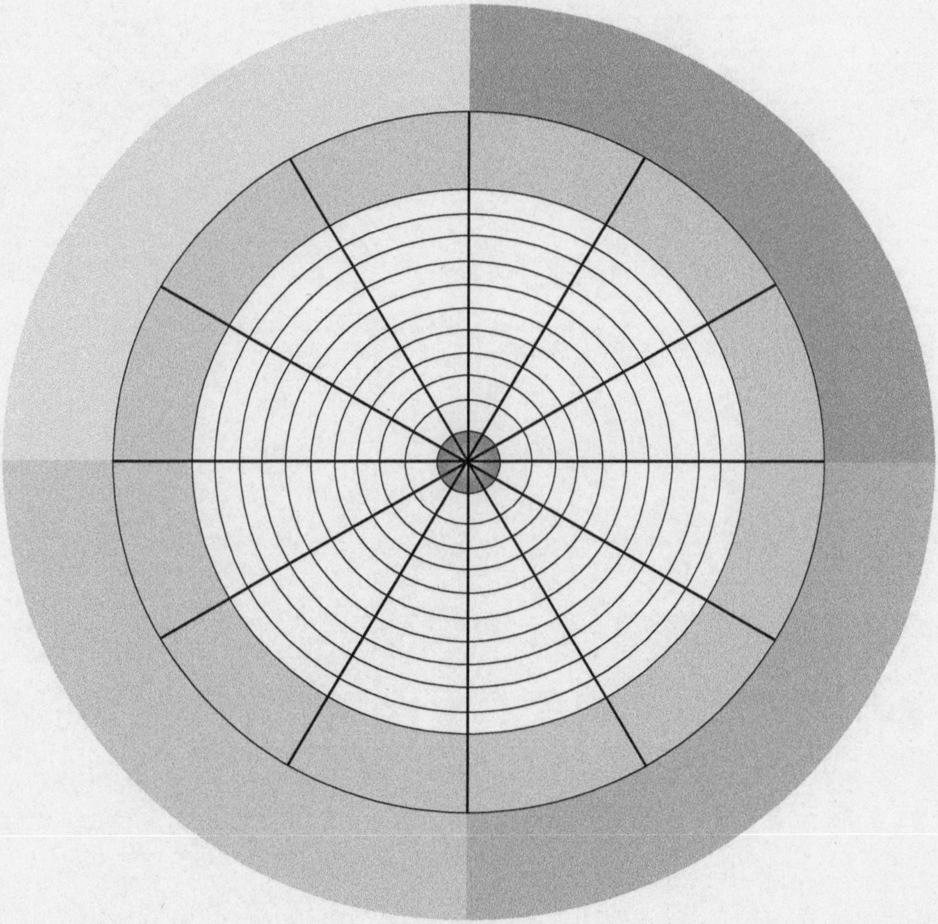

5

CAPÍTULO 5

Gerenciando o Tempo de Forma Eficiente

Pequena é a parte da vida que vivemos, pois todo o restante não é vida, mas tempo.

Sêneca (4 - 65 a.C.)
filósofo e escritor

NO MUNDO PRÉ-DIGITAL, O GERENCIAMENTO DE TEMPO ERA diferente devido à ausência das tecnologias de que dispomos hoje. As pessoas dependiam de métodos analógicos, como agendas em papel, relógios de pulso e comunicação por telefone fixo, telegramas (para assuntos urgentes) ou carta. Embora ainda houvesse desafios para equilibrar as demandas e prioridades, a velocidade das informações e a necessidade de gerenciar o tempo eram diferentes. Com o surgimento de ferramentas e dispositivos digitais e redes sociais, houve uma mudança significativa na forma como as pessoas interagem, trabalham e gerenciam o tempo. Embora essas tecnologias tenham trazido muitos benefícios, como a comunicação instantânea e acesso rápido à informação, também trouxeram desafios para o gerenciamento de tempo e a produtividade.

Um dos principais impactos negativos causados pelos dispositivos digitais à produtividade nas empresas são as distrações constantes. As notificações de mensagens, e-mails, redes sociais e de outros aplicativos simplesmente interrompem o fluxo de trabalho e desviam a atenção das tarefas importantes. A prática da multitarefa, em que o indivíduo tenta lidar com várias tarefas ao mesmo tempo, pode levar a uma redução na qualidade do trabalho e na eficiência. O uso excessivo das redes sociais também pode levar ao desenvolvimento de ansiedade e outros problemas de saúde mental. A pressão para estar sempre conectado e disponível, a comparação constante com os outros e a exposição a informações negativas podem contribuir para o estresse e a sobrecarga emocional.

Outro ponto negativo é a dificuldade de estabelecer limites claros entre o trabalho e a vida pessoal. Estar constantemente online significa quase sempre estar conectado ao trabalho, o que pode levar a uma falta de tempo para descanso, relaxamento e atividades pessoais, como também ao esgotamento e ao comprometimento da saúde e do bem-estar geral.

A pandemia antecipou a adoção de home office, talvez em uma década, e de uma maneira geral não deu tempo, sem ironia, para uma adaptação desse novo estilo de trabalho e uma aplicação de uma divisão clara entre trabalho e lazer. No entanto, é importante destacar que existem ferramentas digitais que podem ser usadas de maneira produtiva e positiva para o gerenciamento de tempo. A videoconferência, por exemplo, nos permite economizar tempo de deslocamento e as mensagens eletrônicas encurtam o tempo da comunicação, mas essas ferramentas criam uma nova camada de pressão sobre todos. Existem aplicativos e softwares que ajudam a organizar tarefas, estabelecer lembretes e criar rotinas eficientes. Além disso, algumas redes sociais podem ser usadas como ferramentas de networking profissional e fontes de aprendizado e inspiração, se usadas com moderação.

Gerenciar o tempo: uma jornada desafiadora, mas sob nosso controle

Gerenciar (bem) o tempo é uma habilidade crucial para a produtividade e bem-estar que depende exclusivamente de nós mesmos. Reconhecer a importância de administrar nosso tempo é o primeiro passo para uma mudança significativa em nossa vida. Um dos maiores obstáculos para um gerenciamento eficaz do tempo é a necessidade de fazer uma autoavaliação honesta de como alocamos nossos preciosos minutos e horas.

Às vezes, nós nos vemos envolvidos em atividades que não contribuem para nossos objetivos ou bem-estar, portanto identificar esses padrões nocivos é fundamental para iniciar uma mudança real. Reconhecer atitudes e atividades prejudiciais é um passo importante, mas a decisão de mudar é essencial para uma transformação significativa. Assim como em qualquer vício, o mau uso do tempo pode se tornar um hábito arraigado em nossa vida, sem que, na maioria das vezes, percebamos seus efeitos nocivos, até que chegamos ao limite de nossas forças.

Restauração do tempo

Eu acredito que, mais do que ganhar tempo, nosso primeiro desafio nesse processo é recuperar o tempo que tínhamos. Com essa liberação, podemos melhorar o uso do tempo disponível. Para isso, podemos usar o **processo de faxina temporal**.

O processo de limpeza do mau uso do tempo é semelhante a superar um vício, com etapas que devem ser seguidas até que se alcance uma mudança significativa. Em nosso processo de resgate do tempo, podemos adotar as seguintes etapas:

1. **Conscientização**: Reconhecer que nosso tempo não está sendo bem utilizado e que precisamos de mudanças é o ponto de partida. Se você está lendo este livro, é porque certamente já está consciente de que algo precisa ser feito.
2. **Comprometimento**: Tomar a decisão firme e comprometer-se a aplicar mudanças positivas em seu cotidiano. Comprometimento em longo prazo, em minha opinião, é a etapa mais difícil, que deve ser realizada em paralelo às próximas etapas. No momento em que você abandonar o compromisso consigo mesmo, tudo volta à estaca zero.
3. **Autoavaliação e Priorização**: Identificar as atividades e os comportamentos que nos afastam de nossos objetivos e prioridades, para que possamos eliminá-los ou reduzi-los. Com o seu compromisso assumido, agora é hora da mais honesta atitude consigo mesmo. Avaliar todos os fatores e as situações nas quais você, consciente ou inconscientemente, desperdiça o seu tempo. Na criação da lista de inimigos a serem combatidos, você será tentado a não incluir muitas atividades que julga não serem consumidoras negativas do seu tempo. Você criará mil desculpas para não incluir essas atividades, mas no fundo sabe que elas estão fazendo mal a você. Uma vez identificadas as situações, será necessário criar uma lista, em ordem de prioridade. Para o topo das prioridades, você pode selecionar as mais impactantes ou as mais rápidas de serem consertadas.

4. **Definição de Metas:** Estabelecer metas claras e realistas para o uso do tempo, orientando as ações e escolhas. Combater as distrações identificadas no item 3 faz parte da sua lista de tarefas, que precisa ser organizada considerando suas demais atividades. Se você identificou dez elementos distratores para serem trabalhados, precisa definir quais são suas metas para alcançar o seu objetivo.
5. **Planejamento:** Desenvolver um plano de ação com atividades e ações para eliminar os distratores. Você tem de criar um cronograma em que saberá claramente o que e quando fazer, certificando-se de que a missão foi executada.
6. **Foco e Persistência:** Concentrar-se nas atividades prioritárias e manter a disciplina para evitar recaídas em padrões antigos. Isso é difícil. Lembra-se do item 2, Comprometimento? Sim, é bem possível que você não consiga mudar um hábito de imediato. Resistir a um clique para checar um e-mail ou rede social ou a outra tentação qualquer será parte do seu cotidiano. Não precisamos vencer todas as vezes, mas precisamos tentar novamente e nos manter no plano.
7. **Avaliação Contínua:** Monitorar regularmente o progresso, ajustando a abordagem conforme necessário e celebrando cada pequena conquista.

O mau uso do tempo pode se infiltrar silenciosamente em nossa vida, prejudicando produtividade, saúde e felicidade. No entanto, quando nos conscientizamos dessa situação, fazemos uma autoavaliação honesta e abraçamos mudanças positivas, trilhamos um caminho rumo a uma gestão eficiente do nosso tempo. Com foco, persistência e ação deliberada, podemos superar esse vício e conquistar uma vida mais equilibrada, produtiva e repleta de realizações. A responsabilidade e o poder para essa mudança estão em nossas mãos.

Identificando os principais fatores externos que nos roubam tempo

Uma análise da sua rotina diária certamente apontará diversos larápios e ladrões do seu tempo. A seguir, você verá uma lista deles. Para mais detalhes dos principais vilões do tempo, no entanto, sugiro que você leia o Capítulo 13 e depois volte à leitura do presente capítulo.

Fatores Externos que Roubam Tempo	Fatores Internos que Roubam Tempo
1. Tráfego intenso	1. Procrastinação
2. Interrupções no trabalho	2. Falta de organização
3. Mídias sociais e aplicativos	3. Distrações pessoais
4. Reuniões improdutivas	4. Falta de definição de metas
5. Filas e espera	5. Hábitos de sono inadequados
6. Tecnologia defeituosa	6. Desorganização pessoal
7. Responsabilidades familiares	7. Inabilidade de gerenciamento de tempo
8. Excesso de compromissos sociais	8. Multitarefa excessiva
9. Trabalho em casa (home office)	

Ao identificarmos esses fatores externos e internos que roubam nosso tempo, podemos trabalhar para minimizar ou eliminar essas fontes de desperdício, tornando nosso dia mais produtivo e satisfatório. Lembre-se que algumas situações podem ser controladas por nós, enquanto outras podem exigir mudanças externas ou adaptativas. No caso de um local de trabalho barulhento, por exemplo, talvez seja preciso envolver outras pessoas ou níveis hierárquicos da empresa para que seja feita uma mudança. Em outras situações, no entanto, como controlar o tempo nas redes sociais, só depende de nós.

Identificando problemas de gerenciamento de tempo

Para gerenciar eficientemente o tempo, é essencial identificar problemas que podem prejudicar nossa produtividade. Alguns sinais comuns de problemas de gerenciamento de tempo incluem:

a) **Prazos não cumpridos:** Não conseguir regularmente concluir tarefas dentro dos prazos estabelecidos indica que há problemas de gerenciamento de tempo.

Exemplo prático: Maria é uma designer gráfica que frequentemente entrega seus projetos com atraso, o que gera insatisfação nos clientes e compromete a reputação de sua empresa.

b) **Falta de tempo para tarefas importantes:** Estar sempre ocupado com tarefas urgentes, deixando de lado atividades essenciais e de maior impacto, é um sinal de falta de gerenciamento eficiente do tempo.

Exemplo prático: João é um gerente de vendas que se envolve em atividades administrativas diárias, deixando de lado o acompanhamento e treinamento de sua equipe, que são fundamentais para impulsionar os resultados de vendas.

c) **Sensação constante de estar correndo:** Estar constantemente sob pressão e com a sensação de que o tempo é sempre escasso pode ser um indicativo de que o gerenciamento do tempo está adequado.

Exemplo prático: Ana é uma executiva de marketing que se vê constantemente correndo de uma reunião para outra, sem tempo para realizar um planejamento estratégico eficaz ou dedicar-se a projetos de longo prazo.

Mudança de postura profissional em relação ao tempo

Uma mudança de postura profissional em relação ao tempo envolve uma abordagem proativa e responsável para aproveitar ao máximo o tempo disponível. Alguns aspectos importantes dessa mudança de postura incluem:

a) **Valorização do tempo:** Reconhecer que o tempo é um recurso valioso e limitado é o primeiro passo para adotar uma postura mais consciente em relação a seu gerenciamento. **Exemplo prático:** Rafael é um empreendedor, e que percebeu que, ao valorizar seu tempo, pode se concentrar nas atividades mais importantes para o crescimento do negócio, como buscar parcerias estratégicas e desenvolver novas ideias de produtos.

b) **Planejamento e priorização:** Desenvolver hábitos de planejamento eficazes, definir prioridades claras e organizar as tarefas de acordo com sua importância são fundamentais para otimizar o tempo. **Exemplo prático:** Carolina é uma gerente de projetos que utiliza técnicas de planejamento, como a criação de um cronograma detalhado, para priorizar as tarefas e garantir que os projetos sejam entregues dentro dos prazos estabelecidos.

c) **Estabelecimento de limites e dizer "não"**: Aprender a estabelecer limites claros e a dizer "não" quando necessário é essencial para evitar sobrecarga e direcionar o tempo para atividades que realmente agregam valor. **Exemplo prático**: Marcos é um profissional que aprendeu a estabelecer limites saudáveis em relação ao seu tempo, recusando tarefas adicionais quando sua carga de trabalho já está no limite, a fim de manter sua produtividade e evitar o esgotamento.

Metodologias para gerenciar o tempo

As metodologias para gerenciar o tempo são abordagens, técnicas e estratégias que podem ser utilizadas para aumentar a produtividade, organizar as tarefas e prioridades, e otimizar o uso do tempo disponível. Essas metodologias ajudam a lidar com a quantidade de trabalho, minimizar a procrastinação, reduzir o estresse e alcançar metas de forma mais eficiente. Existem várias técnicas e metodologias eficazes para gerenciar o tempo de forma mais eficiente. Cada uma delas oferece abordagens e estratégias diferentes, e é importante encontrar aquela que melhor se adapte às suas necessidades e ao seu estilo de trabalho. A seguir, você encontra uma descrição sucinta de quatro metodologias que serão detalhadas mais adiante:

Técnica Pomodoro

Essa técnica se resume a dividir o tempo de trabalho em períodos concentrados de 25 minutos, chamados "pomodoros", seguidos de breves pausas. A cada quatro pomodoros, pode-se fazer uma pausa mais longa. Isso ajuda a manter o foco e evitar a exaustão mental. **Exemplo prático**: Carlos, um escritor, usa a técnica Pomodoro para organizar o tempo de escrita. Ele define um timer para 25 minutos e se concentra exclusivamente em escrever durante esse período. Depois, faz uma pausa de 5 minutos antes de iniciar o próximo pomodoro.

Matriz de Eisenhower

A matriz de Eisenhower classifica as tarefas com base na importância e urgência. As tarefas são divididas em quatro categorias: importante e urgente; importante, mas não urgente; urgente, mas não importante; e nem urgente, nem importante. **Exemplo prático**: Ana, uma gerente de marketing, usa a matriz de Eisenhower para priorizar as tarefas diárias. Ela identifica as tarefas importantes e urgentes que precisam ser tratadas imediatamente, bem como aquelas importantes, mas não urgentes, que podem ser agendadas para um momento adequado.

Metas SMART

Estabelecer metas específicas, mensuráveis, alcançáveis, relevantes e com prazos definidos é uma estratégia eficaz para gerenciar o tempo de forma mais eficiente. **Exemplo prático**: Sofia, uma empreendedora, define uma meta SMART de lançar seu novo produto em seis meses. Ela desmembra essa meta em etapas menores, estabelece prazos para cada uma delas e acompanha seu progresso regularmente.

5S

A metodologia 5S é também conhecida como *Housekeeping*. É uma técnica de gestão japonesa baseada em cinco princípios, conhecidos como os "5S": Seiri (Utilização), Seiton (Organização), Seiso (Limpeza), Seiketsu (Normalização) e Shitsuke (Disciplina). Esses princípios visam promover a organização, limpeza e padronização no ambiente de trabalho, melhorando a eficiência e reduzindo o desperdício. A metodologia 5S é amplamente utilizada em muitas indústrias para criar um ambiente de trabalho produtivo e eficiente.

Outros métodos eficazes

Delegar e priorizar

Identificar tarefas que podem ser delegadas a outros membros da equipe e priorizar aquelas que têm maior impacto é uma estratégia eficaz para otimizar o tempo. **Exemplo prático**: Carla, uma gerente de projeto, identifica tarefas rotineiras que podem ser delegadas a membros da equipe, permitindo que ela se concentre nas atividades estratégicas que exigem sua atenção pessoal.

Utilizar listas de tarefas

Criar listas organizadas com as tarefas a serem realizadas e marcá-las à medida que são concluídas ajuda a manter o foco e o controle sobre o progresso. **Exemplo prático**: Joana, uma *freelancer*, utiliza um aplicativo de lista de tarefas para acompanhar suas atividades diárias. Ela adiciona todas as tarefas pendentes à lista e marca cada uma à medida que são concluídas, mantendo uma visão clara de seu progresso.

Gerenciamento de interrupções

Identificar e gerenciar interrupções é fundamental para manter o foco e a produtividade ao longo do dia. **Exemplo prático**: Renata, uma escritora, define períodos específicos de trabalho sem interrupções, desativando notificações de aplicativos e silenciando o telefone para se concentrar na escrita de forma ininterrupta.

Bloquear distratores digitais

Limitar o tempo gasto em redes sociais, e-mails e outras distrações online é essencial para otimizar o tempo. **Exemplo prático**: Pedro, desenvolvedor de software, utiliza aplicativos que bloqueiam temporariamente o acesso a sites de mídia social durante seu horário de trabalho, permitindo que se concentre nas tarefas essenciais sem distrações.

Estabelecer prioridades diárias

A prática de estabelecer prioridades diárias ajuda a direcionar o foco para as tarefas mais importantes e evita a dispersão de energia em atividades menos relevantes. **Exemplo prático**: Marcelo, um executivo, começa cada dia identificando as três tarefas mais importantes para aquele dia e se concentra nelas antes de passar para outras demandas menos urgentes.

Automação e ferramentas tecnológicas

Utilizar ferramentas tecnológicas e automação pode ajudar a agilizar tarefas rotineiras e liberar mais tempo para atividades de maior valor. **Exemplo prático**: Patrícia, uma empreendedora, usa um software de gestão de tarefas que automatiza lembretes, agendamentos e acompanhamentos, permitindo que ela gerencie o tempo com mais eficiência.

Essas técnicas são apenas algumas das muitas abordagens eficazes para gerenciar o tempo de forma mais eficiente. Ao aplicá-las em sua rotina diária, você estará mais bem equipado para enfrentar a urgência e maximizar sua produtividade.

A seguir, você terá uma visão mais ampla de três metodologias de gerenciamento do tempo já mencionadas. O objetivo é introduzir o conceito e o uso dessas metodologias para que você possa considerá-las em sua realidade. Aconselho que leia um material específico sobre a metodologia que lhe pareça mais apropriada ou que até mesmo realize um treinamento sobre ela.

A matriz de Eisenhower

A matriz de Eisenhower é uma ferramenta de organização e priorização desenvolvida por Dwight D. Eisenhower, ex-presidente dos Estados Unidos (1953-1961). Era conhecido como um líder altamente produtivo e eficiente, e a matriz de Eisenhower reflete seu método de gerenciamento de tempo.

Tenho dois tipos de problemas, o urgente e o importante. Os urgentes não são importantes, e os importantes nunca são urgentes.

Eisenhower

Matriz de Eisenhower

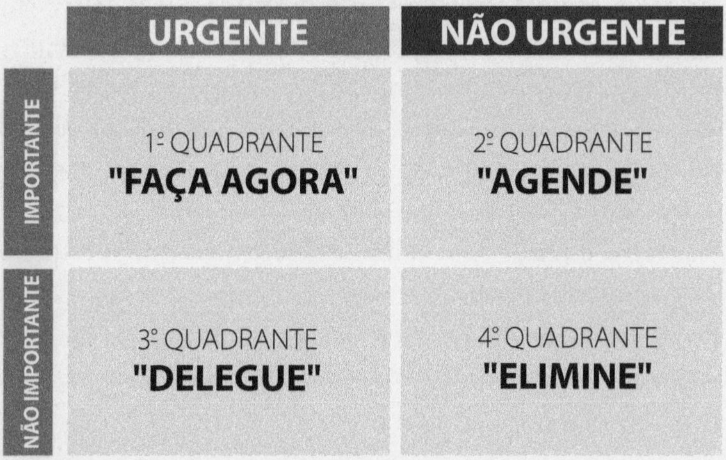

A matriz de Eisenhower é baseada na ideia de categorizar tarefas e atividades de acordo com sua importância e urgência. Consiste em quatro quadrantes distintos:

1. **Importante e urgente:** FAÇA. No quadrante Q1 estão as tarefas e atividades que são tanto importantes quanto urgentes. Elas exigem atenção imediata e devem ser tratadas pessoalmente, se possível. Geralmente são tarefas críticas, prazos imediatos, situações de emergência ou problemas imprevistos.
   - Lidar com uma emergência ou problema inesperado.
   - Cumprir prazos iminentes.
   - Resolver a insatisfação de um cliente.
   - Lidar com uma crise no trabalho.
   - Atender a uma demanda urgente de um projeto prioritário.

   Exemplo prático: Joana, gerente de projeto. Exemplos de tarefas:
   - Resolver um problema técnico crítico que está impactando o andamento do projeto.
   - Lidar com uma reclamação de um cliente importante que precisa de uma solução imediata.
   - Cumprir um prazo urgente para a entrega de um relatório crucial para a diretoria.

2. **Importante, mas não urgente: AGENDE.** No quadrante Q2 estão as tarefas e atividades que são importantes, mas não exigem uma resposta imediata. São tarefas que contribuem para metas de longo prazo, desenvolvimento pessoal, planejamento estratégico ou prevenção de problemas futuros. É importante dedicar tempo a essas atividades, mesmo que não sejam urgentes, para evitar que se tornem urgentes no futuro.
   - Planejar e realizar atividades de desenvolvimento pessoal.
   - Trabalhar em projetos estratégicos de longo prazo.
   - Investir em relacionamentos e networking.
   - Estabelecer metas e objetivos de médio a longo prazo.
   - Realizar atividades de prevenção e planejamento.

   Exemplo prático: Lourival, empresário. Exemplos de tarefas:
   - Realizar uma análise de mercado para identificar novas oportunidades de negócios.
   - Planejar a estratégia de expansão da empresa para o próximo ano.
   - Participar de um curso de liderança para aprimorar habilidades gerenciais.

3. **Urgente, mas não importante: DELEGUE.** No quadrante Q3 estão as tarefas e atividades que são urgentes, mas não contribuem significativamente para os objetivos de longo prazo. Essas tarefas são frequentemente interrupções, distrações ou demandas de curto prazo que podem desviar o foco das atividades importantes. É importante gerenciar essas tarefas de forma eficiente e, sempre que possível, delegar ou eliminar aquelas que não agregam valor. São tarefas cuja realização deve ser agendada. Se possível, delegue para outra pessoa, se a situação permitir, ou as execute pessoalmente, para que não se tornem parte do Quadrante 1.
   - Lidar com interrupções não planejadas, como telefonemas e e-mails não prioritários.
   - Responder a solicitações de curto prazo que não contribuem para objetivos de longo prazo.
   - Participar de reuniões não essenciais.

- Atender a demandas de colegas de trabalho que não estão diretamente relacionadas aos seus objetivos principais.
- Realizar tarefas administrativas de rotina.

Exemplo prático: Sofia, assistente administrativa. Exemplos de tarefas:

- Responder a e-mails de rotina que não requerem atenção imediata.
- Atender a telefonemas de colegas com solicitações que não são prioritárias para o trabalho principal.
- Participar de reuniões de equipe que abordam assuntos secundários e não essenciais para o seu papel.

4. **Não importante e não urgente: ELIMINE.** No quadrante Q4 estão as tarefas e atividades que não são importantes nem urgentes. São tarefas que geralmente são triviais, distrações ou desperdício de tempo. Recomenda-se evitá-las ou minimizar o tempo gasto nessas atividades, pois elas tendem a prejudicar a produtividade e desviar o foco das prioridades reais. É uma situação em que nosso lado emocional tende a lutar contra o racional, pois estamos tirando um prazer, aparente, de nossa vida.
   - Atividades de lazer e entretenimento não produtivas.
   - Ficar em redes sociais sem propósito ou permanecer na Internet sem um objetivo claro.
   - Assistir a programas de TV ou filmes de forma excessiva.
   - Ficar em atividades de procrastinação sem valor agregado.
   - Perder tempo excessivo em tarefas triviais ou irrelevantes.

   Exemplo prático: Carlos, estudante universitário. Exemplos de tarefas:
   - Passar horas nas redes sociais sem um propósito específico.
   - Assistir a séries de TV durante toda a tarde, evitando estudar para um exame futuro.
   - Realizar tarefas não essenciais no momento, como organizar a coleção de arquivos de música.

A ideia principal da matriz de Eisenhower é priorizar as tarefas e atividades com base em sua importância e urgência, direcionando o tempo e a energia para as tarefas que têm um impacto significativo nos objetivos de longo prazo. Essa abordagem ajuda a evitar a procrastinação, lidar de maneira eficiente com as tarefas urgentes e manter o foco nas atividades que trazem os melhores resultados. É importante lembrar que a matriz de Eisenhower é uma ferramenta flexível, que pode ser adaptada de acordo com suas necessidades e preferências individuais. Ela pode ser usada em diferentes contextos, como trabalho, estudos, projetos pessoais ou gerenciamento geral do tempo.

A técnica Pomodoro

A técnica Pomodoro é uma abordagem de gestão do tempo desenvolvida pelo italiano Francesco Cirillo nos anos 1980. Ela consiste em dividir o trabalho em períodos de tempo focados e intervalos regulares, visando aumentar a produtividade e a concentração. A técnica é baseada em um cronômetro, que pode ser um relógio, um aplicativo ou qualquer outra ferramenta de contagem regressiva. O termo "pomodoro" é derivado da palavra italiana para tomate, e foi inspirado em um cronômetro de cozinha, em formato de tomate, utilizado por Cirillo.

CICLO PARA 2 HORAS DE TRABALHO FOCADO

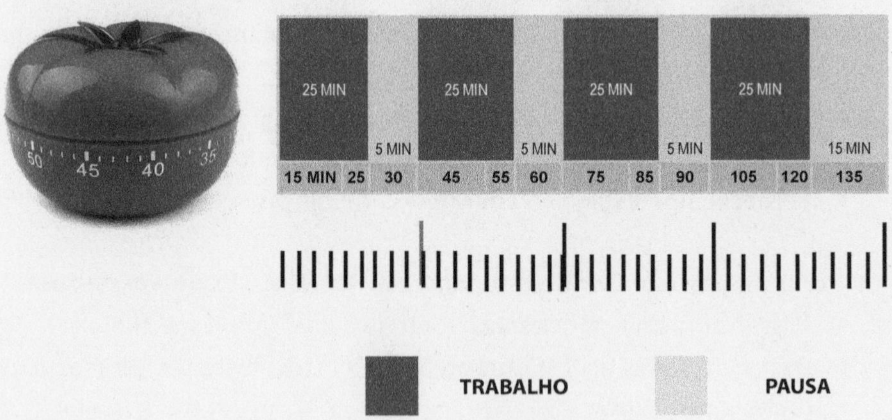

A técnica Pomodoro funciona da seguinte forma:

1. Escolha a tarefa que precisa ser realizada.
2. Defina o cronômetro para 25 minutos, conhecido como um "pomodoro".
3. Trabalhe na tarefa com foco total até que o tempo do pomodoro se esgote.
4. Faça uma pausa de 5 minutos.

5. Repita o ciclo de trabalho de 25 minutos seguidos por uma pausa de 5 minutos.
6. A cada quatro pomodoros, faça uma pausa mais longa, de 15 a 30 minutos.

Essa técnica ajuda a evitar a procrastinação, quebrando o trabalho em pequenos blocos de tempo gerenciáveis. Além disso, os intervalos regulares proporcionam momentos de descanso para recarregar a energia e manter a mente fresca.

Ao utilizar a técnica Pomodoro, é importante manter o compromisso de trabalhar com foco total durante cada pomodoro e fazer pausas regulares, evitando distrações. Também é recomendado adaptar os intervalos e a duração dos pomodoros de acordo com a preferência individual e a natureza das tarefas.

Para entender melhor o funcionamento da técnica, é importante conhecer algumas dicas e exercícios para cada etapa:

1. **Planejamento**
   - Liste todas as tarefas do dia, priorizando-as de acordo com sua importância e urgência.
     Exercício: Crie uma lista de tarefas e ordene-as de acordo com sua prioridade, atribuindo um tempo estimado para cada uma.
2. **Foco**
   - Elimine distrações, como e-mails, redes sociais e notificações do telefone.
     Exercício: Desligue as notificações do telefone e se comprometa a não acessar redes sociais durante os pomodoros.
3. **Trabalho**
   - Escolha uma tarefa e concentre-se exclusivamente nela durante o período de 25 minutos.
     Exercício: Escolha uma atividade e trabalhe nela por um pomodoro completo, sem interrupções.
4. **Pausa curta**
   - Aproveite os 5 minutos para descansar, esticar o corpo e fazer uma pausa mental.
     Exercício: Faça exercícios de alongamento ou uma rápida caminhada durante a pausa de 5 minutos.

5. **Retorno ao trabalho**
   - Após a pausa, retome as tarefas e repita o ciclo de trabalho e pausa.
     Exercício: Reinicie o cronômetro para mais um pomodoro e retome sua tarefa com foco renovado.
6. **Pausa longa**
   - Após quatro pomodoros, faça uma pausa maior de 20 a 30 minutos para descansar e recarregar a energia.
     Exercício: Use a pausa longa para fazer uma atividade relaxante, como meditar, ou realizar uma caminhada mais longa.

Confesso que não conhecia a técnica pomodoro antes de começar a escrever este livro, e adorei. Ela faz parte do meu dia a dia. Por falar nisso, estou fazendo a minha pausa agora antes de continuar a escrever o próximo tópico.

Metas SMART

Metas SMART é uma abordagem amplamente utilizada para estabelecer objetivos eficazes e alcançáveis. A sigla SMART (que significa "esperto" na língua inglesa) é uma abreviação para os critérios pelos quais uma meta deve ser definida, dessa forma, cada letra representa um dos aspectos específicos da meta.

SMART é um acrônimo para:

- Específica (Specific)
- Mensurável (Measurable)
- Alcançável (Attainable)
- Relevante (Relevant)
- Com prazo definido (Time-bound)

Esses critérios ajudam a garantir que as metas sejam bem definidas, realistas, relevantes e orientadas para resultados. A metodologia SMART é amplamente utilizada para estabelecer metas eficazes em diversos contextos pessoais e principalmente profissionais. Veja agora um detalhamento do significado de cada letra com relação às metas:

Ao utilizarem a estrutura SMART na definição de metas, as equipes podem ter uma visão clara do que deseja alcançar, como medir o progresso, definir os recursos necessários e o prazo em que devem trabalhar. Isso aumenta a eficácia do planejamento e facilita a avaliação do sucesso ou da necessidade de ajustes ao longo do caminho.

Veja exemplos de uso da estrutura SMART em três cenários.

Cenário 1: Indústria Meta SMART: Aumentar a eficiência do processo de produção em 20% até o final do próximo trimestre.

- **Específica**: Aplicar melhorias no fluxo de produção, reduzindo gargalos e identificando oportunidades de automação.
- **Mensurável**: A eficiência será medida pelo aumento da quantidade de produtos fabricados por hora ou pela redução do tempo médio de produção.
- **Atingível**: A equipe de produção terá acesso a treinamentos e recursos necessários para aplicar as melhorias. As metas serão estabelecidas com base na análise de desempenho atual.
- **Relevante**: Aumentar a eficiência do processo de produção contribuirá para redução de custos, aumento da capacidade produtiva e melhor satisfação dos clientes.
- **Temporal**: A meta deverá ser alcançada até o final do próximo trimestre, fornecendo um prazo claro para aplicação das melhorias e do monitoramento do progresso.

Cenário 2: Marketing Meta SMART: Aumentar a taxa de conversão de *leads* em 30% nos próximos seis meses. *Leads* são oportunidades de negócios.

- **Específica**: Aplicar estratégias de nutrição de *leads*, personalização de comunicações e otimização das *landing pages* para aumentar a conversão.

S ESPECÍFICO *(SPECIFIC)*	M MENSURÁVEL *(MEASURABLE)*	A ATINGÍVEL *(ARCHIEVABLE)*	R RELEVANTES *(RELEVANT)*	T TEMPORAIS *(TIME-BOUND)*
O QUE É				
Define claramente o objetivo ou a tarefa a ser realizada.	Permite a avaliação objetiva do progresso em direção ao objetivo.	Realista e viável, considerando recursos disponíveis e habilidades pessoais.	Relacionado aos objetivos maiores e às metas pessoais ou organizacionais.	Em vez de "Aprender a tocar violão", seja relevante: "Aprender a tocar violão para melhorar minhas habilidades de composição e expressão musical".
EXEMPLO PRÁTICO				
Em vez de "Melhorar o desempenho", seja específico: "Aumentar as vendas em 20% no próximo trimestre".	Em vez de "Ser mais produtivo", seja mensurável: "Aumentar o número de tarefas concluídas por semana de 10 para 15".	Em vez de "Tornar-se CEO em um ano", seja alcançável: "Avançar para um cargo de gerência em três anos, obtendo experiência e habilidades necessárias".	Em vez de "Aprender a tocar violão", seja relevante: "Aprender a tocar violão para melhorar minhas habilidades de composição e expressão musical".	Em vez de "Começar um curso de idiomas", seja temporal: "Inscrever-se em um curso de espanhol até o final deste mês".

- **Mensurável**: A taxa de conversão será medida pelo número de *leads* que se tornaram clientes em relação ao total de *leads* gerados.
- **Atingível**: A equipe de marketing terá acesso a ferramentas de automação de marketing, análise de dados e treinamentos para aplicar as estratégias de forma eficaz.
- **Relevante**: Aumentar a taxa de conversão melhorará o retorno sobre o investimento em marketing, aumentando as vendas e a receita da empresa.
- **Temporal**: A meta deverá ser alcançada nos próximos seis meses, fornecendo um prazo para início das estratégias e avaliação do progresso.

Cenário 3: Atendimento ao cliente Meta SMART: Reduzir o tempo médio de resposta aos chamados em 50% até o final do próximo mês.

- Específica: criar melhorias no fluxo de atendimento, treinar a equipe em técnicas de resolução rápida de problemas e otimizar o uso das ferramentas de suporte.
- **Mensurável**: O tempo médio de resposta será medido desde o recebimento do chamado até a resposta final ao cliente.
- **Atingível**: A equipe de atendimento receberá treinamento específico, terá acesso a recursos e terá autonomia para tomar decisões rápidas.
- **Relevante**: Reduzir o tempo de resposta proporcionará um melhor atendimento ao cliente, aumentando a satisfação e a fidelidade.
- **Temporal**: A meta deverá ser alcançada até o final do próximo mês, fornecendo um prazo para início das melhorias e avaliação do tempo de resposta.

A técnica Japonesa 5S

A técnica japonesa "5S" é um sistema de organização e gestão amplamente utilizado em empresas e locais de trabalho para melhorar a eficiência, a produtividade e a segurança. O termo "5S" é derivado de cinco palavras japonesas que começam com a letra "S", cada uma das quais representando um conceito específico para a organização e manutenção do ambiente de trabalho.

Aqui estão os cinco "S":

1 Seiri (整理) – Utilização (Senso de Utilização)

O primeiro "S" refere-se à eliminação do que não é necessário no local de trabalho. Isso envolve a identificação e a remoção de itens, ferramentas, documentos ou equipamentos desnecessários. O objetivo é manter apenas o que é essencial para a tarefa em questão.

2 Seiton (整頓) – Organização (Senso de Organização)

O segundo "S" envolve organizar o que sobrou de maneira lógica e eficiente. Isso significa designar um local específico para cada item necessário e garantir que eles estejam dispostos de maneira clara e acessível. A ideia é facilitar a localização e o uso das coisas quando necessário.

3 Seiso (清掃) – Limpeza (Senso de Limpeza)

O terceiro "S" trata da limpeza regular do local de trabalho. Isso não se refere apenas à limpeza física, mas também à manutenção de um ambiente limpo e agradável para se trabalhar. A limpeza constante ajuda a prevenir a acumulação de sujeira e desordem.

4 Seiketsu (清潔) – Padronização (Senso de Padronização)

O quarto "S" envolve a padronização dos processos desenvolvidos nos três primeiros "S". Isso significa criar regras e procedimentos claros para manter a organização, a ordenação e a limpeza. A padronização ajuda a manter os padrões de qualidade e eficiência ao longo do tempo.

5 Shitsuke (躾) – Autodisciplina (Senso de Autodisciplina)

O quinto "S" se concentra em manter os esforços realizados nos primeiros quatro "S" a longo prazo. Isso requer a autodisciplina de todos os membros da equipe para aderir aos padrões estabelecidos e continuar melhorando constantemente.

A aplicação eficaz da metodologia 5S pode resultar em locais de trabalho mais organizados, limpos e eficientes. Além disso, promove uma cultura de melhoria contínua e responsabilidade em todas as áreas de uma organização. É importante ressaltar que a técnica 5S não se limita apenas a empresas; ela também pode ser aplicada em ambientes domésticos para melhorar a organização e a eficiência pessoal.

Como implantar os 5s

Passo 1: Análise dos pontos críticos

Antes de começar a aplicar os sensos do 5S, é fundamental analisar a situação atual da empresa e identificar problemas ou áreas que precisam de melhoria. Defina claramente quais pontos de atenção serão abordados por cada senso. A metodologia 5W2H pode ser uma ferramenta valiosa nesse processo.

Passo 2: Divulgação e conscientização

Conscientizar todos os colaboradores sobre a importância do 5S. Realize reuniões, workshops e apresentações para disseminar a ideia para todos os envolvidos.

Passo 3: Preparação e formação de equipes

Crie equipes de trabalho selecionando colaboradores que serão responsáveis por propagar e ajustar o processo em todas as áreas.

Passo 4: Implantação da metodologia

É crucial que todos os colaboradores estejam envolvidos nesse processo. Implemente um "S" de cada vez, seguindo a ordem apresentada: **Seiri** (Senso de Utilização), **Seiton** (Senso de Organização), **Seiso** (Senso de Limpeza), **Seiketsu** (Senso de Padronização) e **Shitsuke** (Senso de Autodisciplina). O engajamento de todos é essencial para tornar o 5S parte da cultura da empresa.

Passo 5: Melhoria contínua

Após a implementação, faça avaliações periódicas. Considere os feedbacks dos colaboradores e faça eventuais ajustes. Sempre busque aprimorar os processos e a qualidade.

Lembre-se de que o sucesso na aplicação do 5S depende do comprometimento de todos os envolvidos. O 5S não é apenas uma ferramenta de gestão, mas uma filosofia que pode impulsionar a eficiência e a qualidade em todos os níveis da empresa. Ao seguir esses passos e promover uma cultura de melhoria contínua, sua empresa estará no caminho certo para colher os frutos do 5S.

Exemplos de aplicação da metodologia 5S – Indústria

Situação inicial: Uma empresa chamada "CA – Componentes Automotivos Ltda." estava enfrentando uma série de desafios de organização em sua fábrica de peças automotivas. A produção estava atrasada, havia muitos erros de montagem, e os funcionários frequentemente perdiam tempo procurando ferramentas e materiais. A área de trabalho estava desorganizada, com peças espalhadas e pouca padronização nos processos de trabalho. Como resultado, a qualidade das peças produzidas estava diminuindo, e o moral dos funcionários estava baixo devido à frustração.

Implementação do 5S

A gerência da CA decidiu implementar a técnica 5S para melhorar a organização e a eficiência em sua fábrica, aplicando cada um dos cinco "S" da seguinte forma:

Seiri (Utilização)

Realizaram uma revisão completa de todas as ferramentas, equipamentos e materiais na fábrica e identificaram itens desnecessários e os removeram. Criaram uma lista-mestra de todas as ferramentas e materiais essenciais para a produção.

Seiton (Organização)

Designaram um local específico para cada ferramenta e material necessário. Rotularam claramente os locais de armazenamento e criaram um mapa de layout da fábrica.

Seiso (Limpeza)

Realizaram uma limpeza profunda da fábrica, incluindo a remoção de sujeira e detritos. Implementaram rotinas de limpeza regular para manter o local de trabalho limpo.

Seiketsu (Padronização)

Estabeleceram procedimentos padrão para a montagem de cada peça. Desenvolveram um manual de boas práticas para os funcionários.

Shitsuke (Autodisciplina)

Treinaram os funcionários sobre a importância do 5S e a necessidade de mantê-lo constantemente. Realizaram auditorias regulares para garantir que os padrões fossem mantidos.

Resultados

Após a implementação bem-sucedida do 5S, a CA começou a experimentar melhorias significativas: a produção aumentou devido à redução de tempo na localização de ferramentas e materiais. Os erros de montagem diminuíram substancialmente, resultando em uma melhoria na qualidade das peças. O moral dos funcionários melhorou, pois o ambiente de trabalho tornou-se mais organizado e eficiente. A empresa economizou dinheiro eliminando itens desnecessários e reduzindo o desperdício. A fábrica ganhou reputação pela qualidade e eficiência, atraindo mais clientes.

Exemplo de uso no escritório

A técnica 5S pode ser aplicada em um escritório de várias maneiras para melhorar a eficiência e reduzir erros e desperdícios de tempo. Aqui estão alguns exemplos:

Seiri (Utilização): Identifique todos os itens que estão ocupando espaço desnecessário no ambiente de trabalho, como papéis, arquivos, suprimentos e equipamentos que não são mais utilizados ou que estão obsoletos. Classifique todos os itens identificados em categorias como "manter", "descartar" e "doar".

Seiton (Organização): Organize os documentos e materiais de forma que sejam facilmente acessíveis. Por exemplo, você pode criar padrões para facilitar e simplificar documentos rotineiros.

Seiso (Limpeza): Mantenha o ambiente de trabalho limpo e organizado. Isso pode envolver a limpeza regular das áreas de trabalho e a manutenção da ordem dos materiais e documentos.

Seiketsu (Padronização): Estabeleça padrões de trabalho para aumentar a eficiência. Isso pode incluir a padronização de processos, como o tempo gasto na criação de um determinado documento.

Shitsuke (Autodisciplina): Cultive a disciplina entre os funcionários para seguir as normas e os procedimentos estabelecidos.

Aplicativos e ferramentas

A seguir, destaco alguns aplicativos e ferramentas como um primeiro contato com a aplicação das metodologias e métodos abordados. Existem opções pagas e gratuitas.

Aplicativos para celular que usam a técnica Pomodoro

Tomato-timer

O Tomato-timer é um site de temporizador simples que usa a técnica Pomodoro para ajudá-lo a se concentrar em suas tarefas. Ele permite que você defina o tempo de trabalho e o tempo de descanso, e oferece um alarme sonoro quando o tempo expirar.

https://www.toptal.com/project-managers/tomato-timer. Acesso em: 4 jun. 2024.

Focus To-Do: Pomodoro Timer & Lista de Tarefas

O Focus To-Do é um aplicativo de gerenciamento de tarefas que usa a técnica Pomodoro para ajudá-lo a se concentrar em suas tarefas mais importantes. Ele também permite que você crie listas de tarefas e defina lembretes para ajudá-lo a manter o controle do seu tempo.

https://www.focustodo.cn/#products. Acesso em: 4 jun. 2024.

Focus Keeper

O Focus Keeper é um aplicativo de temporizador Pomodoro simples que ajuda você a se concentrar em suas tarefas mais importantes. Ele permite que você defina o tempo de trabalho e o tempo de descanso e oferece um alarme sonoro quando o tempo acabar.

https://focuskeeper.co. Acesso em: 4 jun. 2024.

Aplicativos que usam a matriz de Eisenhower

Dwight – ToDo Priority Matrix

Dwight – ToDo Priority Matrix é um aplicativo que faz uso inteligente da matriz de Eisenhower. Você pode criar tarefas individualmente ou atribuí-las a uma lista. A página inicial mostra quantas tarefas são devidas em cada quadrante, bem como a divisão das tarefas por data de vencimento.

https://play.google.com/store/apps/details?id=com.evolutio.dwight. Acesso em: 4 jun. 2024.

Life Balance

Similar ao Dwight, permite criar listas de tarefas e categorizá-las segundo a matriz de Eisenhower.

https://play.google.com/store/apps/details?id=com.soffective.lifebalance. Acesso em: 4 jun. 2024.

Aplicativos que usam as metas SMART

Asana

É um aplicativo de gerenciamento de projetos que permite criar tarefas e definir metas SMART para cada uma delas.

https://asana.com/pt/resources/smart-goals. Acesso em: 4 jun. 2024.

Trello

Trello é um aplicativo de gerenciamento de projetos que permite criar listas e quadros para diferentes objetivos e fornecer uma base para a definição de metas claras e alcançáveis. Permite também definir prazos e prioridades para cada tarefa e acompanhar o progresso em tempo real. Ele serve tanto para as metas SMART como para a matriz de Eisenhower.

Link: https://trello.com/pt-BR. Acesso em: 4 jun. 2024.

Se você nunca utilizou as técnicas mencionadas, avalie a sua realidade e veja qual é mais viável e compatível. Procure se aprofundar na técnica que seja mais apropriada para a sua situação ou com a qual você se identifica, pois apresentei fundamentos de cada uma delas.

Para a minha realidade, a técnica pomodoro foi perfeita. Vou elaborar os exercícios que você vê na sequência e depois entrar na próxima pausa de 5 minutos.

EXERCÍCIOS

1. **Liste três exemplos de problemas de gerenciamento de tempo que você enfrenta atualmente em sua vida profissional. Descreva como esses problemas afetam sua produtividade e satisfação no trabalho.**
2. **Pense em uma situação em que você aplicou uma mudança de postura profissional em relação ao tempo. Como essa mudança impactou sua produtividade e bem-estar no trabalho?**
3. **Escolha uma técnica de gerenciamento de tempo apresentada neste capítulo e descreva como você poderia aplicá-la em sua rotina diária. Forneça um exemplo prático de como essa técnica pode melhorar sua eficiência.**

4. **Descreva uma tarefa em sua vida profissional que costuma ser interrompida com frequência. Proponha estratégias para gerenciar melhor essas interrupções e manter o foco na conclusão da tarefa.**
5. **Pesquise e compartilhe um exemplo histórico de um profissional que enfrentou problemas significativos de gerenciamento de tempo. Descreva as consequências desses problemas e as lições que podemos aprender com essa história.**

Ao realizar esses exercícios e aplicar as estratégias mencionadas, você estará no caminho certo para gerenciar seu tempo de forma eficiente e alcançar resultados positivos em sua vida profissional.

CAPÍTULO 6

Encontrando o Equilíbrio entre Urgência e Eficácia

O divino Augusto (imperador romano), a quem os deuses, mais do que a qualquer outro mortal, favoreceram, nunca deixou de almejar repouso para si próprio e desejar folga dos assuntos públicos; todas as suas falas voltavam sempre ao mesmo ponto: a esperança de lazer.

Sêneca (4 - 65 a.C.)

filósofo e escritor

ENCONTRAR O EQUILÍBRIO ENTRE URGÊNCIA E EFICÁCIA É UM desafio comum na vida profissional. Muitas vezes, somos confrontados com demandas urgentes que exigem nossa atenção imediata, mas também precisamos garantir que nossas ações estejam alinhadas com resultados significativos. Neste capítulo, exploraremos estratégias práticas para identificar e priorizar adequadamente as tarefas urgentes, ao mesmo tempo que nos concentramos em ações direcionadas e impactantes. Discutiremos também os conceitos de urgente, superurgente e urgentíssimo, e como priorizar ações quando esses termos são utilizados.

Síndrome do coelho de Alice

O Coelho Branco é um personagem icônico de *Alice no País das Maravilhas*, escrito por Lewis Carroll, cuja constante correria e afirmação de estar sempre atrasado são características marcantes. Vamos explorar algumas passagens do livro (ou cenas do filme homônimo dos estúdios Disney) em que se destaca o Coelho Branco, e depois utilizá-lo como uma analogia do senso de urgência e gestão do tempo.

1. "Oh, minhas orelhas e bigodes, como está ficando tarde! Oh, querida, oh, querida, chegarei tarde demais!"
2. "Sempre chego atrasado, e Alice nunca perdoa. Ah, eles vão me executar se eu não estiver lá a tempo!"
3. "Preciso ir, preciso ir! Estou terrivelmente atrasado!"
4. "Oh puxa! Oh puxa! Eu devo estar muito atrasado!"
5. Alice reconheceu o Coelho Branco, falando apressadamente de um jeito nervoso, sorrindo para tudo o que era dito.
6. "Ainda não, ainda não!", o Coelho interrompeu com pressa.
7. "Por favor, Vossa Majestade, ainda há evidências a serem examinadas", disse o Coelho Branco, levantando-se apressado.
8. A grama farfalhava sob os pês do apressado Coelho Branco...

O Coelho Branco é retratado como alguém extremamente preocupado com o tempo e em constante correria para chegar a algum lugar. Ele está sempre estressado e ansioso por estar atrasado para um encontro importante. Essas características podem ser interpretadas como um senso de urgência excessivo, levando-o a agir de maneira apressada e desorganizada.

O personagem pode ser visto como uma analogia do senso de urgência na vida real. Embora ele esteja sempre correndo, não parece muito eficaz em gerenciar seu tempo. Sua falta de organização e planejamento talvez o leve a situações estressantes e atrasos constantes.

Podemos refletir se o Coelho Branco está tomando as atitudes corretas. Embora seu senso de urgência possa ser considerado positivo em alguns casos, é importante equilibrá-lo com uma boa gestão do tempo. Ele parece estar sobrecarregado e incapaz de priorizar suas tarefas adequadamente. Uma abordagem mais estruturada e eficiente para o gerenciamento do tempo poderia ajudá-lo a evitar estresses desnecessários e melhorar a produtividade.

Em resumo, o Coelho Branco pode ser interpretado como um exemplo de como um senso de urgência exagerado e uma gestão deficiente do tempo podem levar a situações caóticas. É importante encontrar um equilíbrio entre a urgência necessária e uma abordagem organizada para maximizar a eficiência e minimizar o estresse.

Identificação de demandas: urgente, superurgente e urgentíssimo

Para encontrar o equilíbrio entre urgência e efetividade, é fundamental identificar claramente o nível de prioridade de uma demanda. Os conceitos de urgente, superurgente e urgentíssimo podem ser utilizados para descrever a importância e a prioridade de uma solicitação.

Prioridade	Termo	Descrição	Exemplo
3	Urgentíssimo	Tarefas ou situações que demandam ação imediata com consequências graves ou irreversíveis se adiadas.	Atender uma emergência médica.
2	Superurgente	Tarefas ou situações que exigem atenção imediata, com consequências significativas se adiadas.	Cumprir um prazo crítico para um projeto.
1	Urgente	Tarefas ou situações que requerem atenção imediata, sem consequências graves se adiadas.	Responder a um e-mail importante do cliente.

É importante ressaltar que a ordem de prioridade nesse quadro é do maior número para o menor número, indicando a precedência dos termos. No entanto, é fundamental estabelecer um entendimento corporativo sobre a ordem de prioridade específica dentro da organização, pois pode variar dependendo do contexto e das necessidades da empresa.

Os exemplos fornecidos são apenas ilustrativos e podem variar de acordo com a situação e a natureza do trabalho. O objetivo é demonstrar a diferença de urgência e impacto entre os diferentes níveis de prioridade. Você pode, por exemplo, criar uma prioridade de nível 4 chamada MEGA BLASTER URGENTE para situações pré-apocalípticas, desde que seja de entendimento geral dos colaboradores.

Exemplo: Imagine que você recebe três pedidos de diferentes pessoas, cada uma usando um dos termos: urgente, superurgente e urgentíssimo. Ao avaliar as demandas, é importante considerar o contexto, as consequências e os impactos envolvidos.

No caso da demanda "urgente", você pode verificar a relevância da solicitação em relação aos objetivos e às prioridades atuais, assim como a possibilidade de realizar a tarefa dentro de um prazo razoável.

Para uma demanda "superurgente", é necessário entender o grau de impacto imediato que a não realização da tarefa pode causar, bem como o nível de esforço necessário para atendê-la.

Já em relação a uma demanda "urgentíssima", é importante considerar a gravidade da situação e a urgência real da ação necessária, além de avaliar se há recursos disponíveis para lidar com a demanda de forma eficaz. Ao analisar esses pedidos com base nos termos utilizados, você poderá priorizá-los de acordo com a importância e a prioridade de cada solicitação.

Evite a armadilha da ação constante, mas sem direção

Evitar a armadilha de executar muito, mas sem um objetivo específico, é essencial para equilibrar urgência e efetividade. Nesse contexto, é importante estabelecer orientações claras para direcionar suas ações e prioridades.

Ao receber os três pedidos do exemplo, considere as orientações que você estabeleceu para si mesmo, como a avaliação da relevância, impacto e prazo de cada demanda. Essas orientações o ajudarão a evitar a armadilha da ação constante e a direcionar seus esforços para as tarefas mais importantes. Encontrar o equilíbrio entre urgência e efetividade envolve a capacidade de priorizar as ações com base na importância e no impacto dos resultados que serão alcançados.

Estabelecimento de prioridades diárias

Estabelecer prioridades diárias é uma técnica eficaz para equilibrar a urgência e a efetividade. Ao determinar quais tarefas devem ser concluídas primeiro, você consegue gerenciar melhor o tempo e direcionar seus esforços para o que é mais importante.

Exemplo: Ao iniciar o dia de trabalho, liste todas as tarefas que precisam ser realizadas e avalie-as com base na importância e urgência. Defina prioridades para cada uma delas, levando em consideração os prazos e os impactos esperados. Dessa forma, você poderá se concentrar nas tarefas mais relevantes e garantir que elas sejam concluídas de forma eficiente.

Automação e ferramentas tecnológicas

A automação e o uso de ferramentas tecnológicas podem ser aliados poderosos no gerenciamento do tempo. Ao aproveitar recursos tecnológicos, você pode otimizar suas tarefas e reduzir o tempo gasto em atividades de baixo valor agregado.

Exemplo: Utilize ferramentas de automação, como aplicativos de gerenciamento de tarefas, calendários eletrônicos e programas de colaboração online, para otimizar o fluxo de trabalho e aumentar sua eficiência. Por exemplo, você pode automatizar o envio de e-mails recorrentes, agendar lembretes para reuniões importantes e utilizar softwares de compartilhamento de arquivos para facilitar a colaboração em equipe.

Diferença entre eficiente e eficaz no contexto da urgência

Quando se trata do senso de urgência, os conceitos de eficiência e eficácia desempenham papéis importantes. Vamos explorar como esses conceitos se relacionam.

Eficiência no contexto do senso de urgência envolve a capacidade de realizar tarefas e cumprir prazos de forma rápida, minimizando o desperdício de tempo, energia e recursos. É sobre aproveitar ao máximo o tempo disponível para concluir as tarefas de maneira produtiva. Uma abordagem eficiente permite lidar com demandas urgentes de forma ágil, evitando a procrastinação e otimizando a produtividade.

Por exemplo, imagine que você esteja trabalhando em um projeto com um prazo apertado. Ser eficiente nesse caso significa identificar as etapas essenciais, organizar as tarefas em ordem de prioridade, evitar distrações e utilizar técnicas de gerenciamento de tempo para realizar cada atividade no prazo estipulado.

Por outro lado, eficácia no contexto do senso de urgência está relacionada à capacidade de identificar e priorizar as tarefas que realmente contribuem para alcançar os objetivos finais. É sobre tomar as decisões certas sobre onde direcionar seus esforços e recursos para alcançar os resultados desejados de forma efetiva.

Voltando ao exemplo do projeto com prazo apertado, ser eficaz envolve identificar as atividades-chave que impactam diretamente o resultado final. É sobre tomar decisões informadas sobre quais tarefas devem ser concluídas primeiro, quais podem ser delegadas e quais podem ser eliminadas ou adiadas sem comprometer o resultado final. Ao combinar eficiência e eficácia no contexto do senso de urgência, você é capaz de priorizar adequadamente as tarefas, agir de forma rápida e organizada, e alcançar os resultados desejados dentro dos prazos estipulados. É importante encontrar o equilíbrio certo entre ser eficiente no uso do tempo e recursos e ser eficaz na escolha das atividades certas a serem realizadas. Isso permite lidar com as demandas urgentes de forma produtiva e alcançar a efetividade em suas realizações.

Em resumo, a eficiência está relacionada a como realizar uma tarefa de maneira otimizada, enquanto a eficácia está relacionada a atingir os resultados desejados. Ambos os conceitos são importantes para o sucesso pessoal e organizacional. A busca pelo equilíbrio entre eficiência e eficácia permite que as pessoas e as empresas sejam produtivas, atinjam seus objetivos e alcancem um desempenho de alto nível.

Veja um quadro comparativo entre eficiência e eficácia.

Eficiência	Eficácia
Foco em como realizar uma tarefa de maneira otimizada, com o uso mínimo de recursos.	Foco em alcançar os resultados desejados e atingir os objetivos propostos.
Trata do uso eficaz dos recursos disponíveis, como tempo, dinheiro, energia ou materiais.	Trata do alcance dos resultados desejados, independentemente dos recursos utilizados.
Está relacionada ao processo, à produtividade e à maximização dos recursos.	Está relacionada aos resultados, à qualidade e ao impacto dos resultados obtidos.
Pode ser medida pela relação entre a quantidade de recursos utilizados e a quantidade de resultados obtidos.	Pode ser medida pela conformidade com os objetivos estabelecidos e pela satisfação dos *stakeholders*.
Exemplo: Entregar um projeto dentro do prazo e do orçamento definidos.	Exemplo: Alcançar as metas de vendas estabelecidas e obter um alto nível de satisfação do cliente.

A principal diferença entre eficiente e eficaz é que a eficiência está mais relacionada ao "como" algo é feito, enquanto a eficácia está relacionada ao "o que" é alcançado. Em resumo, ser eficiente se concentra em como fazer algo da maneira mais econômica, enquanto ser eficaz se concentra em alcançar resultados desejados, independentemente dos recursos utilizados. Ambos os conceitos são importantes e podem ser combinados para alcançar um alto desempenho em várias áreas da vida e dos negócios.

Entrevista com Carlos Antunes, diretor para as Américas da TAP

https://br.linkedin.com/in/carlosmascarenhasantunes

Ramalho: Carlos, este livro, você sabe, começou em função de uma demanda sua sobre uma palestra sobre sentido de urgência. Foi a partir daí que eu comecei a pensar, olhar o mercado, ver a reação de muitas pessoas durante o dia a dia e como elas estão se sentindo sufocadas com as demandas da profissão, da família e, no fundo, da vida. Estão sempre correndo sem tempo para nada ou pelo menos achando que não têm.

Eu tenho várias pessoas muito amigas em cargos de alta administração, de gerência, diretoria, ou C-level das empresas. Muitas vezes, convido-as para tomar um café, e o que acontece é impressionante. Eu fiz este convite para uma conhecida minha, que era diretora de marketing de uma empresa multinacional. Ela respondeu: "Vou pedir para a minha secretária ver, e ela te retorna. Aí a secretária dela me retornou alguns dias depois e falou: "Olha, daqui a quarenta e cinco dias ela pode tomar um café com você". Acho que conseguiria uma audiência no Vaticano antes desse prazo.

Carlos Antunes: É uma realidade. Que coisa mais bacana tomar um café com um amigo, mas aí você vai checar sua agenda e não consegue encaixar. Isso acontece quando a pessoa não está no controle da própria agenda. E muita gente está perdendo este controle. Eu não estou ainda nessa situação, eu ainda não cheguei a esse ponto, mas cada vez que eu estou na situação de começar a fazer o que eu quero e não o que os outros querem que eu faça acontece alguma mudança que me tira dessa zona de relativo conforto, e perco o controle novamente da agenda. É o mundo atual, muito dinâmico. E cabe a nós delimitarmos isso.

Profissionalmente, quando você se dedica, atrai coisas boas. É bom atrair, mas nós também ganhamos responsabilidade. Quando assumi a direção da Tap para a América do Norte, somando com a direção da América Latina, eu e minha equipe passamos a responder por gerir cerca de 60% das receitas da empresa. É uma responsabilidade grande. É uma coisa legal, que é acompanhada também de benefícios, mas requer mais viagens, cria bastante atenção. Cria discussões com pessoas que antes eu não discutia, porque eu não estava no radar delas, não era um competidor. Então, nos últimos três meses minha vida tem sido bem corrida. É como qualquer exercício, qualquer hábito, e qualquer rotina que até você se adaptar é uma dificuldade, uma dor. Agora começo a entregar, mas é um custo pessoal, grande, alto. Às 6 da manhã, eu já estou trabalhando e vai até 7 da noite, tentando preservar os finais de semana. Por exemplo, este final de semana vim com a família para o Rio, e estou trabalhando no quarto do hotel. No papel, tudo é legal.

Ramalho: Carlos, para não tomar o teu tempo aí no seu final de semana, e que é tão precioso, porque o motivo desse livro é o senso de urgência, eu vou falar cinco definições que eu uso no livro, e aí vou te fazer uma pergunta inicial. **Senso de urgência** é a percepção, é a resposta rápida a situações que requerem a sua imediata intervenção. **Estado de urgência** é uma condição que requer atenção imediata e um contexto empresarial que pode ser confirmada em uma situação crítica, que exige uma ação rápida, para não ter consequências negativas. **Proatividade** é a habilidade de antecipar, iniciar realizações e ações antes que sejam necessárias ou solicitadas. **Procrastinação** é o ato de adiar ou evitar tarefas que precisam ser realizadas e muitas vezes está associado com a falta de gestão de tempo ou um viés interno da pessoa. **Complacência** que é um estado de satisfação autoindulgente, acompanhado por uma falta de consciência dos perigos ou defeitos potenciais.

Considerando a indústria da aviação, que é um mercado volátil e muito sucessível a impactos externos com muito mais frequência do que outros segmentos, e se eu fosse fazer apenas uma pergunta para você, seria assim:

Eu quero saber como você lida com as dificuldades de administrar esse ecossistema delicado de uma companhia aérea, onde o senso de urgência é fundamental para que tudo funcione bem, e nem sempre ele é encontrado nas pessoas. Como lidar com isso?

Carlos Antunes: Ela é bem ampla e toca em todos os conceitos que você mencionou há pouco. Como nós lidamos numa indústria que você tem um bem perecível. Tem um *deadline*, um prazo. Na verdade, muitos prazos. O prazo é o horário de saída do avião. Isso no campo de vendas. No campo de operacional, o prazo é o horário de um check-in, do embarque, de tirada dos calços do avião, da decolagem, da aterrisagem, da retirada das bagagens. O avião vai sair no horário ou não? Vai com um mix de tarifas, que faz com que aquele voo seja rentável?

Como é que a gente lida com uma quantidade de *stakeholders* como funcionários, terceirizados, parceiros e nós mesmos com as nossas ansiedades, com o nosso próprio sentido de urgência. Qual deve ser o sentido de urgência desta situação? Temos de distinguir o que é sentido de urgência, sentido de urgência exacerbado e ansiedade que afeta todos nós. É tudo para agora, tudo para agora. Tudo para agora significa falta de planejamento. Significa que você tem de ficar contente com um resultado mais ou menos, em vez de uma coisa boa ou uma coisa ótima, porque não houve tempo para as pessoas pensarem.

Como é que a gente lida com isso? Adaptação!

Eu trabalho no Brasil, mas eu já trabalhei na Itália, nos Estados Unidos, já trabalhei numa ilha no meio do oceano Índico. Em todos os lugares, você tem de se adaptar. Você quer uma situação mais exemplar do que um país com 55 mil habitantes (Seicheles), onde todos são amigos, familiares, parentes, e todos têm uma conexão com o governo? Onde as pessoas têm uma índole diferente, uma índole de ilha, onde o tempo passa de uma forma diferente. Onde todos têm um sentido de propriedade, algo que não vemos com muita frequência em outros lugares e onde a complacência pode ser mais acentuada. É aquele pensamento "Está tudo certo, Tudo está bem, estou muito feliz. Por que vou dar um pouco mais de mim?". Então, as pessoas da ilha têm um sentido de propriedade grande. "Esta empresa é minha, essa é a minha companhia área, mas eu não tenho pressa, porque aqui tudo gira em torno de mim."

Você, como o líder, tem de respeitar as características culturais, mas tem que incutir um sentido de urgência real, um sentido de proatividade real, mas ao mesmo tempo lida com as características culturais de pessoas que seguem outro ritmo. Seguem o ritmo circadiano regido pelo nascer e pôr do sol. É isso. E em nós, em uma indústria onde o avião tem de sair naquele horário, o ritmo é completamente diferente. Olha, é uma adaptação contínua, e isso é doloroso.

Você tem de trabalhar com equipes, porque não pode fazer as coisas sozinho. O segredo está no conceito de 1+1 =3, com o trabalho de equipe afinada que concorda com a direção e que, mesmo que não concorde, depois concorda em seguir essa direção. É o concordar em discordar, mas vamos em frente. É uma das regras de sucesso, de qualquer organização. Não tem ninguém falando por trás. "Está vendo? Eu vou torcer para isso dar errado." Não, isso não funciona.

Outro ponto é a proatividade. Está cada vez mais difícil encontrar pessoas proativas. Todo mundo diz no currículo "pessoa proativa". Mas como descrevemos proatividade? Proatividade...

(Nesse momento, Carlos, que estava dando a entrevista por telefone, fala para o filho que estava próximo: "Espera aí, o papai está falando ao telefone com um amigo". "Desculpe estou aqui na areia de olho no pequeno." Depois de algumas risadas a entrevista continua.)

A proatividade é o quê? Você ter um monte de ideias? Estar sempre abrindo a boca? interromper em todas as reuniões, responder longamente a todos os meus e-mails imediatamente? Não. A proatividade é você reconhecer, e, de fato, resolver as situações, usando ideias novas, tomando iniciativa com o senso de urgência adequado. Talvez a proatividade seja até mais importante do que o senso de urgência. Acho que traduz tudo, mas não é só ser proativo, é saber aplicar.

Ramalho: Como você vê o papel das *soft skills* no gerenciamento do senso de urgência? Especialmente, em áreas sensíveis como Call Center, relação com os operadores, as agências e o consumidor final. Em outra oportunidade, você comentou uma situação em que um atendente terminava o turno às 18h, e às 17h55 ligou um passageiro desesperado com uma situação vital para ele. Aí o atendente pode tomar duas atitudes: vou resolver a sua situação, ou ligue amanhã.

Carlos Antunes: Uma atitude esperada seria "Vou pegar essa situação, acompanhar essa situação, me interessar, ter paixão de atender". Ter um senso de responsabilidade.

Nós trabalhamos com as *hard skills*, que são os "KPIs", Indicadores-chave de Desempenho (Key Performance Indicators, em inglês). De uma forma geral, as pessoas no Call Center são renumeradas em função dos KPIs, refletindo seu número de atendimentos. Contudo, quando encontramos uma pessoa que tenha sentido de pertencimento, de responsabilidade, essa proatividade de tomar uma decisão que vai fazer a diferença no atendimento ao cliente é reconhecida. Essas *soft skills* deveriam ser premiadas, que são muitas vezes difíceis de serem medidas nesse ambiente, mas fazem toda a diferença.

Quanto mais você sobe na escala hierárquica, quanto mais responsabilidade você tem, mais importantes são as *soft skills*.

Ramalho: Você acabou de dizer que a proatividade é reconhecida na empresa, você incentiva e valoriza isso, mas e quando você encontra a complacência e a procrastinação? Às vezes, a pessoa pode ser um bom técnico, não é? Sabe o que faz, mas não age na velocidade que é necessária. Como lidar com isso?

Carlos Antunes: Eu tenho uma situação recente, real, de uma pessoa que estava na empresa há muitos anos fazendo a mesma tarefa, ano após ano, dia após dia, numa posição gerencial, e que não desenvolvia sua equipe, não trazia ideias novas, que não trabalhava na melhoria contínua dos processos para criar mais eficiência e poder criar mais tempo para desenvolver processos mais eficientes junto a sua equipe. Essa pessoa não entendia a real necessidade de mudar a sua atitude. Assim como ele, outras pessoas usam a complacência para justificar a situação, acham que estão sendo pagas apenas para fazer o mínimo. Há pessoas que não têm este nível de raciocínio. Há gerentes, diretores, pessoas em cargos importantes, de tomada de decisão e, às vezes, até mesmo operacionais que foram crescendo dentro da empresa, mas que não tiveram treinamento formal e não adquiriram as *soft skills,* e esta visão de como deveriam se comportar para serem melhores gestores. Continuam se comportando como técnicos e continuam fazendo as mesmas tarefas repetitivas. Como nós lidamos com essa situação? Eu acredito que, por todo o trabalho que eu e a minha equipe tivemos para corrigir o desempenho, agregar conteúdo e tentar mudar o comportamento dessa pessoa, você chega a um limite. Ela não entendia realmente o que era exigido dela.

Soft skills é algo muito difícil de incutir em alguém. Como você entrega um objetivo? Agora você vai ter de ser mais proativo. A partir de agora, você vai ter de fazer este relatório toda sexta-feira. A partir de amanhã, você vai me passar um resumo de todas as situações que envolverem mais do que dez mil euros de gasto. A partir da semana que vem, você terá de atender 80 ligações. Como você define de forma tangível e mensurável o quanto uma pessoa deve ser proativa? Seria "a partir de agora, você tem de trazer cinco novas ideias por mês, e estas ideias têm de gerar seis mil euros de ganho"?

É difícil. Ao final, não conseguimos que a pessoa assumisse a nova realidade e mentalidade esperada. Com o maior respeito, encerramos o contrato e incentivamos que ela fizesse um treinamento de gerenciamento de equipes que já havia sido pago pela empresa. Isso é complacência. A pessoa está lá, está lá há dez anos fazendo a mesma coisa e nunca teve uma ideia nova. Aí chega uma pessoa de fora e diz: "Por que você não troca ou muda isso?". Eu entendo que uma pessoa que vem de fora enxerga imediatamente o elefante que está na sala.

Ramalho: Isso é verdade, e quem está lá há muito tempo vê a formiga atrás do elefante, mas não repara no elefante. Com essa resposta, você acabou respondendo outra pergunta que eu faria, que seria: "Como você vê o papel da liderança na modelagem do comportamento, em relação à proatividade, disponibilidade para mudar? Como você disse, existem limites e a pessoa não consegue mudar.

Carlos Antunes: Exatamente, a pessoa tem limites, e nem todos são a tua imagem ou a imagem de que ela deveria ter na equipe. A meu ver, existem dois tipos de comportamentos que um líder precisa ter em uma equipe de alto desempenho. O primeiro é o desenvolvimento dos talentos, o reconhecimento e a aposta nas pessoas que estão demonstrando que têm potencial para crescer. O segundo é a correção dos comportamentos que não estão à altura do que é esperado. Isso pode ser feito através de treinamento, alinhamento e definição de objetivos claros. Novamente, digo que é tão mais fácil você definir, desenvolver ou corrigir as *hard skills* do que *soft skills* que são cada vez mais importantes nas organizações atuais e nas equipes de alto desempenho. Por exemplo, você encontra um bom técnico na empresa e resolve promover a pessoa para a chefia. Aí acontece uma catástrofe, porque a pessoa não tem as *soft skills* esperadas de um líder.

Ramalho: Sem dúvida, você falou uma coisa muito importante, que menciono no livro. "Você é admitido pelas *hard skills* e demitido pela falta de *soft skills*." Nesse caso, o técnico gosta de fazer aquilo que está fazendo, muitas vezes ele nem quer ser promovido, pois não quer ou não gosta de ter de liderar. Então, o sujeito que é um ótimo técnico poderá ser um mau gerente. E você, como líder, deve identificar isso. Não, ele é um ótimo técnico, e vamos mantê-lo assim porque é uma peça importante para o departamento. Nesse caso, se o superior tomar a decisão de promover o técnico, ele está complicando a vida dele e da empresa também. Como lidar com situações em que as demandas urgentes excedem a capacidade de entrega dos funcionários? Talvez em uma situação de pico ou estado de urgência pontual.

Carlos Antunes: quando voltei para a TAP, encontrei uma situação de muitas pessoas que não tinham empregabilidade. O que é isso? A pessoa está empregada, a pessoa está há quinze anos na empresa, está desempenhando sua função, mas eu não a contrataria e ninguém a contrataria. Por quê? Porque não se desenvolveu. Quando chegaram tinham no seu currículo que sabiam operar o pacote Office. Hoje se você colocar isso no currículo é eliminado, pois isso é *comodities*. A pessoa não tem nada novo para acrescentar. Acho que para um líder essa é uma situação de pavor, pois você precisa tomar ações que exigem pessoas com capacidades que elas não têm. Ficaram dez anos na empresa e estão obsoletas. Olha que interessante, não é? Como um celular que ao fim de quatro anos está obsoleto, as pessoas também ficam obsoletas. Não fizeram um curso de inglês, não entraram na Coursera (plataforma de ensino online), não se especializaram. Só sabem trabalhar em sistemas de reserva. Não aprenderam a trabalhar num Trello (sistema de produtividade em equipe), não estão estudando Inteligência Artificial. E muitos líderes não enxergaram essa necessidade de atualização de treinamento e alinhamento em relação à direção na qual a empresa está seguindo, é fundamental. Só que tem um ponto, é uma exposição muito grande. Como é que eu posso dizer? Para um líder, ir lá à frente dos funcionários e dizer a nossa aspiração é esta. Estou aqui mostrando porque isto é um alinhamento entre todos nós, isso é um trabalho de equipe, e estou pronto a responder a todas as perguntas que vocês fizerem. Isso exige um profissional muito seguro de si.

E os líderes estão inseguros. Falo por mim, falo pelos meus colegas, falo pelas pessoas que vêm da minha indústria. As pessoas estão se escondendo. É mais fácil. Estão se escondendo por quê? Qualquer coisa que você coloca no LinkedIn, mesmo sendo algo positivo para sua empresa, muitas vezes é mal-entendido. Vão dizer que a pessoa está se exibindo, contando vantagem. As pessoas precisam se expor, precisamos de líderes que nos inspirem, que mostrem coisas boas para tomarmos como referência.

Ramalho: Como equilibrar a proatividade e o senso de urgência com o bem-estar para as pessoas não viverem à beira de *burnout*?

Carlos Antunes: Meu caro, quando você descobrir isso ao final da escrita do seu livro, eu vou pedir a sua ajuda. Vou te responder com uma pergunta: Como é que nós equilibramos qualidade de vida com o trabalho, se você tem um trabalho que gosta, que te realiza, no qual se sente reconhecido, mas que te demanda muito? Com dar a devida atenção a teu filho, esposa, enfim, à tua família? Hoje, quase não conseguimos fazer esta entrevista, pois nem tudo acontece como o planejado, e muito do que tinha que fazer pela manhã, principalmente calls, hoje quase tudo gira através de calls, acabou não acontecendo no timing previsto. Em parte pelo sentido de urgência, sentido de propriedade e a necessidade de tocar os projetos à frente, e olha que eu tenho uma equipe superafinada.

Ramalho: Sim, ainda não encontramos uma fórmula para resolver isso, pois temos muitas variáveis que não estão sob nosso controle.

Carlos Antunes: Pois é, como uma fórmula, não é? O que eu faço? Eu tenho minha bicicleta lá em casa no rolo (dispositivo para pedalar com a bicicleta sem deslocamento). Eu tento chegar em casa e fazer uma hora no rolo. Isso me ajuda a pensar, resolver os problemas, tira um pouco da ansiedade, mas aí, isso tira também tempo da família.

Ramalho: Como é ter uma equipe afinada?

Carlos Antunes: Quando você faz uma coisa com essa equipe afinada que está pensando na mesma direção, é muito bom, mas isso me faz pensar se ter uma equipe às vezes dissonante não seria melhor para questionarmos a direção, métodos e práticas. Para fazer uma validação? Quando tudo está um relógio parece ser o paraíso, todo mundo na mesma direção, todos em grande comunhão, onde o projeto é a coisa mais importante, e aí se cria um corporativismo, você consegue fazer tudo, mas não tem mais vida pessoal. Algumas pessoas se deixam levar por um sentimento de autorrealização profissional muito grande, mas com um custo pessoal e familiar muito alto.

Eu tento firmemente colocar limites entre a vida profissional e pessoal, evitando de alguma forma mesclar pessoas do ambiente profissional com a minha vida pessoal e familiar, pois isso cria uma ligação espetacular, mas se isso acontecer, o trabalho vai prevalecer quando eu estiver com essas pessoas fora do trabalho. É uma delimitação. Eu tive um primeiro *insight* sobre essa limitação quando trabalhava nas Ilhas Seicheles. Um dia eu estava sem carro e pedi uma carona, ao final do expediente, para uma das funcionárias da empresa, que eu sabia que ia para a mesma direção. Perguntei a ela: "Você está indo para a cidade?", e ela respondeu: "Sim". "Você me dá uma carona?", e ela disse: "Não". Eu fiquei sem ação, mas depois eu entendi. Ela estava comigo o dia inteiro, recebendo demandas da minha parte. Ela conseguiu delimitar sua vida profissional sem medo de represálias. E eu entendo que muita gente daria a carona pensando em alguma consequência negativa por não ter cedido ao pedido.

Ramalho: Colocar limites é essencial. Você pode e deve falar para o seu chefe. Olha, eu estou aqui dando o melhor de mim, mas estou no limite do que se pode realizar no tempo disponível. O que você quer que eu faça e o que deve ser postergado?

Carlos Antunes: Eu tenho que contar uma coisa. Chefes são pessoas que muitas vezes são sociopatas ou canibais sociais. Existem pessoas que fazem sua carreira em boa parte alicerçada em sua parte emocional. Possuem uma inteligência emocional impressionante e muitas vezes usam isso exclusivamente para suas vantagens pessoais à custa dos outros.

Ramalho: Claro, manipulação, olha, a manipulação emocional. É o que eu falo. Qual a diferença entre você persuadir e manipular? Existe uma tênue diferença entre as duas ações. Em uma equipe, os líderes têm de se adaptar também e respeitar os limites das pessoas. Ter bom senso, algo que não existe muito hoje, é o material em falta no mercado. Quando as pessoas falam "tem de ter bom senso", eu digo: antes de você falar "tem de ter bom senso", explique o que é bom senso, porque esse é um conceito que está meio fora de moda. As pessoas parecem não ter acesso a esse conceito.

Carlos Antunes: Elas não têm exemplos.

Ramalho: Isso foi um ponto legal que você me fez lembrar. Estou dando um curso de *storytelling* na PUC-SP, que fala sobre uma estrutura narrativa chamada a Jornada do Herói, e que o diretor de cinema George Lucas usou como base para criar *Star Wars*. Em uma entrevista, perguntaram a ele por que ele baseou suas histórias em mitos. Ele respondeu que é importante recontarmos histórias para mantermos a tradição, a história viva para as novas gerações. Com o bom senso é a mesma coisa. Precisamos falar, explicar e aplicar o bom senso. Voltando ao senso de urgência, quanto mais você sabe, quanto mais você conhece, maior é a capacidade que tem para reagir prontamente, não é? Você busca analogias, com coisas que você aprendeu Em outras áreas que não têm nada a ver com o que você faz.

Carlos Antunes: Sim, você tem um caixa de ferramentas maior para resolver uma situação.

Ramalho: Agora vamos pôr em prática o equilíbrio da vida profissional e pessoal. Agora é hora de você se divertir com o seu filho aí na praia. Fim da entrevista.

Mantive essa entrevista com alguns detalhes de quando e como foi feita para mostrar que, na vida real, a busca pelo equilíbrio entre nossa vida profissional e pessoal sempre foi e continuará a ser um enorme desafio. Contudo, se nós nos dispusermos firmemente a retomar o controle do nosso tempo, poderemos alcançar um equilíbrio único em nossa vida.

EXERCÍCIOS

1. **Liste três exemplos de demandas que podem ser consideradas urgentes, superurgentes e urgentíssimas em seu ambiente de trabalho. Explique os critérios que você utilizou para classificar cada uma.**
2. **Descreva uma situação em que você se viu envolvido em ações constantes, mas sem uma direção clara em relação aos resultados. Como isso afetou sua produtividade e efetividade?**
3. **Cite três exemplos de ferramentas tecnológicas que você utiliza ou poderia utilizar para otimizar suas tarefas diárias.**
4. **Imagine que você tem um dia inteiro de trabalho pela frente e diversas tarefas para realizar. Como você estabeleceria suas prioridades diárias? Descreva uma estratégia que você utilizaria para garantir que as tarefas mais importantes sejam concluídas dentro do prazo.**
5. **Descreva uma situação em que você foi eficiente ao realizar uma tarefa urgente. Como você conseguiu otimizar o uso do tempo e dos recursos disponíveis?**
6. **Identifique uma ação que você considera eficaz em um contexto de urgência. Como essa ação contribuiu para atingir os resultados desejados?**
7. **Pense em uma situação em que você foi eficiente, mas não eficaz ou vice-versa. O que você aprendeu com essa experiência e como poderia equilibrar eficiência e eficácia nesse contexto?**
8. **Faça uma pesquisa informal com os seus colegas de trabalho pedindo para que eles deem exemplos do que é urgente, superurgente e urgentíssimo para eles.**

Ao concluir os exercícios, reflita sobre suas respostas e identifique possíveis áreas de melhoria em relação ao equilíbrio entre urgência e efetividade em seu trabalho diário.

CAPÍTULO 7

Mudando a Mentalidade Passiva para Ativa

Um homem ocupado não pode fazer nada bem: não pode se dedicar à eloquência, nem aos estudos liberais, uma vez que seu espírito, ocupado em coisas diversas, não se aprofunda em nada.

Sêneca (4 - 65 a.C.)
filósofo e escritor

AO LONGO DE QUASE QUATRO DÉCADAS ENVOLVIDO COM treinamento, posso afirmar que aprendi muito mais do que ensinei. Ao compartilharmos conhecimento com outras pessoas, temos a oportunidade de ensinar habilidades fascinantes, tanto técnicas quanto emocionais. As habilidades técnicas, também conhecidas como *hard skills*, são como diamantes brutos: valiosas e únicas em suas características. Por exemplo, um desenvolvedor de sistemas precisa dominar uma linguagem de programação, lógica e outros aspectos relacionados à área de TI. Nesses casos, não há necessidade de moldar o comportamento da pessoa, pois estamos adicionando algo novo à base de conhecimento e competências da pessoa. No entanto, quando se trata de habilidades socioemocionais, as *soft skills*, o cenário se transforma completamente. Muitas vezes, nos deparamos com o desafiador propósito de influenciar o comportamento, atitudes e a forma como alguém se comunica e interage com outras pessoas e atingir suas crenças e valores.

Comportamento, atitudes, crenças e valores

Comportamento, atitude, crença e valor são conceitos fundamentais para entender a psicologia humana e a forma como as pessoas interagem com o mundo ao seu redor.

Comportamento é a maneira como uma pessoa age ou reage em diferentes situações. É a expressão externa e observável de suas ações, que pode ser influenciada por fatores internos e externos.

Atitude refere-se à disposição ou à tendência de uma pessoa para responder positiva ou negativamente a certas ideias, pessoas, lugares ou situações. As atitudes podem ser explícitas (conscientes) e implícitas (inconscientes) e são formadas por meio de experiências passadas e influências sociais.

Crença é a aceitação de que algo é verdadeiro ou real, mesmo sem evidência concreta. As crenças são formadas através de experiências pessoais, influências culturais e sociais, e podem moldar as atitudes e os comportamentos de uma pessoa.

Valor é um princípio orientador que dita o que uma pessoa considera importante na vida. Os valores são profundamente enraizados e servem como a base para formar atitudes, crenças e comportamentos.

Esses quatro conceitos podem ser visualizados como camadas, com o comportamento na superfície e os valores na camada mais profunda. Para mudar o comportamento de uma pessoa, é essencial entender essas camadas subjacentes. Muitas vezes, uma mudança no comportamento só pode ser alcançada através da alteração das atitudes, crenças e valores subjacentes.

Para entender melhor esses conceitos, pense em uma majestosa e frondosa árvore.

Imagine que o comportamento de uma pessoa é como as folhas da árvore, fácil de ver. Porém, para alterá-lo, precisamos alcançar os galhos, representando as atitudes, que exigem um olhar mais atento. Ainda mais profundamente, encontramos o tronco, simbolizando as crenças, profundas e resistentes, mas é ao chegarmos às raízes que desvendamos os valores, ocultos em um reino secreto, invisível até para seus próprios detentores.

As raízes dos valores são o verdadeiro motor do comportamento, atitude e crenças de alguém. Para alcançar esse nível de conexão, é preciso cavar fundo e explorar a essência mais íntima. Algumas dessas raízes permanecem muito abaixo da terra, no âmago do inconsciente humano.

Se almejamos influenciar positivamente os outros em diferentes níveis, devemos descer até as raízes, pois é lá que reside a força motriz. Se conseguirmos tocar os valores de alguém, seremos capazes de criar um poderoso efeito cascata, transformando todo o restante junto com eles. Essa é a alquimia da mudança, o segredo da verdadeira transformação.

Como as pessoas desenvolvem seus valores

Posso dizer que aqui estará o maior desafio de boa parte das pessoas que estão lendo este livro. Para desenvolver o senso de urgência em si ou em outras pessoas, você terá muitas vezes de descer até as raízes. Tenha certeza de que será uma tarefa desafiadora, mas não impossível, e vou explicar um pouco das origens dessa dificuldade e buscar ajuda do sociólogo e educador norte-americano Morris Massey. Ele desenvolveu um estudo sobre os três períodos nos quais nossos valores são desenvolvidos.

Seu trabalho se baseia na ideia de que nossos valores são influenciados por eventos e experiências vividas em momentos específicos de nossa vida. A seguir, descrevo brevemente os três períodos de desenvolvimento de valores propostos por Massey:

1. **Período de impressão: primeira infância (0 a 7 anos)**: Durante esse período, que ocorre do nascimento até aproximadamente os 7 anos de idade, Massey argumenta que nossos valores são fortemente influenciados por nossas famílias e cuidadores imediatos. As experiências e interações que temos nesses anos iniciais moldam profundamente nossas crenças e atitudes em relação ao mundo ao nosso redor. Nossa capacidade de absorver informações e assimilar crenças é maior nessa fase, o que torna esses primeiros anos críticos na formação de nossos valores fundamentais. Segundo ele, somos uma esponja absorvendo tudo ao nosso redor.
2. **Período de modelagem: pré-adolescência (8 a 13 anos)**: Nessa fase, que ocorre aproximadamente dos 8 aos 13 anos, os valores que adquirimos se expandem para além do ambiente familiar. Nossos amigos, colegas de escola e figuras de autoridade, como professores, começam a desempenhar um papel significativo em nossa formação de valores. É nessa época que começamos a questionar e a desenvolver nossas próprias ideias e crenças, influenciados pelo grupo social em

que nos inserimos. É uma fase em que copiamos comportamentos de pessoas que admiramos.

3. **Período de socialização: adolescência (14 a 21 anos)**: O último período ocorre na transição para a vida adulta, geralmente dos 14 aos 21 anos. Durante esses anos, nossa identidade e nossos valores estão em constante evolução. Procuramos nos identificar com grupos e tribos e tentamos nos afastar dos valores impostos anteriormente. É a rebeldia da adolescência em plena velocidade. Nesse período, estamos expostos a novas experiências, como educação formal, escolhas de carreira, relacionamentos românticos e independência crescente. As decisões que tomamos nessa fase podem ter um impacto significativo em nossos valores e nossas crenças à medida que nos esforçamos para definir nossa identidade como adultos. Esse é um momento crucial em que começamos a refletir sobre nossas prioridades e aspirações na vida.

Depois desse terceiro período, nossos valores estão tão cimentados em nossa personalidade que dificilmente serão modificados sem que ocorra algum fator muito expressivo. A menos que ocorra um Evento Emocional Significativo (EES) ou façamos um esforço consciente para ajustar nossos valores, o sociólogo e educador acredita que viveremos nossa vida modelando os comportamentos formados a partir desses valores adquiridos.

Massey argumenta que a compreensão desses períodos de impressão é fundamental para entender como os valores são formados e como as pessoas tomam decisões ao longo da vida. Ele sugere que, ao entender esses períodos e os fatores que os influenciam, podemos ter uma visão mais profunda de nós mesmos e dos outros, o que pode ser útil em diversos contextos, como na educação, liderança, gestão e relações interpessoais.

Um Evento Emocional Significativo (EES) ou em inglês, Significant Emotional Event, é uma experiência que é tão mentalmente impactante que se torna um catalisador para se considerar, examinar e possivelmente mudar os valores ou o sistema de valores iniciais. Esses eventos podem ser bons ou ruins e podem ter um impacto profundo na maneira como uma pessoa vê o mundo e interage com ele.

Esses eventos podem desafiar as crenças e os valores de uma pessoa, levando-a a reavaliar e, possivelmente, mudar sua perspectiva. Por exemplo, um evento traumático, como a perda de uma pessoa querida, pode levar uma pessoa a questionar suas crenças sobre a vida e a morte, enquanto uma experiência positiva, como o nascimento de um filho, pode levar a uma mudança nos valores e nas prioridades de uma pessoa. Esses eventos podem ser momentos decisivos na vida e ter um impacto duradouro na maneira que uma pessoa pensa e age. Alguns desses eventos são decorrentes de nossas ações, como um casamento ou divórcio, uma mudança para um novo país ou cidade ou o encontro com a fé religiosa ou a perda dela. Já outros eventos são causados por fatores externos, como a perda de emprego, o diagnóstico de uma doença grave, um evento traumático, como um acidente ou desastre natural. Imagine, por exemplo, como a guerra na Ucrânia teve um impacto nos valores de milhões de pessoas. Para muitas, seus valores foram completamente destroçados.

Já falamos anteriormente sobre o impacto da criação em nosso senso de urgência, e aqui você pôde ver que ela afeta muito mais do que podemos perceber nesses três períodos da vida. Mas isso não é de agora. Vamos nos afastar do horror da guerra e ler uma história ocorrida há muito tempo.

Uma história de procrastinação e proatividade

Era uma vida desafiadora nas épocas pré-históricas. Uma tribo ancestral habitava uma região cercada por perigos selvagens, naturais e escassez de alimentos. Nesse grupo, havia dois subgrupos distintos: os Caçadores Determinados e os Procrastinadores Passivos.

Os Caçadores Determinados eram reconhecidos pela proatividade e pelo senso de urgência. Eles compreendiam que a sobrevivência dependia da ação imediata e constante. Cientes da necessidade de proteção e alimentação, eles se organizaram e desenvolveram estratégias eficazes de caça e coleta. Diariamente, os Caçadores Determinados se reuniam para planejar as expedições, compartilhar conhecimentos e aprimorar suas habilidades. Eles utilizavam ferramentas rudimentares, como lanças e armadilhas, para garantir uma maior eficácia nas caçadas. Além disso, exploravam novos territórios em busca de novas fontes de alimento.

Já os Procrastinadores Passivos eram conhecidos pela inércia e falta de senso de urgência. Eles preferiam adiar suas responsabilidades, agindo somente quando a situação se tornava crítica. Essa postura negligente frequentemente resultava em escassez de alimentos e falta de proteção adequada que afetava toda a tribo. Enquanto os Caçadores Determinados se dedicavam às caçadas e ao fortalecimento das defesas, os Procrastinadores Passivos esperavam até que a fome apertasse ou que fossem atacados por predadores para tomar medidas. Eles não valorizavam a prevenção e não reconheciam a importância de agir antecipadamente.

Um dia, uma grande ameaça se aproximou da tribo: uma tempestade descomunal como nunca vista anteriormente estava prestes a desabar sobre o território. Os Caçadores Determinados, atentos aos sinais da natureza, perceberam a iminência do perigo e rapidamente organizaram a tribo para se proteger. Eles construíram abrigos temporários e estocaram alimentos extras para enfrentar a tempestade.

Enquanto isso, os Procrastinadores Passivos ignoraram os sinais e continuaram com sua rotina habitual. Eles só perceberam o perigo iminente quando a tempestade estava prestes a desabar sobre eles. Desesperados, correram em busca de abrigo e suprimentos, mas já era tarde demais. Muitos ficaram desprotegidos e desamparados diante da força da natureza. A morte de vários deles foi inevitável.

Essa experiência impactante foi um ponto de virada para a tribo. Os Procrastinadores Passivos perceberam a importância da proatividade e aprenderam com os Caçadores Determinados. Eles viram que agir preventivamente poderia minimizar os riscos e trazer melhores resultados. A partir desse episódio, ambos os grupos uniram forças e passaram a adotar uma mentalidade proativa, reconhecendo a necessidade de se antecipar aos problemas e buscar soluções de forma constante. A adaptação não foi fácil, mas com o tempo a união dos esforços em torno de um objetivo comum resultou em uma tribo mais forte e preparada para enfrentar os desafios que surgiriam.

Moral da história: Quem é proativo escreve sua própria história, enquanto quem procrastina se torna personagem secundário nas histórias dos outros.

Mensagem: A história das cavernas nos ensina que a proatividade é fundamental para o sucesso e a sobrevivência. Aqueles que são determinados, agem antecipadamente e buscam soluções são capazes de enfrentar os desafios, superar obstáculos e alcançar seus objetivos. Mas aqueles que procrastinam e adiam suas responsabilidades acabam ficando à mercê das circunstâncias e das ações dos outros.

A moral dessa história nos lembra de que a proatividade é uma qualidade valiosa em todos os aspectos da vida. Quando somos proativos, assumimos o controle do nosso destino, encontramos soluções antes que os problemas se tornem insuperáveis e criamos nosso próprio caminho para o sucesso. Enquanto isso, a procrastinação nos coloca em uma posição reativa, onde somos forçados a lidar com as consequências de nossas próprias inações.

Portanto, a lição que podemos extrair dessa história é que devemos cultivar a mentalidade proativa em nossa vida. Precisamos reconhecer a importância de agir antecipadamente, buscar soluções, ser curiosos e inconformados com a inércia. A necessidade, a curiosidade e o inconformismo são ferramentas poderosas que impulsionam a proatividade e nos permitem escrever nossas próprias histórias de sucesso, em vez de sermos meros coadjuvantes nas histórias dos outros. Por mais que nossos valores e nossas atitudes tenham sido negativamente formados, incluindo a procrastinação e inação como parte do nosso ser, não devemos esperar a ocorrência de um Evento Emocional Significativo para iniciarmos um processo de mudança.

No momento em que eu revisava este texto, ocorreu a grande enchente no Rio Grande do Sul, e pude ver vários exemplos de pessoas que sofreram as piores consequências possíveis, pois muitas autoridades não foram proativas em face de tudo o que estava para acontecer. Foi um episódio horrível para todos os brasileiros, mas muito sofrimento poderia ter sido evitado se houvesse um senso de urgência permanente. Ali, passamos a ver um estado de urgência cujo resultado das ações sempre tem um alcance menor do que se houvesse a prática do senso de urgência.

Necessidade, curiosidade e inconformismo: combustíveis para a proatividade

A necessidade, curiosidade e inconformismo são elementos fundamentais para desenvolver a proatividade. Essas características impulsionam as pessoas a buscar soluções, inovar e superar obstáculos. Vamos explorar como esses elementos se manifestaram na época das cavernas, contribuindo para o progresso humano.

1. **Necessidade**: No contexto das cavernas, o grupo humano tinha a necessidade fundamental de se alimentar para sobreviver. Essa necessidade básica impelia as pessoas a saírem em busca de alimentos. A falta de alimentos levava à escassez e ao perigo iminente. Essa necessidade urgente foi um poderoso estímulo para ação e busca de soluções.
2. **Curiosidade**: A curiosidade é a vontade de explorar, descobrir e compreender o desconhecido. Na época das cavernas, a curiosidade foi fundamental para o desenvolvimento de armas e técnicas de caça mais eficientes. As pessoas observavam o comportamento dos animais e experimentavam diferentes estratégias e materiais para aprimorar suas habilidades de caça. A curiosidade impulsionava a busca de soluções inovadoras para melhor atender às suas necessidades.
3. **Inconformismo**: O inconformismo surge quando as pessoas não estão satisfeitas com os resultados alcançados e buscam melhorias. Na época das cavernas, o inconformismo com os resultados ruins da caça levou à necessidade de desenvolver técnicas e armas mais eficazes. As tentativas frustradas geraram insatisfação e impulsionaram as pessoas a experimentarem novas abordagens, aperfeiçoarem suas habilidades e criarem soluções mais eficientes. Esse inconformismo foi um motor para o progresso e o desenvolvimento humano.

A história da tribo ilustra como a necessidade, curiosidade e inconformismo impulsionaram a proatividade e o avanço da humanidade enquanto a procrastinação funcionava como uma força contrária. Se as pessoas não tivessem sentido a necessidade urgente de se alimentarem, não teriam buscado soluções para a caça. Se não tivessem sido curiosas e experimentado diferentes técnicas e materiais, não teriam desenvolvido armas mais eficientes ou abrigos mais resistentes. E se não tivessem se incomodado com os resultados ruins, não teriam se esforçado para melhorar e aprimorar suas habilidades.

Esses elementos continuam a desempenhar um papel fundamental na sociedade atual. A necessidade de enfrentar desafios e buscar soluções, a curiosidade de explorar o desconhecido e a insatisfação com os resultados atuais impulsionam a inovação, o progresso e o desenvolvimento pessoal e profissional. Portanto, a necessidade, curiosidade e o inconformismo são ferramentas essenciais para desenvolver a proatividade. Elas nos incentivam a buscar soluções, aprimorar nossas habilidades e superar obstáculos, impulsionando o crescimento e o avanço em todas as áreas da vida.

Procrastinação e proatividade comparadas

Procrastinação e proatividade são conceitos opostos quando se trata de abordar tarefas, responsabilidades e objetivos na vida pessoal e profissional desde o princípio dos tempos.

A procrastinação é o ato de adiar ou postergar uma tarefa para um momento posterior, muitas vezes por falta de motivação, organização ou disciplina. É o hábito de deixar para depois o que pode ser feito no momento presente. Pessoas que procrastinam tendem a priorizar atividades menos importantes, evitando enfrentar as obrigações mais desafiadoras. Isso pode levar a atrasos, estresse e resultados insatisfatórios.

Em contrapartida, a proatividade é a atitude de antecipar-se às demandas e agir de forma preventiva, tomando a iniciativa para alcançar metas e solucionar problemas. Pessoas proativas são motivadas, comprometidas e engajadas em suas responsabilidades. Elas têm uma visão de longo prazo e buscam constantemente oportunidades de crescimento e melhoria. A proatividade envolve ações antecipadas, planejamento, organização e uma postura de assumir a responsabilidade pelo próprio sucesso.

Vejamos um exemplo prático e atual desses conceitos.

Suponha que você tenha uma tarefa importante a ser concluída até o final do dia. Se você procrastinar, pode acabar deixando a tarefa para a última hora, lidando com distrações, adiando o início e sentindo-se estressado e pressionado para terminá-la a tempo. Porém, se você for proativo, começará a tarefa assim que possível, planejando o tempo necessário, organizando as etapas e trabalhando de forma consistente. Você terá a tranquilidade de estar no controle da situação, lidando com qualquer imprevisto que possa surgir e entregando um trabalho de qualidade dentro do prazo.

A seguir, apresento um quadro que mostra uma comparação entre a pessoa proativa e a procrastinadora. As características são generalizações, e as pessoas podem apresentar comportamentos mais proativos em algumas áreas da vida e menos proativos em outras. O desenvolvimento da proatividade é uma habilidade que pode ser trabalhada e aprimorada ao longo do tempo.

Aspectos	Pessoa Proativa	Pessoa Procrastinadora
Motivação	Motivada e focada em alcançar metas e resultados.	Desmotivada e tende a evitar tarefas difíceis.
Iniciativa	Assume a responsabilidade e toma ações antecipadas.	Espera ser orientada e adia ações até ser necessário fazê-las.
Organização	Planeja e estabelece prioridades.	Tem dificuldade em se organizar e priorizar tarefas.
Autodisciplina	Mantém-se disciplinada e comprometida com prazos.	Não tem disciplina e tem dificuldade em cumprir prazos.
Visão de longo prazo	Considera o impacto futuro das ações e busca oportunidades de crescimento.	Foca no imediato e evita pensar no futuro.
Resolução de problemas	Enfrenta desafios e busca soluções proativas.	Evita confrontar problemas e lida com eles apenas quando se tornam urgentes.
Aprendizado contínuo	Busca conhecimento e desenvolvimento pessoal.	Tende a evitar oportunidades de aprendizado.
Gerenciamento de tempo	Planeja e utiliza o tempo de forma eficiente.	Tem dificuldade em administrar o tempo e priorizar tarefas.

(*continua*)

Aspectos	Pessoa Proativa	Pessoa Procrastinadora
Resultados alcançados	Obtém melhores resultados e alcança objetivos.	Obtém resultados abaixo do potencial e tem dificuldade em atingir metas.
Bem-estar pessoal	Experimenta menor estresse e maior sensação de realização.	Sente-se mais estressada e insatisfeita com os resultados.

A diferença fundamental reside na forma como essas pessoas abordam as tarefas, lidam com os desafios e se comprometem com o próprio crescimento e sucesso. Aproveite a tabela para fazer uma autoavaliação sobre suas características. Marque a coluna 1 ou coluna 2 de acordo com sua avaliação.

Não existe certo ou errado aqui, apenas uma oportunidade de ver em quais pontos você pode concentrar esforços para melhorar sua atitude de proatividade.

Compreendendo a mentalidade de defesa da procrastinação

Temos uma âncora enorme que nos envolve e arrasta para baixo nossa capacidade de realização. Chama-se defesa. Como um instinto natural, muitas pessoas usam primeiro a defesa, em vez da razão ao lidar com problemas.

A atitude de defesa é uma das principais componentes das pessoas procrastinadoras. Essa atitude é caracterizada pela postura de evitar ou adiar tarefas e responsabilidades, muitas vezes por medo do fracasso, da incerteza ou da pressão. Pessoas que adotam essa postura tendem a se sentir mais seguras dentro da sua zona de conforto e têm dificuldade em lidar com situações desafiadoras. A defesa surge como uma forma de autopreservação, uma maneira de evitar lidar com demandas desconfortáveis ou que possam gerar estresse. Ao adiarem a realização de uma tarefa, essas pessoas criam uma sensação temporária de alívio, pois estão evitando o confronto com o desconhecido, com algo desagradável de se fazer ou com o potencial de falha.

No entanto, essa atitude defensiva pode ter impactos negativos significativos. O adiamento constante das tarefas pode levar a um acúmulo de responsabilidades e prazos perdidos, gerando estresse, frustração e sentimentos de incompetência. Além disso, a postura defensiva pode limitar o crescimento pessoal e profissional, impedindo o desenvolvimento de novas habilidades e o alcance de metas e objetivos. É importante ressaltar que a atitude defensiva não está necessariamente relacionada à falta de habilidades ou capacidades. Muitas pessoas procrastinadoras possuem talentos e conhecimentos relevantes, mas têm dificuldade em colocá-los em prática devido à mentalidade defensiva.

Explorando os comportamentos defensivos e suas causas

Comportamentos defensivos são reações e atitudes adotadas pelas pessoas como uma forma de proteção diante de situações desafiadoras ou ameaçadoras. Esses comportamentos podem se manifestar de diferentes maneiras, como negação, justificativas, culpa, resistência à mudança, entre outros. Para compreender melhor esses comportamentos, é importante analisar suas causas, que podem estar relacionadas a fatores individuais e organizacionais. A seguir, explicarei cada um deles.

1. **Medo do fracasso ou de cometer erros**: O medo do fracasso ou de cometer erros é uma causa comum dos comportamentos defensivos. As pessoas podem temer ser julgadas, criticadas ou rejeitadas, caso não atinjam as expectativas ou cometam erros. Esse medo pode levar à adoção de comportamentos defensivos, como negar erros, culpar outros ou evitar assumir responsabilidades.
2. **Falta de confiança nas próprias habilidades**: A falta de confiança nas próprias habilidades é outra causa que pode levar aos comportamentos defensivos. Quando as pessoas não se sentem seguras em suas capacidades, tendem a se proteger de possíveis fracassos ou rejeições. Isso pode se manifestar através de uma postura defensiva, evitando desafios ou rejeitando feedback construtivo.
3. **Ambiente de trabalho tóxico ou pouco colaborativo**: Um ambiente de trabalho tóxico, caracterizado por conflitos, falta de cooperação e suporte inadequado, pode contribuir para o surgimento de comportamentos defensivos. As pessoas podem adotar uma postura defensiva como forma de se protegerem dos problemas e das dinâmicas negativas presentes no ambiente.
4. **Cultura organizacional que não valoriza a abertura, o feedback construtivo e a aprendizagem**: Uma cultura organizacional que não valoriza a abertura, o feedback construtivo e a aprendizagem pode incentivar

comportamentos defensivos. Quando as pessoas não se sentem seguras para expressar suas opiniões, compartilhar ideias ou aprender com os erros, tendem a adotar uma postura defensiva para evitar críticas ou punições.

5. **Experiências passadas de críticas ou punições**: Experiências passadas de críticas ou punições podem ter um impacto significativo no desenvolvimento de comportamentos defensivos. Se uma pessoa foi previamente punida ou criticada por suas ações ou ideias, é natural que ela adote uma postura defensiva para evitar situações semelhantes no futuro.
6. **Criação e ambiente familiar**: A criação e o ambiente familiar também desempenham um papel importante no desenvolvimento de comportamentos defensivos. A forma como uma pessoa foi criada, os padrões de comunicação e a dinâmica familiar podem influenciar sua propensão a adotar comportamentos defensivos. Se a pessoa cresceu em um ambiente onde predominavam críticas, punições ou falta de apoio emocional, é mais provável que ela desenvolva uma postura defensiva como mecanismo de proteção. Além disso, a forma como os conflitos são resolvidos dentro da família pode influenciar a maneira como uma pessoa lida com desafios e críticas. Se os conflitos eram evitados ou reprimidos, a pessoa pode ter dificuldade em lidar com feedback construtivo ou situações desafiadoras, recorrendo a comportamentos defensivos como uma forma de autopreservação. É importante notar que a criação e o ambiente familiar não determinam totalmente os comportamentos de uma pessoa, mas podem exercer uma influência significativa. Ao reconhecer essa influência, é possível trabalhar na conscientização e no desenvolvimento de novas estratégias para lidar com situações desafiadoras, mesmo que tenham sido enraizadas desde a infância. Promover um ambiente familiar saudável, com comunicação aberta, apoio emocional e resolução construtiva de conflitos, pode ajudar a reduzir a tendência a comportamentos defensivos. Além disso, buscar ajuda profissional, como terapia familiar ou aconselhamento, pode auxiliar na identificação e superação de padrões defensivos prejudiciais, possibilitando o desenvolvimento de uma mentalidade mais proativa e resiliente.

Os impactos negativos da defesa no ambiente de trabalho

A mentalidade defensiva pode ter consequências prejudiciais para o ambiente de trabalho, afetando não apenas o desempenho individual, mas também o funcionamento geral da organização. A seguir, são apresentados alguns dos principais impactos negativos associados a essa mentalidade.

1. **Redução da comunicação aberta e honesta**: Quando as pessoas adotam uma postura defensiva, tendem a evitar confrontações e evitar expor suas vulnerabilidades. Isso resulta em uma comunicação limitada e superficial, dificultando a resolução de problemas e a tomada de decisões eficazes. A falta de diálogo aberto impede tanto o compartilhamento de informações relevantes quanto o surgimento de soluções criativas.
2. **Barreiras para a criatividade e inovação**: A mentalidade defensiva inibe a disposição de correr riscos e a busca de novas ideias. As pessoas tendem a se apegar ao que é conhecido e seguro, temendo ser criticadas ou cometer erros. Isso limita a capacidade da organização de se adaptar a mudanças e inovar, prejudicando sua competitividade no mercado.
3. **Baixa colaboração e trabalho em equipe**: A defesa excessiva dos interesses individuais em detrimento dos objetivos coletivos pode minar a colaboração e o trabalho em equipe. Quando as pessoas estão mais preocupadas em proteger suas próprias posições ou em evitar a responsabilização, perde-se o senso de unidade e cooperação necessários para o sucesso do trabalho em grupo. A falta de confiança e a competição interna prejudicam o desenvolvimento de relacionamentos saudáveis e o clima organizacional.
4. **Resistência à mudança**: A mentalidade defensiva está intrinsecamente ligada à resistência à mudança. As pessoas preferem manter o *status quo* e resistem a qualquer tipo de mudança, mesmo que seja benéfica para a organização. Isso impede o crescimento e o progresso, mantendo a empresa presa a antigas práticas e impedindo-a de se adaptar a novas demandas e oportunidades.
5. **Diminuição da motivação e do engajamento dos colaboradores** Quando os colaboradores se sentem desencorajados a contribuir de forma proativa e criativa, sua motivação e seu engajamento são afetados negativamente. A mentalidade defensiva cria um ambiente de desconfiança e

desencoraja a participação ativa, resultando em uma força de trabalho desmotivada e menos comprometida com os objetivos da organização.

É fundamental que as empresas reconheçam os impactos negativos da mentalidade defensiva e busquem promover uma cultura organizacional que incentive a proatividade, a colaboração e a comunicação aberta. Ao criar um ambiente de confiança, estabelecer canais eficazes de comunicação e incentivar a participação ativa dos colaboradores, é possível superar os efeitos negativos da mentalidade defensiva e promover um ambiente de trabalho saudável e produtivo.

Exemplos práticos de situações em que a mentalidade de defesa prevalece e seus efeitos:

- Em uma reunião de equipe, um colaborador recebe feedback construtivo porém negativo sobre um projeto e imediatamente se coloca na defensiva, buscando justificativas e minimizando a responsabilidade pelo resultado abaixo do esperado. Isso afeta a capacidade da equipe de aprender com os erros e buscar soluções para melhorar futuros projetos.
- Em um ambiente de trabalho competitivo, um colaborador evita compartilhar conhecimentos e informações com os colegas de equipe, temendo que isso possa ser usado contra ele. Essa postura defensiva prejudica a colaboração e a construção de um ambiente de confiança e cooperação.
- Em uma nova iniciativa proposta pela liderança, alguns colaboradores resistem à mudança e se apegam ao *status quo*, defendendo que as práticas antigas são mais seguras e eficazes. Isso impede o progresso da organização e a adaptação às novas demandas do mercado.
- Em uma discussão sobre estratégias de negócios, um colaborador evita confrontar ideias e buscar soluções inovadoras, com receio de ser criticado ou de sua opinião não ser valorizada. Isso limita a criatividade e o crescimento da empresa.

A importância da proatividade

A proatividade é o oposto da mentalidade defensiva. A proatividade é a disposição de antecipar problemas, buscar soluções e agir antecipadamente para alcançar resultados desejados. Indivíduos proativos demonstram iniciativa, assumem responsabilidade e estão sempre em busca de oportunidades de crescimento. Na vida pessoal e principalmente na profissional, ser proativo é fundamental para alcançar o sucesso e se destacar. Os benefícios da proatividade incluem:

- **Maior eficiência e produtividade:** Na antecipação de problemas e na busca de soluções, as tarefas são realizadas de forma mais eficiente, evitando retrabalho e desperdício de tempo.
- **Melhor resolução de problemas:** A proatividade permite lidar com desafios de forma rápida e eficaz, identificando soluções e evitando que os problemas se agravem.
- **Maior iniciativa:** A proatividade encoraja a busca de novas oportunidades, a geração de ideias e a aplicação de melhorias, contribuindo para o crescimento pessoal e profissional.
- **Maior autoconfiança:** A proatividade leva a um senso de controle e confiança, permitindo lidar com situações difíceis e desafiadoras de forma objetiva.
- **Melhores relacionamentos profissionais:** A proatividade facilita a colaboração e o trabalho em equipe, pois demonstra comprometimento e disposição para contribuir com o sucesso coletivo.

Explorando as características de uma pessoa proativa

Uma pessoa proativa apresenta algumas características que a diferenciam daquelas que são passivas ou reativas em relação às situações. No contexto da proatividade, as palavras "passivo" e "reativo" são frequentemente contrastadas com o termo "proativo" para destacar estilos de comportamento opostos. Vejamos uma definição dos dois termos.

1. **Passivo:** Uma pessoa passiva tende a ser inerte e não assume a iniciativa de agir ou de se envolver ativamente nas situações. Ela pode agir apenas quando instruída ou quando é absolutamente necessário. Uma pessoa passiva geralmente espera que outros tomem a liderança ou tomem decisões por ela. Ela pode não expressar suas opiniões ou preferências com clareza e pode evitar responsabilidades extras ou situações desafiadoras.
2. **Reativo:** Uma pessoa reativa, por outro lado, responde a situações e estímulos externos. Ela age quando provocada ou quando algo acontece,

em vez de tomar a iniciativa de forma proativa. Embora uma pessoa reativa possa responder de maneira rápida e eficiente a um estímulo, ela ainda está agindo em resposta a um fator externo, em vez de agir de acordo com sua própria iniciativa.

A principal diferença entre ser passivo e reativo, em contraste com a proatividade, é que as pessoas passivas e reativas tendem a se deixar levar pelas circunstâncias ou pelas ações de terceiros, enquanto as pessoas proativas tomam a iniciativa de agir, independentemente das circunstâncias externas. Uma pessoa proativa é movida por um desejo intrínseco de fazer a diferença, de buscar oportunidades e de assumir a responsabilidade por suas próprias ações. Ela está focada em antecipar problemas, identificar soluções e agir antes que seja necessário. A proatividade envolve uma postura ativa de buscar melhorias, inovação e crescimento, independentemente das circunstâncias externas.

Enquanto pessoas passivas e reativas podem depender das instruções, esperar que os problemas se agravem antes de agir ou reagir apenas às demandas imediatas, uma pessoa proativa está sempre buscando maneiras de avançar, resolver problemas e alcançar resultados superiores. Ela está constantemente tomando medidas para moldar sua própria realidade e influenciar positivamente o ambiente ao seu redor. Essas características são importantes tanto para a autoavaliação quanto para a identificação de indivíduos proativos. A seguir, estão detalhadas as principais características de uma pessoa proativa.

Antecipação

Uma pessoa proativa tem a capacidade de antecipar possíveis problemas, oportunidades ou melhorias antes que se tornem evidentes para os outros. Ela está atenta aos sinais, analisa tendências, e é capaz de identificar cenários futuros, permitindo que tome medidas preventivas ou aproveite oportunidades antes que se tornem óbvias.

Iniciativa

A pessoa proativa tem a habilidade de agir de forma independente, sem depender de instruções ou solicitações específicas. Ela é motivada internamente e busca constantemente maneiras de contribuir e fazer a diferença em sua área de atuação. Em vez de esperar que alguém lhe diga o que fazer, ela toma a iniciativa e busca soluções por conta própria.

Autonomia

A autonomia é uma característica-chave de uma pessoa proativa. Ela é capaz de tomar decisões com base em seu próprio julgamento e assumir a responsabilidade por suas ações. Não precisa de orientações constantes e confia em sua capacidade de tomar decisões informadas e adequadas, mesmo em situações desafiadoras ou incertas.

Criatividade

A pessoa proativa é criativa e capaz de gerar ideias e soluções inovadoras. Ela está constantemente buscando maneiras de melhorar processos, encontrar soluções mais eficientes e alcançar resultados superiores. Sua mente aberta e curiosa a leva a explorar novas abordagens e a desafiar o *status quo*, buscando sempre a melhoria contínua.

Proatividade na comunicação

Uma pessoa proativa é capaz de expressar suas opiniões de forma clara, compartilhar informações relevantes e comunicar-se de maneira assertiva. Ela busca ativamente se envolver em discussões, contribuir com *insights* e oferecer sugestões construtivas. Sua comunicação eficaz contribui para o trabalho em equipe, a colaboração e o engajamento coletivo.

Adaptabilidade

A adaptabilidade é uma característica importante em uma pessoa proativa. Ela é capaz de se ajustar rapidamente a mudanças e desafios, sem resistir a eles. Em vez de se prender a antigos métodos ou resistir a novas ideias, ela busca soluções e oportunidades, aproveitando as mudanças como uma forma de crescimento e aprendizado.

Exemplos práticos de proatividade incluem colaboradores que identificam possíveis obstáculos e apresentam soluções antes que se tornem problemas reais, ou aqueles que buscam feedback para melhorar constantemente seu desempenho. Um funcionário proativo identifica um problema potencial em um processo de trabalho e, em vez de esperar que se torne um obstáculo, propõe soluções e aplica melhorias antes que o problema ocorra.

Exemplo prático: Um atendente do serviço de atendimento ao cliente de uma companhia aérea, que termina seu turno às 18 horas, recebe uma ligação de um cliente às 17h50. Ele precisa remarcar sua passagem, mas a situação da reserva requer que um supervisor seja contatado para uma resolução.

Pessoa proativa: O atendente proativo, mesmo sabendo que está próximo do fim do seu turno, reconhece a importância de ajudar o cliente e tomar medidas para resolver a situação. Ele rapidamente informa ao cliente que precisa contatar um supervisor e pede que ele aguarde um momento. Em vez de simplesmente transferir a ligação para o supervisor e encerrar o turno, o atendente proativo faz um esforço adicional para encontrar uma solução. Ele envia uma mensagem para o supervisor, explicando a situação e fornecendo os detalhes do cliente. Enquanto aguarda a resposta do supervisor, o atendente aproveita o tempo para revisar as opções disponíveis para remarcação de voos e se preparar para apresentar alternativas ao cliente. Assim que recebe a resposta do supervisor, ele retorna à ligação do cliente e trabalha em conjunto com o supervisor para resolver a situação de forma satisfatória.

Pessoa passiva: O atendente passivo, ao receber a ligação do cliente próximo ao fim do seu turno, sente-se desmotivado para lidar com a situação. Ele informa ao cliente que está prestes a encerrar seu turno e que o supervisor não está disponível naquele momento. Ele sugere que o cliente ligue no dia seguinte ou entre em contato com o serviço de atendimento ao cliente em horário comercial. O atendente não faz nenhum esforço adicional para encontrar alternativas ou resolver a situação. Ele encerra a ligação e conclui seu turno, deixando o cliente sem uma solução imediata.

Nesse exemplo, a pessoa proativa mostra iniciativa e disposição para ajudar o cliente, mesmo estando no fim do turno. Ela busca soluções, envia mensagens ao supervisor e trabalha em conjunto para resolver o problema. Por outro lado, a pessoa passiva opta por não tomar medidas adicionais, transferindo a responsabilidade para o cliente e deixando a situação sem uma resolução imediata. Essa situação ilustra como a postura proativa pode fazer a diferença no atendimento ao cliente e na resolução de problemas, enquanto a postura passiva pode resultar em insatisfação do cliente e falta de soluções adequadas.

Veja outros exemplos genéricos de proatividade que podem ser aplicados em diversas situações:

- Um funcionário que identifica uma lacuna no processo de trabalho e propõe uma solução para aumentar a eficiência e reduzir erros.
- Um profissional que, antecipando uma mudança no mercado, pesquisa e apresenta uma estratégia inovadora para se manter à frente da concorrência.
- Um líder que, ao perceber um problema de comunicação na equipe, organiza treinamentos e desenvolve canais de comunicação mais eficazes.
- Um colaborador que toma a iniciativa de aprender novas habilidades relacionadas ao seu trabalho para se manter atualizado e relevante.
- Um empreendedor que identifica uma oportunidade de negócio e age prontamente para aproveitá-la, desenvolvendo um plano de ação e mobilizando recursos necessários.

Desenvolvendo a mentalidade de proatividade

A mentalidade da proatividade não se desenvolve da noite para o dia; é um processo contínuo e gradual que exige esforço e comprometimento. No entanto, os benefícios de cultivar essa mentalidade são imensuráveis, tanto na vida pessoal quanto na profissional.

Veja, a seguir, algumas sugestões e exemplos práticos para desenvolver a mentalidade da proatividade.

Conheça a si mesmo

Comece por conhecer a si mesmo, suas habilidades, interesses e valores. Compreender suas forças e áreas de desenvolvimento o ajudará a identificar oportunidades de aplicar sua proatividade de maneira mais eficaz. Como parte do autoconhecimento, é essencial identificar e reconhecer seus pontos fracos em relação à proatividade. Isso permitirá que direcione seus esforços de desenvolvimento de maneira mais eficaz. Veja algumas sugestões adicionais para identificar esses pontos fracos:

1. **Autoavaliação**: Faça uma análise honesta de suas atitudes e seus comportamentos em diferentes situações. Questione-se sobre momentos em que você poderia ter agido com mais proatividade e reflita sobre os motivos que o impediram de fazê-lo. Identifique padrões recorrentes e áreas em que tende a ser mais passivo ou reativo.
2. **Feedback de outras pessoas**: Peça feedback a colegas de trabalho, amigos ou mentores de confiança. Pergunte-lhes como eles o percebem em relação à proatividade e se eles têm alguma sugestão ou observação sobre áreas em que você poderia melhorar. Esteja aberto ao feedback construtivo e use-o como uma oportunidade de crescimento pessoal.
3. **Avaliações de desempenho**: Aproveite as avaliações de desempenho realizadas pela sua organização para obter *insights* sobre como você está demonstrando proatividade em suas atividades profissionais. Analise as áreas em que você recebeu feedback negativo ou precisa de desenvolvimento e defina metas específicas para melhorar nessas áreas.
4. **Autocrítica construtiva**: Desenvolva a capacidade de observar suas próprias ações e comportamentos de forma imparcial. Pergunte-se se você está realmente assumindo a responsabilidade por suas ações, se está agindo de forma independente e se está buscando ativamente oportunidades de melhoria. Identifique quaisquer padrões de pensamento ou crenças limitantes que possam estar dificultando sua proatividade.

Uma vez identificados seus pontos fracos em relação à proatividade, é importante lembrar que o desenvolvimento desse aspecto leva tempo e esforço.

Concentre-se em um aspecto de cada vez e defina metas realistas para melhorar gradualmente. Busque recursos, como livros, cursos ou mentorias, que possam ajudar no seu desenvolvimento pessoal nessa área. Lembre-se de que cada passo em direção à proatividade trará benefícios significativos não apenas para sua vida profissional, mas também para sua vida e realização pessoais.

Defina metas e planeje

Estabeleça metas claras e crie um plano para alcançá-las. Divida suas metas em etapas menores e crie um cronograma para acompanhamento. Assuma a responsabilidade por seu progresso e tome a iniciativa de dar os passos necessários para alcançar seus objetivos.

Antecipe desafios e oportunidades

Desenvolva a habilidade de antecipar problemas e identificar oportunidades antes que se tornem evidentes para os outros. Isso envolve estar atento ao ambiente ao seu redor, buscar informações e fazer perguntas para obter uma visão mais completa da situação.

Tome a iniciativa

Não espere instruções ou solicitações específicas para agir. Esteja disposto a assumir a liderança, propor ideias e tomar medidas independentes para resolver problemas. Mostre proatividade na busca por soluções e esteja aberto a assumir responsabilidades adicionais.

Desenvolva habilidades de comunicação

A proatividade está diretamente relacionada à capacidade de se expressar de forma clara e assertiva. Aprenda a comunicar suas ideias, opiniões e necessidades de maneira eficaz. Esteja aberto ao feedback construtivo e saiba solicitar ajuda quando necessário. Abordaremos esse tópico em mais detalhes. Sugiro a leitura de outro livro de minha autoria, dedicado exclusivamente aos desafios da comunicação: *O poder do diálogo: A arte da comunicação humana*, publicado pela Almedina.

Cultive a resiliência

A proatividade muitas vezes envolve enfrentar desafios e superar obstáculos. Desenvolva a resiliência para lidar com as dificuldades, aprender com os fracassos e persistir diante das adversidades. Veja cada obstáculo como uma oportunidade de crescimento e melhoria. Mais adiante, vamos abordar esse tema.

Aprenda com os erros

Encare os erros como oportunidades de aprendizado. Em vez de se deter sobre os fracassos, analise-os, identifique as lições que podem ser extraídas e aplique essas aprendizagens em futuras situações. Isso ajudará a aprimorar suas habilidades e abordagens proativas.

Seja curioso e aberto ao aprendizado

Cultive uma mentalidade de aprendizado contínuo. Esteja sempre disposto a adquirir novos conhecimentos, explorar novas ideias e abordagens. A curiosidade impulsiona a proatividade, pois você estará em constante busca de maneiras de melhorar e crescer.

A importância das habilidades de comunicação

Uma comunicação eficaz desempenha um papel fundamental na proatividade no ambiente de trabalho. Já mencionei esse tema no capítulo de *soft skills*, mas ele é tão importante que precisa ser mais explorado. Quando as informações são transmitidas de forma clara, direta e precisa, os colaboradores têm uma compreensão clara de suas responsabilidades e das expectativas da organização. Isso permite que eles ajam antecipadamente, identifiquem oportunidades de melhoria e tomem iniciativas para resolver problemas. Além disso, uma comunicação eficaz facilita a colaboração entre equipes e departamentos, promovendo o compartilhamento de informações e ideias. Isso cria um ambiente propício para o surgimento de soluções inovadoras e o trabalho em equipe, aumentando a proatividade no enfrentamento de desafios.

Dicas para melhorar as habilidades de comunicação

Você não se torna proativo apenas lendo ou assistindo vídeos sobre o tema. Tem de se mexer e adotar várias atitudes diariamente para que elas possam fazer parte integral de seu perfil. Essas atitudes envolvem ouvir, dominar técnicas de conversação e escrever.

- **Ouça ativamente**: Demonstre interesse genuíno pelo que os outros têm a dizer, prestando atenção e respondendo de forma adequada. Isso cria um ambiente de confiança e abertura, incentivando a troca de ideias e o engajamento proativo.
- **Seja claro e conciso**: Utilize uma linguagem simples e direta ao se comunicar, evitando ambiguidades e interpretações equivocadas. Mensagens claras facilitam a compreensão e ajudam a evitar mal-entendidos que possam levar a ações não proativas.
- **Seja assertivo**: Comunique-se de forma assertiva, expressando suas opiniões, ideias e necessidades de maneira respeitosa. Isso encoraja o diálogo aberto e a colaboração, estimulando a proatividade.
- **Use a comunicação escrita efetivamente**: Utilize e-mails, mensagens ou outras formas de comunicação escrita de maneira clara, coesa e objetiva. Evite erros de interpretação e garanta que as informações sejam compreendidas corretamente.
- **Solicite feedback**: Esteja aberto a receber feedback construtivo e busque constantemente melhorar suas habilidades de comunicação. O feedback pode ajudar a identificar pontos fortes e áreas de melhoria, permitindo que você se torne um comunicador mais eficaz.

Exemplo: Em vez de esperar que os outros forneçam todas as informações necessárias, um indivíduo proativo busca esclarecer dúvidas, compartilhar informações relevantes e estabelecer canais de comunicação eficazes com os colegas de trabalho.

- Durante uma reunião de equipe, um líder se comunica de forma clara e assertiva sobre a visão estratégica da empresa e os objetivos a serem alcançados. Isso ajuda os membros da equipe a entenderem a importância de serem proativos na busca por soluções e resultados significativos.
- Um colaborador envia um e-mail claro e direto, solicitando esclarecimentos sobre um projeto em andamento. Essa comunicação eficaz permite que ele receba as informações necessárias para avançar no projeto sem perder tempo ou recursos.
- Em uma situação de crise, um gerente de equipe comunica-se de forma clara sobre as ações a serem tomadas, os prazos e as expectativas. Isso ajuda a equipe a entender a urgência da situação e a se organizar de maneira proativa para resolver o problema.

- Durante uma negociação com um cliente, um representante de vendas comunica-se de maneira clara e assertiva, transmitindo os benefícios do produto ou serviço. Essa comunicação eficaz influencia a mentalidade do cliente, estimulando-o a agir de forma proativa na decisão de compra.

Esses exemplos ilustram como a comunicação clara e assertiva pode influenciar a mudança de mentalidade, impulsionando a proatividade tanto individualmente quanto em equipe. A comunicação eficaz cria um ambiente propício para a tomada de iniciativa, o compartilhamento de ideias e a busca por soluções proativas. Lembre-se de que o que é claro para você pode não ser para outra pessoa. Portanto, entenda quem é o destinatário da sua comunicação e fale na linguagem daquela pessoa.

Resiliência e proatividade

A resiliência é a capacidade de se adaptar, superar adversidades e se recuperar de situações desafiadoras. Ela está intrinsecamente ligada à proatividade, pois pessoas resilientes têm maior disposição para agir antecipadamente diante de problemas ou mudanças, buscando soluções e aprendizados.

A relação entre resiliência e proatividade reside no fato de que indivíduos resilientes são capazes de enfrentar desafios de forma positiva, mantendo o foco em soluções e não se deixando abater por obstáculos. Eles encaram as situações adversas como oportunidades de crescimento e desenvolvimento, assumindo a responsabilidade por suas ações e buscando ativamente formas de superar as dificuldades.

Estratégias para fortalecer a resiliência no ambiente de trabalho

Temos sempre de buscar mudanças e melhorias em nossas atitudes para que possamos suportar dificuldades e superá-las. É um processo demorado e muitas vezes doloroso, mas extremamente compensador.

Pratique a autogestão emocional

Desenvolva a habilidade de reconhecer e gerenciar suas emoções de forma saudável, evitando que elas o afetem negativamente e comprometam sua resiliência. Isso inclui aprender a lidar com o estresse, cultivar pensamentos positivos e adotar estratégias de autocuidado.

Desenvolva uma mentalidade de crescimento

Encare os desafios como oportunidades de aprendizado e crescimento pessoal e profissional. Veja os erros como parte do processo de evolução e esteja aberto a novas experiências e perspectivas.

Cultive redes de apoio

Mantenha uma rede de relacionamentos positivos e de confiança no ambiente de trabalho. Compartilhe experiências, busque orientações e apoio emocional quando necessário. Ter um sistema de suporte fortalece a resiliência diante de desafios.

Estabeleça metas realistas

Defina metas alcançáveis e divida-as em etapas menores e mais gerenciáveis. Isso ajuda a manter o foco e a motivação, evitando a sensação de sobrecarga e aumentando a capacidade de superar obstáculos.

Cultive o pensamento positivo

Desenvolva uma mentalidade positiva, focada em soluções e oportunidades. Pratique a gratidão, encontre o lado positivo das situações e enfrente os desafios com otimismo.

Invista em autodesenvolvimento: Busque constantemente o aprimoramento pessoal e profissional. Aumentar suas habilidades e conhecimentos contribui para a confiança e a resiliência, permitindo que você enfrente desafios com maior segurança.

Exemplo: Em vez de se sentir derrotado por um revés, um profissional resiliente usa a experiência como uma oportunidade de aprendizado, busca soluções alternativas e mantém uma mentalidade otimista para alcançar seus objetivos. Veja alguns casos específicos:

- Um colaborador recebe um feedback negativo porém construtivo sobre seu desempenho, reconhecendo áreas de melhoria. Em vez de se sentir desmotivado, ele utiliza essa oportunidade para aprender e desenvolver novas habilidades, demonstrando proatividade em seu autodesenvolvimento.
- Durante uma crise no mercado, uma equipe de vendas encontra dificuldades em alcançar suas metas. Em vez de se desanimarem, os membros da equipe mantêm uma mentalidade resiliente, ajustando

suas estratégias, buscando novas abordagens e adaptando-se às mudanças no ambiente de negócios.

- Um gestor de projeto enfrenta um problema imprevisto que atrasa a entrega do projeto. Em vez de entrar em pânico, ele mantém a calma, reavalia o cronograma, mobiliza recursos adicionais e lidera a equipe na busca por soluções alternativas, demonstrando resiliência e proatividade em lidar com os obstáculos.

Esses exemplos práticos ilustram como a resiliência pode ajudar a superar obstáculos e impulsionar a proatividade no ambiente de trabalho. Ao enfrentar as adversidades com resiliência, as pessoas podem encontrar soluções criativas, tomar iniciativas e agir de forma proativa, tornando-se agentes de mudança e alcançando resultados significativos.

A importância de avaliar constantemente nossa resiliência e nossos objetivos

A resiliência é uma qualidade valiosa e necessária para enfrentarmos os desafios e as dificuldades em nossa vida profissional. Ela nos permite superar obstáculos, adaptar-nos às mudanças e aprender com as adversidades. No entanto, é essencial lembrar que a resiliência não significa suportar indefinidamente um ambiente profissional insatisfatório ou prejudicial.

Viver em um estado constante de frustração e desgaste no trabalho pode ter um impacto significativo em nossa saúde mental, bem-estar emocional e qualidade de vida pessoal. Quando estamos imersos em um ambiente profissional que consome mais energia do que podemos repor, é crucial que avaliemos constantemente nossa situação e consideremos a possibilidade de uma mudança.

A resiliência não deve ser confundida com resignação ou aceitação passiva da infelicidade no trabalho. Pelo contrário, ela nos encoraja a buscar soluções e alternativas para melhorar nossa situação. Se enfrentamos dificuldades com colegas ou superiores que afetam nosso desempenho, é importante comunicar nossas preocupações e tentar encontrar soluções construtivas. No entanto, há momentos em que nossa capacidade de influenciar positivamente o ambiente de trabalho é limitada, sobretudo quando as questões estão além de nosso controle direto, como hierarquias rígidas ou a resistência a mudanças.

Nesses casos, estabelecer prazos para avaliação é uma abordagem sensata. Delinear um período em que faremos uma análise profunda de nossa satisfação e crescimento profissional pode nos ajudar a tomar decisões mais informadas sobre nossa carreira.

Avaliar constantemente nossa trajetória profissional nos permite reconhecer sinais de alerta de que nossa resiliência está sendo sobrecarregada. Sentimentos prolongados de insatisfação, desmotivação, estresse intenso ou falta de sentido no trabalho podem ser indicadores de que é hora de considerar uma mudança. No entanto, é importante lembrar que a decisão de fazer uma mudança profissional não deve ser tomada precipitadamente. É necessário um processo de reflexão cuidadoso, considerando nossos valores, habilidades, interesses e objetivos de longo prazo.

Dar-se permissão para avaliar constantemente e estabelecer prazos para considerar uma mudança profissional é uma atitude de autocuidado e respeito a si mesmo. Ignorar os sinais de que nossa resiliência está se esgotando pode levar a consequências negativas em nossa vida pessoal, como problemas de saúde mental, relacionamentos tensos e falta de motivação para desfrutar de outros aspectos da vida. Lembre-se de que cada pessoa tem seus próprios limites e necessidades. Não há uma fórmula única para determinar quando é hora de mudar de rumo profissional, mas estar atento a nossos sentimentos e níveis de satisfação é fundamental para tomar decisões conscientes e saudáveis. A resiliência é uma habilidade poderosa, mas não somos invulneráveis. Reconhecer e respeitar nossos próprios limites é um ato de cuidado pessoal que nos permite buscar uma vida profissional mais gratificante e alinhada com nossa essência. Afinal, a satisfação profissional é um pilar importante para construir uma vida pessoal equilibrada e significativa.

Durante toda minha vida profissional sempre fiz essa avaliação. Duas situações me levaram ao limite da minha resiliência, e uma avaliação me fez mudar e buscar outros desafios. Ambas aconteceram quando eu era consultor ou gerente de TI. Em uma delas, era gerente em uma empresa na área de comércio exterior, e os sistemas que estávamos desenvolvendo tinham como objetivo acelerar o processo de emissão de guias de importação e exportação. Para que o sistema funcionasse plenamente era necessário, além dos recursos técnicos como equipamentos e aplicativos, que ocorressem algumas modificações de procedimentos operacionais em três departamentos que eram parte do fluxo da informação. Um departamento dependia do outro. Em dois deles, as mudanças foram aceitas e bem-vindas. Contudo, em um deles, o diretor se recusava a alterar o fluxo de trabalho. Após inúmeras abordagens, reuniões e muito desgaste, o diretor se mantinha intransigente. Mesmo com o consenso dos demais departamentos sobre os ganhos que a empresa teria, ele se mantinha imutável. Conversando com meu superior sobre a situação e a impossibilidade de o sistema ser implantando e de que as formas para contornar a aceitação do novo processo não trariam nenhum benefício para a empresa, apenas consumiriam recursos, recebi o seguinte posicionamento do meu diretor: "Você está absolutamente correto em seus argumentos, o novo sistema vai trazer muitas vantagens sobre o que temos atualmente, mas as mudanças no departamento XXX não serão feitas. O diretor do departamento, como você sabe, é meu tio, e eu e meu pai, o CEO da empresa, não queremos entrar em confronto com ele".

Naquele momento, eu soube que naquela empresa qualquer esforço de melhoria estaria limitado às relações familiares da diretoria. O sistema que era usado causava sérios problemas e insatisfação dos clientes, referentes aos prazos de liberação das mercadorias, mas, mesmo assim, a empresa preferia manter a situação. Iniciei um processo de mudança e decidi que seria melhor procurar outros desafios. Alguns meses depois, parti. Deixei vários amigos por lá, e dois anos depois, falando com um deles, soube que a empresa fechou. Os três maiores clientes da empresa não renovaram o contrato, e sem eles ficou insustentável manter a estrutura.

Em outra situação, atuando como consultor de TI para uma rede de supermercados regional, que tinha 20 lojas na grande São Paulo, eu trabalhava na automação de vários processos. Eu lidava diretamente com os dois diretores e donos da empresa. Um deles queria mudanças e apoiava o uso da tecnologia para fazer as alterações nos processos; o outro era vítima de complacência crônica. Achava que o que estava sendo feito estava bom e funcionando. A rede crescia, ampliando o número de lojas, e era isso o que importava para ele. Contudo, o crescimento ocorria com a compra de mercados de bairro já existentes, que passavam a fazer parte da rede, e não novas lojas da própria rede. Com isso, a cada nova loja incorporada, era necessário modificar os procedimentos operacionais e logísticos para se integrarem à rede.

O diretor complacente não aceitava as modificações e por meses os problemas de distribuição e atendimento das lojas não melhoravam, pelo contrário. Alegava que os funcionários não tinham tempo para aprenderem os novos sistemas e que tínhamos de adaptar as soluções à forma como as lojas trabalhavam, até que houvesse tempo para a adaptação aos novos procedimentos. A situação era insustentável. Eu claramente expliquei que a automação estava apenas acelerando o caos existente. Um problema que ocorria ciclicamente a cada sete dias, agora acontecia a cada dois! Não se trabalhava na causa do problema. Além disso, ignoraram sistemas para redução de custos operacionais que foram propostos.

Em um momento, eu percebi que a minha frustração em ficar apenas apagando incêndios não terminaria nunca naquela situação. Conversei com a diretoria sobre os impactos negativos crescentes e disse que ficaria inviável manter a operação daquela forma. Foi o momento em que, mais uma vez, ponderei que, mesmo sendo resiliente e lidando com as minhas frustrações, a falta de perspectiva de mudanças foi determinante para que eu deixasse a empresa de uma forma consensual. Quatro anos depois, a rede de supermercados faliu.

Essas duas situações foram muito impactantes para mim, pois mostram que ser resiliente é importante, mas que avaliar se o esforço e o custo que temos em nos manter firmes vale a pena. Ser resiliente indica que somos fortes, mas saber quando mudar significa que somos sábios.

Cultivando a mentalidade de aprendizado

A mentalidade de aprendizado é fundamental para a proatividade, pois envolve a disposição e a motivação para adquirir novos conhecimentos, habilidades e perspectivas. Ao cultivarem uma mentalidade de aprendizado, as pessoas se tornam mais abertas a novas ideias, estão dispostas a experimentar e aprender com os erros e buscam constantemente o desenvolvimento pessoal e profissional. Uma mentalidade de aprendizado estimula a proatividade, pois permite que as pessoas estejam sempre em busca de melhorias e soluções inovadoras. Elas são capazes de identificar oportunidades, antecipar desafios e agir antecipadamente para alcançar resultados significativos. Além disso, a mentalidade de aprendizado promove a adaptação a mudanças, pois encoraja a busca por novos conhecimentos e habilidades que possam ser aplicados em diferentes contextos.

Estratégias para promover uma cultura de aprendizado contínuo

Estimule a curiosidade

Incentive a busca de conhecimento, encorajando as pessoas a fazer perguntas, explorar novas ideias e desafiar as suposições existentes. Crie um ambiente em que a curiosidade seja valorizada e encorajada.

Promova o compartilhamento de conhecimento

Estabeleça espaços e mecanismos para que os colaboradores possam compartilhar experiências, aprendizados e conhecimentos uns com os outros. Isso pode ser feito por meio de reuniões de compartilhamento, treinamentos internos, mentorias e plataformas digitais de colaboração.

Incentive o desenvolvimento pessoal e profissional

Apoie e forneça recursos para que os colaboradores possam investir em seu próprio desenvolvimento. Isso pode incluir programas de treinamento, workshops, cursos, acesso a materiais educacionais e incentivos para participar de conferências e eventos relevantes.

Estabeleça metas de aprendizado

Encoraje os colaboradores a estabelecer metas individuais de aprendizado e acompanhe o progresso. Isso ajuda a criar um senso de propósito e compromisso com o desenvolvimento contínuo.

Valorize o aprendizado com os erros

Crie um ambiente onde os erros sejam vistos como oportunidades de aprendizado. Incentive as pessoas a refletirem sobre suas experiências, identificarem lições aprendidas e compartilharem essas aprendizagens com os outros.

Um profissional com mentalidade de aprendizado busca feedback regularmente, participa de cursos e treinamentos relevantes para sua área e busca constantemente expandir suas habilidades para enfrentar novos desafios com confiança.

Veja alguns exemplos práticos de como a busca pelo conhecimento e desenvolvimento pessoal pode impulsionar a mentalidade proativa:

- Um profissional de marketing proativo está sempre buscando aprender sobre novas tendências e estratégias na área. Ele investe tempo em leitura, participa de webinars e conferências e se mantém atualizado com as melhores práticas do mercado. Essa busca constante pelo conhecimento permite que ele proponha ideias inovadoras e antecipe as necessidades do mercado, contribuindo para o sucesso de campanhas e projetos.

- Uma equipe de desenvolvimento de software tem uma cultura de aprendizado contínuo. Eles dedicam tempo para experimentar novas tecnologias, compartilham conhecimento em sessões internas de treinamento e incentivam a participação em cursos e workshops. Essa mentalidade de aprendizado impulsiona a proatividade, permitindo que a equipe esteja atualizada com as melhores práticas de desenvolvimento, identifica oportunidades de otimização e propõe soluções inovadoras para os desafios que enfrentam.
- Um empreendedor proativo está sempre buscando oportunidades de aprendizado e desenvolvimento pessoal. Ele lê livros sobre empreendedorismo, participa de grupos de networking, busca mentores e está sempre aberto a receber feedback construtivo. Essa mentalidade de aprendizado constante impulsiona sua proatividade, ao permitir que ele identifique lacunas de conhecimento, desenvolva novas habilidades e tome a iniciativa de aplicar mudanças em seu negócio.

Esses exemplos ilustram como a busca pelo conhecimento e o desenvolvimento pessoal podem impulsionar a mentalidade proativa. Ao investirem em aprendizado contínuo, as pessoas se tornam mais capacitadas, confiantes e preparadas para agir de forma proativa, identificar oportunidades e enfrentar desafios com sucesso.

Entrevista – Ricardo Wagner, diretor de marketing de produtos Microsoft Américas

https://br.linkedin.com/in/ricardowagner

Ramalho: Como a sua carreira e sua atual atividade lidam com o senso de urgência?

Ricardo Wagner: Eu sou economista de formação, e estou como diretor de marketing na Microsoft Américas. Trabalho com tecnologia há quase vinte e cinco anos e na Microsoft há dezessete. Sempre trabalhei na área de marketing, operações e estratégia. Sou apaixonado por tecnologia, especialmente por aquelas que empoderam pessoas, principalmente pessoas vulneráveis. Eu sou apaixonado por acessibilidade e inclusão digital para pessoas com algum tipo de deficiência.

O senso de urgência é um exercício diário de estabelecer o que é prioridade, o que é urgente e o que que é importante. É sempre trabalhar nesse exercício de escolha e renúncia. Se eu faço isso, eu deixo de fazer outra coisa, e as coisas acabam tomando proporções maiores e atrapalhando o que às vezes é importante de ser feito. Eu uso ferramentas como a matriz de Eisenhower, pois ela me traz muita visualização do que tenho de fazer. Eu tento priorizar aquilo que é importante e mitigar aquilo que é urgente. Contudo, quando estamos no dia a dia, de repente surge alguma variável inesperada e, sim, deixamos de fazer o que é importante e caímos num assunto urgente que, às vezes, não tem previsão de término e que pode levar um dia ou uma semana. Então, esse balanço é uma questão muito importante. Um dos pontos que eu aprendi na minha carreira é a efetividade da comunicação e saber pedir ou posicionar as pessoas para algum fim. Vou dar um exemplo prático. Tem alguma coisa muito urgente para acontecer e algumas pessoas têm o hábito de copiar outras pessoas num e-mail longo de uma discussão grande sobre esse assunto urgente. Isso acaba criando uma sobrecarga cognitiva para quem está recebendo e necessita entender e fazer sua própria interpretação do que é o problema e como resolver. Então, numa situação urgente, é muito importante estar muito claro sobre o que se quer, para quando se quer, quem é o responsável e o que precisa ser feito.

Então, um dos objetivos que eu tento obter é ser sucinto, direto e bem específico como um sniper (atirador de elite). Escolhendo quem é a pessoa alvo, qual é a solução, e até identificando qual é o melhor caminho para todas as pessoas serem atingidas, se é pessoalmente, se é por telefone, se é para um SMS, se é por uma chamada de um Teams, ou se é por e-mail. Existem diversos tipos de comunicação. Essas são as atitudes que me vêm à cabeça. É ser assertivo na comunicação num estado de urgência. Isso é crítico para resolver logo a questão.

Ramalho: Quando você trabalha com equipes tem de lidar com diferentes personalidades e capacidades individuais e muitas vezes não consegue ter uma equipe homogênea, alinhada. Existem discrepâncias, e algumas características que acabam interferindo no resultado final do trabalho da equipe. Como lidar com essas diferenças com o objetivo de atingir o seu plano e suas metas?

Ricardo Wagner: Eu penso em duas perspectivas: a primeira em relação à competência daquele profissional e daquela pessoa para aquela atividade. Então, essa pessoa tem a determinada competência para aquele fim, e a competência vem de conhecimento, de habilidade e de atitude. Então, quebrando a competência nessas três bases, caso essa pessoa não se comporte naquela situação com determinada competência, eu vou ao detalhe para ver se ela não é hoje competente por uma questão de conhecimento, por uma questão de habilidade ou de atitude. É como abrir a mexerica da competência em gomos para tentar ajudar essa pessoa naquilo que precisa ser melhorado.

A segunda perspectiva é mais complexa e diz respeito ao comprometimento ou não da pessoa. Ela realmente quer participar e fazer, ou não? Você tem situações de pessoas competentes sem compromisso, e o que a gente quer é uma pessoa competente com compromisso. Então, nessas situações e no time, eu tento obter esse diagnóstico para entender que tipo de atuação eu devo ter com essa equipe diversa. Se era uma questão de competência, se era uma questão de compromisso ou os dois. É interessante quando quebramos a questão de competência e vemos, às vezes, pessoas muito comprometidas e com atitude, mas sem o conhecimento e a habilidade gerando um problema. Aí você tem a pessoa engajada com aquele senso de urgência, só que ela está naquele e-mail que mencionei e atrapalhando mais do que colaborando, e de uma forma não intencional. São esses ingredientes que eu tento trazer para o dia a dia. Para cada pessoa entender seu estágio e sua situação dentro daquele projeto e ambiente de trabalho.

Ramalho: Eu tenho a percepção de que é mais fácil você lidar com problema de competência, pois isso a pessoa aprende, não é? Ela pode ser treinada. Enfim, é muito mais fácil do que os problemas com relação ao comprometimento, pois isso pode ter a ver com os valores da pessoa, e aí é muito mais complicado ocorrerem mudanças.

Ricardo Wagner: Concordo totalmente! Existe uma matriz do Simon Sinkek, em um dos livros que ele escreveu, em que ele coloca, num gráfico, a relação de como o comprometimento é derivado da confiança. Se você confia ou não confia. Então o gráfico mostra confiança em relação à habilidade ou competência. Se você tem, por exemplo, uma pessoa que é muito competente, mas não confiável, ela está em um quadrante. Se você tem uma pessoa confiável, porém não competente, ela está em outro quadrante. O resumo dele é de que é mais fácil você desenvolver competência do que a relação de confiança, e numa cultura tóxica é muito fácil identificar os tóxicos. Eles geralmente são pessoas que ninguém confia e, de certa forma, competentes, e isso já é um indício negativo, pois acabam criando um ambiente de urgência e criando situações em que as pessoas não se conectam em time. Isso acontece muito.

Ramalho: Em outra entrevista neste livro, o presidente da empresa colocou muito claramente a necessidade de desenvolver a autogerência dentro das equipes, e isso tem a ver com o comprometimento. Ele diz algo como: "Eu, como chefe, não tenho de ficar cobrando as pessoas toda hora sobre o que elas têm de fazer. Eu tenho de fazer com que elas entendam o que têm de fazer e por que pertencem àquele grupo, e que elas mesmas têm de se autogerenciar". Assim quando a equipe atinge o autogerenciamento, o entrosamento é muito maior, e o benefício final que o grupo obtém é enorme.

Ricardo Wagner: Na equipe em que conseguimos um grupo comprometido e competente, chegamos a essa situação ideal.

Ramalho: Nas pessoas, quais são as características que você percebe que minam não só o senso de urgência mas também que realmente arrastam uma equipe para baixo quanto a conseguir atingir objetivos?

Ricardo Wagner: Hoje eu tenho observado como as pessoas conjugam o verbo, como falam. Por exemplo: tem uma pessoa que fala assim: se eu pudesse, faria assim; e se isso fosse assim, aí aconteceria tal coisa. Você acaba percebendo, pela forma como a pessoa se expressa, que o inconsciente ativo é de um tempo verbal que já mostra que ela não vai fazer, que não vai acontecer. Eu acredito que muito da atitude da liderança e da gestão é conseguir perceber essas nuances e trabalhar com essas pessoas para que elas consigam elaborar um outro modelo mental de possibilidades e de verbos de ação. E aí, sim, fazer a portinha abrir para que coisas aconteçam. Então temos de trabalhar dando orientações e pedindo que uma pessoa, que já se vê no modelo mental limitado, enxergue novas possibilidades, senão as coisas ficam mais difíceis.

Ramalho: Isso é bacana. Sim, tem pessoas que, quando têm desafio à frente, enxergam primeiro todas as dificuldades, mas fazem isso para ter consciência dos problemas e efetivamente ir atrás das soluções. Por outro lado, tem algumas pessoas que eu vejo que colocam os problemas, mas simplesmente veem que os problemas são aqueles e não agem para superá-los. São apenas empecilhos e não desafios.

Ricardo Wagner: Exato. É uma relação que tem uma questão de protagonismo e vitimização, e outra que é a combinação das variáveis que são controláveis e as incontroláveis. Nessas questões, esse modelo mental de um verbo no futuro do pretérito, no modo subjuntivo, colocando assim: "Se isso acontecesse, eu teria... aconteceria...". A pessoa, sem perceber, está em um papel de vitimização apoiado em questões e variáveis que ela não controla. Então, o principal desafio é convidar essas pessoas a observar o que elas podem melhorar. Então vai estar na relação de competência, no seu conhecimento, habilidade e atitude, naquilo que ela controla e que está no escopo dela, que ela pode influenciar com protagonismo e com verbos de ação no presente.

Ramalho: Outro componente que acho importante ter no senso de urgência é a sua formação de vida, desde a infância até chegar ao momento de entrar no mercado de trabalho. Algumas famílias ajudam as crianças a absorverem o senso de urgência durante o crescimento, através de exemplos positivos; outras famílias minam esse senso por meio de acolhimento excessivo e superproteção, não dando oportunidades e, de alguma forma, criando dificuldades para que a criança possa desenvolver habilidades emocionais. Você tem alguma consideração sobre a formação e o senso de urgência?

Ricardo Wagner: O senso de urgência traz uma situação de uma rápida decisão para um momento em que você está com o tempo curto ou não tem tempo, e isso ativa, na pessoa, dois caminhos: a reação ou a resposta. Acho que, se no ambiente familiar, na escola ou no convívio, você tiver uma boa referência e perspectiva de pessoas que, mesmo em situação sob pressão saibam responder e não reagir, você tem uma tendência para ser mais efetivo numa situação de urgência ou ambiente de urgência.

A reação ativa comportamentos que, muitas vezes, você nem deseja, mas reage quimicamente. Naquela situação em que você precisa estar no melhor da sua consciência para uma tomada de decisão, para colaborar, para resolver um problema eventualmente, você está perdido reagindo sobre outras coisas que não deveria.

Ramalho: Você parametrizou bem. Tem pessoas que reagem e tem pessoas que dão uma resposta. Normalmente, a reação é naquele nível mais primitivo da estrutura cerebral, e a resposta já passou por um processo interno até ela acontecer.

Ricardo Wagner: Recentemente entrei numa nova área, em que existe um grande número de clientes comprando. Você não está nem vendendo! É aquele paraíso do ponto de vista de negócios. Com o aumento da demanda, as pessoas parecem entrar em um modo de reação.

Todo mundo correndo, parecendo um cartoon do Mauricio de Sousa mostrando o pai do Chico Bento correndo e perguntando: "O que que tá acontecendo? O que que tá acontecendo", e o Chico Bento respondendo: "Eu não sei, eu não sei, eu não sei!". Esse lado de as pessoas estarem no modo ativação de urgência, mas ninguém parando, respirando e questionando o que está acontecendo, onde é que eu atuo, o que é efetivo.

Eu não conhecia a matriz Johari Window. Ela tem uma relação bem interessante. Vou resumir: traz quatro quadrantes. O primeiro quadrante com aquilo que é sabido por você; o segundo, sabido pelos outros; o terceiro, que não é sabido por você, e o quarto que não é sabido pelos outros.

	Conhecido pelo "eu"	Não conhecido pelo "eu"
Conhecidos pelos outros	*A* *Aberta ou Arena"*	*C* *Cega*
Desconhecidos pelos outros	*O* *Oculta ou Fechada*	*D* *Desconhecida*

O que é sabido para você e não sabido pelos outros, e o que não é sabido para você nem pelos outros, é o que, acredito, gera a ansiedade e a expectativa de urgência. Ela está relacionada ao fato de as pessoas saberem o que está acontecendo ou não. E isso tem despertado muita curiosidade de minha parte. Sou eu quem não está vendo alguma coisa que alguém está vendo? Qual o motivo de as pessoas estarem com senso de urgência, me pedindo alguma coisa?

Essa análise de identificar alguma coisa que eu não estou vendo é uma primeira validação antes de ativar e sair pulando na urgência junto com a pessoa. E se é alguma coisa que é sabida por mim, eu tenho a perspectiva de falar "Olha, isso não é urgente. Isto é isso, isso é aquilo, e isso talvez seja importante e tenha uma escala. Contudo, acredito que o disparo da relação de urgência está relacionada um pouco à ideia dessa matriz. O que não é sabido gera reações químicas de ansiedade, que resultam em urgência algumas vezes desnecessárias.

Ramalho: Vivemos hoje num ambiente multitarefa. Há trinta anos, éramos monotarefa, efetivamente sequenciais e analógicos. De uma maneira geral, as coisas aconteciam uma por vez, algo impensável hoje. Você quase nunca vive uma situação em está fazendo uma única coisa no momento, e isso de certa forma impacta na qualidade do trabalho, da informação e do conhecimento. O que você vê hoje como os seus principais inimigos, os seus consumidores de tempo negativos, aqueles que realmente contribuem para minar seu desempenho profissional?

Ricardo Wagner: Eu concordo. Como todo mundo, sou bombardeado. Hoje eu vejo a atenção como uma moeda valiosa, e as táticas utilizadas em comunicação, que replicam isso em algoritmos, que replicam em cultura, e chegam às pessoas enquanto trabalham. Isso gera esse estado de atenção, e você acaba, sem perceber, sendo consumido por alguma coisa que não deveria estar sendo feita, dedicando tempo que deveria estar sendo usado em outra prioridade.

Essa questão tem me consumido muito e feito que eu perca tempo. Redes sociais têm o seu valor, mas o algoritmo não vai necessariamente sempre te dar aquilo que é melhor para você, porque existe interesse; quando vê, está assistindo ao videozinho do cachorrinho, do gatinho, e de coisas que nem percebe. São inúmeras as interações num celular que são consumidas. Eu acho que os vilões são esses dispositivos, em que tanto trabalha quanto tem ação pessoal, e sem perceber, de uma forma não consciente, acaba se envolvendo numa questão alheia que levou seu tempo embora.

Outra situação é aquele estado em que estamos meio que deixando a vida nos levar, com uma inabilidade de priorização e de uma forma responsável de dominar o tempo e fazer aqueles projetos que são importantes para nós. E isso se relaciona a várias questões profissionais e pessoais. Por exemplo, quando como alguém se compromete a fazer uma atividade em uma academia, passar mais tempo com a família.

Essa relação é um desafio para as pessoas pararem, refletirem e terem dados para decidir efetivamente que é necessária uma mudança, e adotarem uma estratégia do que fazer. Eu tenho tentado fazer algo, colocando limite de tempo nas minhas apps. Chegou ao limite, bateu esse limite, e eu tive a inacreditável sensação de que eu já havia consumido, numa manhã, o tempo que eu tinha colocado por um dia inteiro naquela aplicação. Esses limites para app acabam me ajudando; e tenho colocado objetivos semanais para as coisas que eu quero entregar, e os resultados que eu quero atingir. Uma coisa que eu aprendi com OKR (Objectives and Key Results), que usamos no mundo de negócios, eu tento aplicar para minha vida pessoal. Tem dado certo? Um pouco melhor, mas eu ainda tenho muitos projetos no meu *backlog* que ainda não consegui colocar em dia, pela minha inabilidade em conseguir priorizar no nível que eu gostaria.

Ramalho: Você nos ajudou muito e deu alguns *insights* incríveis baseados na sua experiência, vivendo na prática todas essas situações.

Exercícios para desenvolver a mentalidade da proatividade

1. **Autoavaliação: Faça uma lista das situações em que você tende a ser mais passivo ou reativo. Identifique três ações específicas que poderia adotar para ser mais proativo em cada uma dessas situações.**
2. **Feedback 360 graus: Peça feedback a colegas de trabalho, amigos e familiares sobre como eles o veem em relação à proatividade. Analise as respostas e identifique um comportamento específico que você poderia mudar para demonstrar mais proatividade.**
3. **Definição de metas: Escolha uma meta pessoal ou profissional que você deseja alcançar e elabore um plano de ação detalhado com prazos específicos. Liste as etapas necessárias para alcançar essa meta e comprometa-se a agir de forma proativa para realizá-las.**
4. **Exercício de antecipação: Identifique uma situação futura que possa representar um desafio ou uma oportunidade. Liste pelo menos cinco ações que você poderia adotar antecipadamente para se preparar a essa situação e alcançar resultados positivos.**
5. **Simulação de cenários: Imagine um cenário desafiador no trabalho ou na vida pessoal. Escreva um diálogo fictício em que você assume uma postura proativa e demonstra iniciativa na resolução do problema. Leia o diálogo em voz alta e analise como você se sente ao se imaginar agindo dessa maneira.**
6. **Plano de comunicação assertiva: Desenvolva um plano de comunicação assertiva para expressar suas opiniões, necessidades e expectativas de forma clara e respeitosa. Pratique a comunicação assertiva em situações do dia a dia, como reuniões de equipe ou conversas com amigos.**
7. **Desenvolvimento de habilidades: Identifique uma habilidade que você gostaria de desenvolver para se tornar mais proativo em sua área de**

atuação. Pesquise recursos de aprendizado, como cursos online, livros ou workshops, e reserve tempo regularmente para adquirir conhecimentos e aprimorar suas habilidades.

8. **Registro de realizações: Mantenha um diário de suas realizações proativas. Anote as ações que você adotou para resolver problemas, buscar oportunidades ou melhorar processos. Releia suas anotações regularmente para se lembrar do progresso que você está fazendo e se sentir motivado a continuar agindo de forma proativa.**
9. **Exercício de adaptação: Identifique uma mudança recente em sua vida ou no ambiente de trabalho e reflita sobre como você inicialmente reagiu a ela. Analise se sua reação foi mais passiva, reativa ou proativa. Em seguida, liste três ações que você poderia ter adotado para se adaptar melhor a essa mudança e transformá-la em uma oportunidade.**
10. **Parceria de responsabilidade: Encontre um colega de confiança que também deseje desenvolver a mentalidade da proatividade. Estabeleça uma parceria de responsabilidade com ele, em que vocês se apoiem mutuamente na busca por ações proativas. Definam metas, compartilhem progressos e ofereçam feedback construtivo um ao outro regularmente.**

Lembre-se de que desenvolver a mentalidade da proatividade é um processo contínuo.

Perguntas:

1. **A procrastinação é caracterizada por:**
   a) Agir de forma proativa e antecipada.
   b) Adiar tarefas e ações importantes.
   c) Tomar decisões assertivas e autônomas.

2. **Comportamentos defensivos incluem:**
   a) Comunicação assertiva e aberta.
   b) Aceitação de feedback construtivo.
   c) Negação de responsabilidade e justificativa de erros.

3. **Um impacto negativo da defesa no ambiente de trabalho é:**
   a) Estimular a colaboração e o trabalho em equipe.
   b) Incentivar a inovação e a criatividade.
   c) Dificultar a resolução de problemas e a tomada de decisões eficazes.

4. A comunicação desempenha um papel importante na proatividade, pois:

a) Permite adiar tarefas e ações.
b) Facilita o trabalho individual e isolado.
c) Promove a expressão de opiniões e compartilhamento de informações relevantes.

5. Uma pessoa proativa é caracterizada por:

a) Resistência à mudança e aversão a riscos.
b) Antecipação de problemas e oportunidades.
c) Dependência de instruções e orientações constantes.

6. Uma pessoa procrastinadora tende a:

a) Tomar iniciativa e agir independentemente.
b) Adiar tarefas e procrastinar decisões.
c) Expressar opiniões e compartilhar informações de forma assertiva.

7. Um exemplo de comportamento defensivo é:

a) Aceitar responsabilidade por erros cometidos.
b) Culpar outras pessoas por problemas ou falhas.
c) Procurar soluções e oportunidades em vez de resistir a mudanças.

8. O desenvolvimento da mentalidade de proatividade requer:

a) Ações imediatas e resultados instantâneos.
b) Tempo, esforço e dedicação contínuos.
c) Depender das orientações e instruções de outros.

9. Uma pessoa proativa é capaz de:

a) Agir apenas quando solicitada ou instruída.
b) Gerar ideias inovadoras para melhorar processos.
c) Depender de outros para tomar decisões.

10. A defesa no ambiente de trabalho pode resultar em:

a) Maior motivação e engajamento dos colaboradores.
b) Baixa colaboração e trabalho em equipe.
c) Aceitação e valorização da mudança.

Respostas: 1. b, 2. c, 3. c, 4. c, 5. b, 6. b, 7. b, 8. b, 9. b, 10. b.

CAPÍTULO 8

Complacência e Procrastinação uma Parceria Indesejada para o Senso de Urgência

Protelar é do maior prejuízo para a vida: arrebata-nos cada dia que se oferece a nós, rouba-nos o presente ao prometer o futuro.

Sêneca (4 - 65 a.C.)
filósofo e escritor

A COMPLACÊNCIA É UM ESTADO DE CONFORTO EXCESSIVO OU satisfação com a situação atual, acompanhado pela falta de motivação para buscar mudanças ou melhorias. Quando uma pessoa se torna complacente em sua vida pessoal ou profissional, pode ter consequências negativas significativas.

Na vida pessoal, a complacência pode levar a uma estagnação do crescimento pessoal e à falta de busca por novas experiências ou desafios. Quando alguém se contenta com a situação atual, pode deixar de lado seus sonhos e objetivos pessoais, perdendo a motivação para alcançá-los. Isso pode levar a sentimentos de arrependimento, frustração e insatisfação ao longo do tempo. Além disso, a complacência pode afetar negativamente os relacionamentos, pois a pessoa pode se tornar menos atenta às necessidades dos outros e menos disposta a investir na melhoria dessas relações.

No âmbito profissional, a complacência pode ser especialmente prejudicial. Quando uma pessoa se torna complacente em seu trabalho, ela pode perder a motivação para buscar a excelência e aprimorar suas habilidades. Isso pode levar à estagnação na carreira, à falta de progresso e à perda de oportunidades de crescimento profissional. Além disso, a complacência pode causar a diminuição da produtividade e do desempenho no trabalho, uma vez que a pessoa não se esforça para atingir metas mais desafiadoras ou buscar soluções inovadoras.

É importante estar ciente desse estado e buscar constantemente desafios, metas e oportunidades de crescimento para evitar a complacência. Os profissionais de psicologia podem ajudar as pessoas a identificarem padrões de complacência em sua vida e desenvolverem estratégias para superá-los, promovendo um maior senso de realização e satisfação pessoal e profissional.

Origens da complacência

A característica de complacência crônica pode ser influenciada por uma variedade de fatores individuais e contextuais. Algumas das causas prováveis para se desenvolver a tendência de complacência crônica incluem:

1. **Personalidade**: Algumas pessoas têm uma predisposição natural para uma personalidade mais complacente, caracterizada por um maior nível de conforto e satisfação com o *status quo*. Elas podem ter uma tendência a evitar riscos e mudanças, preferindo manter-se em sua zona de conforto. Veja o Capítulo 12, que aborda temperamento, caráter e personalidade.
2. **Medo do fracasso**: O medo do fracasso pode desempenhar um papel importante na complacência crônica. Pessoas que têm um medo intenso de falhar podem optar por evitar desafios ou situações em que possam se expor a riscos ou julgamentos negativos. Elas podem ficar satisfeitas em permanecer onde estão, pois isso evita a possibilidade de falhar.
3. **Baixa autoestima**: Indivíduos com baixa autoestima podem acreditar que não são capazes de atingir metas mais ambiciosas ou que não merecem alcançar um nível maior de sucesso. Essa falta de confiança em si mesmo pode levar à complacência crônica, à medida que evitam se desafiar e buscar oportunidades de crescimento.
4. **Falta de motivação intrínseca**: A falta de motivação intrínseca para buscar melhoria e desenvolvimento pessoal pode levar à complacência crônica. Se uma pessoa não tem um forte desejo interno de se superar ou buscar novos desafios, é mais provável que ela fique satisfeita com a situação atual e não busque mudanças significativas.

5. **Ambiente confortável:** O ambiente em que uma pessoa está inserida também pode contribuir para a complacência crônica. Se o ambiente de trabalho ou social não encoraja a busca de metas mais ambiciosas, inovação ou desenvolvimento pessoal, a pessoa pode ser influenciada a permanecer complacente e não buscar melhorias.
6. **Sucesso anterior:** O sucesso anterior pode levar à complacência crônica se a pessoa se apegar a conquistas passadas e não buscar novos desafios. Ela pode acreditar que atingiu um nível satisfatório de sucesso e, portanto, não se sentir motivada para continuar buscando melhorias.

É importante reconhecer que a complacência crônica não é uma característica fixa ou imutável. Com esforço consciente, é possível superar a complacência e buscar um crescimento pessoal e profissional contínuo. Isso pode envolver a identificação de metas claras, a busca de apoio de outras pessoas, a adoção de estratégias para enfrentar o medo do fracasso e o desenvolvimento de uma mentalidade de aprendizado constante.

O sucesso como fonte de complacência

A complacência pode surgir em níveis pessoal e profissional por diferentes motivos como vimos no tópico anterior. Um dos fatores mais curiosos é a sensação de sucesso ou conquista. Quando uma pessoa ou empresa atinge um nível de sucesso significativo, pode surgir uma falsa sensação de segurança e conforto, levando à complacência.

No âmbito pessoal, uma pessoa pode se tornar complacente após alcançar metas importantes, como obter um emprego desejado, alcançar um relacionamento estável ou atingir um nível desejado de renda. Essas conquistas podem gerar uma sensação de contentamento e fazer com que a pessoa se acomode em sua situação atual, deixando de buscar novos desafios ou oportunidades de crescimento pessoal.

No âmbito profissional, uma empresa que se estabelece como líder em seu mercado pode se tornar complacente pela falta de concorrência direta ou pela percepção de que sua posição é segura. Essa complacência pode levá-la a resistir à mudança, ignorar as tendências do mercado e não investir em inovação. Como resultado, a empresa pode perder sua participação de mercado ou ser ultrapassada por concorrentes mais ágeis e adaptáveis.

Existem vários exemplos de empresas que eram líderes em suas áreas e enfrentaram consequências negativas por causa da complacência. Um exemplo é a Kodak, que dominava o mercado de filmes fotográficos. Apesar de ter sido uma pioneira no desenvolvimento da tecnologia digital, a empresa falhou em abraçar plenamente essa nova tendência, devido à complacência com seu sucesso no mercado de filmes. Isso levou à decadência e ao eventual declínio. Aqui estão mais alguns exemplos de empresas que foram complacentes e sofreram perda de negócios:

1. **Nokia**: A Nokia foi uma das principais fabricantes de celulares do mundo, mas sua complacência em relação ao avanço da tecnologia touch screen e à popularidade dos smartphones acabou custando-lhe o mercado. A empresa demorou a adotar o sistema operacional Android e perdeu espaço para concorrentes como Apple e Samsung.
2. **BlackBerry**: Antes dos smartphones dominarem o mercado, a BlackBerry era líder no setor de telefones celulares. No entanto, a empresa ficou complacente com seu teclado físico e recursos de segurança, enquanto a concorrência se concentrava em oferecer dispositivos com telas sensíveis ao toque e uma ampla gama de aplicativos. Essa complacência levou a BlackBerry a perder sua relevância e participação de mercado.
3. **Yahoo**: Considerado no passado um dos principais motores de busca e provedores de serviços na internet, o Yahoo perdeu terreno para o Google devido à complacência em relação à melhoria contínua de seus serviços e à inovação. O Yahoo também falhou em capitalizar as oportunidades de crescimento em áreas como mídia social e publicidade online, o que acabou resultando em uma perda significativa de negócios.
4. **Blockbuster**: A Blockbuster foi uma gigante do aluguel de vídeos e DVDs, mas não conseguiu se adaptar às mudanças no mercado e à crescente popularidade dos serviços de *streaming* de vídeo. A empresa não acompanhou a transição para o formato digital e perdeu sua base de clientes para empresas como Netflix e Amazon.
5. **Google e Inteligência Artificial**. Durante a escrita deste livro, estamos passando por um exemplo em movimento da complacência. O ChatGPT se tornou um fenômeno na segunda metade de 2022 e em sua cauda vieram muitos outros aplicativos e tecnologias baseadas em Inteligência Artificial que afetaram a supremacia do Google. Não só como

ferramenta de pesquisa, mas como um assistente mais funcional para a criação de conteúdo. Vamos aguardar o resultado, mas é certo que o impacto no Google não foi pequeno.

Esses exemplos destacam a importância de permanecer alerta às mudanças no ambiente empresarial e de evitar a complacência diante do sucesso. As empresas que se tornam complacentes correm o risco de serem ultrapassadas pela concorrência e perderem sua participação de mercado. É fundamental para as empresas continuarem inovando, acompanhando as tendências do mercado e se adaptando às demandas dos clientes para evitar perdas significativas.

A empresa se torna complacente pelos seus executivos

A complacência corporativa é frequentemente resultado da complacência de seus executivos e líderes. A cultura e o comportamento dentro de uma organização são influenciados pela atitude e pelas decisões dos principais líderes. Se os executivos e gestores se tornam complacentes em relação ao desempenho, inovação, adaptação às mudanças do mercado ou ao desenvolvimento de talentos, essa mentalidade pode se espalhar para outros níveis da empresa.

Quando os líderes não incentivam ativamente uma cultura de melhoria contínua, aprendizado e busca de novos desafios, a complacência pode se tornar enraizada nos funcionários. Os colaboradores podem sentir que não há necessidade de se esforçar mais, buscar inovação ou se adaptar a novas demandas, pois veem que a liderança está satisfeita com o *status quo*.

Além disso, os líderes têm a responsabilidade de definir metas desafiadoras e incentivar o desenvolvimento profissional dos funcionários. Se os executivos não estabelecem expectativas claras de desempenho e não fornecem oportunidades de crescimento e desenvolvimento, os colaboradores podem se acomodar em suas funções atuais, sem buscar o aprimoramento de suas habilidades ou a busca por novos desafios.

O impacto negativo da complacência no senso de urgência

A complacência tem um impacto significativo no senso de urgência de uma pessoa, muitas vezes diminuindo ou enfraquecendo essa sensação de prontidão e ação imediata diante de tarefas, responsabilidades ou oportunidades. Aqui estão alguns dos principais impactos da complacência no senso de urgência:

1. **Falta de priorização**: Pessoas complacentes tendem a não dar a devida importância à priorização de tarefas urgentes. Elas podem não reconhecer a necessidade de agir rapidamente ou não sentirem a pressão para cumprir prazos apertados. Isso pode resultar em uma abordagem procrastinadora ou na subestimação dos esforços necessários para concluir as tarefas em tempo hábil.
2. **Atraso nas respostas**: A complacência pode levar a atrasos nas respostas a situações urgentes. Pessoas complacentes podem adotar uma mentalidade de "deixa para depois" e não responder prontamente a eventos ou solicitações importantes. Isso pode resultar em perda de oportunidades ou na ineficiência em lidar com problemas que requerem ação imediata.
3. **Perda de vantagem competitiva**: Em ambientes profissionais competitivos, a complacência pode levar à perda de vantagem competitiva. Se uma pessoa ou organização não reconhece a importância de agir rapidamente para se adaptar às mudanças do mercado, inovar ou buscar oportunidades, pode ser ultrapassada por concorrentes mais ágeis e proativos.
4. **Estagnação profissional**: A complacência pode levar à estagnação profissional. Pessoas que não sentem a urgência de buscar crescimento, aprimoramento de habilidades ou avanço na carreira podem ficar presas em funções ou níveis de responsabilidade inferiores por um longo período. Isso pode limitar suas oportunidades de desenvolvimento e progresso profissional.
5. **Falta de resiliência**: O senso de urgência está relacionado à capacidade de lidar com desafios e responder de forma ágil a situações em constante mudança. A complacência pode minar essa resiliência, tornando mais difícil a adaptação a novas circunstâncias, a busca de soluções rápidas ou a superação de obstáculos imprevistos.

Em suma, a complacência pode diminuir o senso de urgência de uma pessoa, afetando sua capacidade de priorizar, responder prontamente e agir de forma ágil diante de tarefas, responsabilidades ou oportunidades urgentes. Reconhecer a complacência e desenvolver um senso de urgência pode ajudar a impulsionar a produtividade, a eficiência e o sucesso tanto na vida pessoal quanto profissional.

Sintomas de complacência

Veja 15 sintomas de complacência no quadro a seguir. Será que você se identifica com alguns deles?

Sintoma de complacência	Breve descrição
Autoconfiança excessiva	Sentir-se excessivamente confiante em relação às próprias habilidades e sucesso, levando à falta de motivação para buscar melhorias ou aprimoramento.
Resistência à mudança	Sentir-se desconfortável ou resistente a mudanças, preferindo manter a situação atual, mesmo quando há oportunidades de melhoria.
Falta de motivação	Sentir falta de motivação intrínseca para se esforçar além do necessário, levando à estagnação e à falta de busca por novos desafios ou oportunidades de crescimento.
Estagnação	Ficar preso em uma rotina ou na zona de conforto, sem buscar ativamente maneiras de se desenvolver pessoal ou profissionalmente.
Falta de inovação	Não procurar constantemente maneiras de melhorar, criar ou inovar, aderindo a métodos e abordagens antigos e conhecidos.
Satisfação com o sucesso	Tornar-se satisfeito e acomodado após alcançar um nível de sucesso, resultando em falta de motivação para buscar novos desafios ou melhorias contínuas.
Falta de autocrítica	Não ser capaz de avaliar objetivamente a própria performance ou identificar áreas em que se pode melhorar.
Apego à zona de conforto	Sentir-se seguro e confortável em uma situação conhecida, evitando situações desconhecidas ou desafiadoras que possam levar ao crescimento pessoal ou profissional.
Falta de visão	Não ter uma visão clara ou aspirações de longo prazo, o que leva a uma mentalidade de curto prazo e à falta de motivação para buscar objetivos mais ambiciosos.
Descuido com feedback	Não valorizar ou aproveitar feedback construtivo, impedindo o aprendizado e a melhoria contínua.

(*continua*)

Sintoma de complacência	Breve descrição
Acomodação em tarefas	Ficar satisfeito em executar apenas as tarefas mínimas necessárias, sem se esforçar para ir além ou buscar novas responsabilidades.
Ausência de atualização	Não se manter atualizado sobre as tendências e desenvolvimentos relevantes em sua área de atuação, resultando em falta de conhecimento atualizado e habilidades obsoletas.
Falta de aspiração	Não ter metas ou aspirações significativas, o que leva à falta de direcionamento e motivação para buscar melhorias ou avançar profissionalmente.
Desinteresse por aprendizado	Não mostrar interesse em adquirir novos conhecimentos, habilidades ou experiências, levando a uma falta de crescimento pessoal e profissional.
Negligência em buscar feedback	Não buscar ativamente feedback ou perspectivas externas, perdendo oportunidades de aprendizado e desenvolvimento.

Esses são alguns dos sintomas comuns de complacência. É importante reconhecê-los para buscar o crescimento contínuo pessoal e profissional, e não cair nesse estado.

Complacência não é um defeito quando você tem objetivos definidos

Estamos abordando o tema complacência no contexto do senso de urgência, e nesse caso ela geralmente é nociva. Contudo, tenho de deixar claro que, em outros contextos, ela é uma opção que faz parte do estilo e perspectivas de vida pessoal e profissional de uma pessoa.

Não existe certo ou errado absoluto quando se trata das aspirações e dos objetivos em sua vida profissional. Cada indivíduo tem suas próprias definições de sucesso e satisfação profissional, e é importante respeitar e valorizar essas escolhas pessoais.

Para algumas pessoas, encontrar um trabalho que amam e se sentir realizadas em suas funções diárias é o que mais importa, independentemente de alcançar posições de destaque ou avançar na hierarquia corporativa. Se um designer gráfico ou um operador de máquina industrial estão felizes e satisfeitos com suas atividades e não desejam buscar progressão ou ascensão na carreira, não há nada de errado nisso.

A complacência pode ser considerada negativa quando uma pessoa se torna estagnada e deixa de buscar melhorias ou desenvolvimento pessoal, resultando em um estado de estagnação profissional e pessoal. No entanto, se uma pessoa está genuinamente satisfeita com seu trabalho e não sente necessidade de buscar mudanças, não há problema em permanecer nessa posição.

É importante lembrar que cada pessoa tem suas próprias motivações e definições de sucesso. O que é considerado uma carreira de sucesso para uma pessoa pode não ser o mesmo para outra. Portanto, é fundamental respeitar as escolhas e ambições de cada um e não julgar a complacência em si, desde que a pessoa esteja verdadeiramente satisfeita com sua situação profissional.

No caso de um designer gráfico, por exemplo, ele encontrou sua paixão na criação de designs e está feliz e realizado com seu trabalho, então não há problema em se dedicar a essa área sem buscar uma promoção ou uma posição de liderança. Se ele está constantemente aprimorando suas habilidades e se sente satisfeito em exercer sua criatividade por meio do design, então sua complacência não é negativa, pois está realizado profissionalmente com o que faz. Da mesma forma, um operador de máquina industrial pode ter encontrado satisfação em seu trabalho e se sentir valorizado por suas habilidades técnicas. Se ele encontra um senso de propósito e está feliz em operar máquinas industriais, sem aspirações de avançar para um cargo gerencial, então sua complacência também pode ser considerada positiva. Desde que esteja satisfeito com sua escolha profissional e encontre satisfação no que faz, não há necessidade de buscar uma mudança na carreira.

É importante lembrar que a complacência se torna problemática quando leva à estagnação e à falta de busca por crescimento ou desenvolvimento pessoal. No entanto, se esses profissionais estão genuinamente satisfeitos com suas atividades e não sentem a necessidade de buscar mudanças, então não é um problema. Cada pessoa tem suas próprias definições de sucesso e satisfação, e é importante respeitar e valorizar as escolhas e ambições individuais. O importante é que eles se sintam realizados e felizes em suas carreiras. A complacência pode se tornar um problema para esses profissionais se eles se recusarem a se atualizar em relação às novas tecnologias e práticas em suas áreas de atuação.

No caso do designer gráfico, por exemplo, é fundamental acompanhar as tendências e os avanços na indústria do design, incluindo o uso de novos softwares, técnicas e abordagens. Se ele se torna complacente e não busca se atualizar, pode correr o risco de ficar para trás em relação aos concorrentes e perder oportunidades profissionais. A evolução constante do design gráfico exige que o profissional esteja disposto a aprender e adotar novas ferramentas e habilidades para se manter relevante no mercado.

Da mesma forma, um operador de máquina industrial precisa estar aberto a aprender sobre novos equipamentos e tecnologias que são introduzidos ao longo do tempo. A indústria está em constante evolução, e se o operador não se atualizar, ele pode acabar ficando limitado em suas habilidades e conhecimentos, dificultando sua capacidade de lidar com equipamentos modernos e eficientes. Isso pode afetar sua produtividade e até mesmo sua empregabilidade no futuro.

Portanto, embora a complacência não seja negativa quando uma pessoa está satisfeita com seu trabalho e não busca avançar em sua carreira, é importante ressaltar que a falta de atualização e adaptação às mudanças tecnológicas pode se tornar um obstáculo. É essencial que esses profissionais estejam dispostos a aprender e se atualizar para acompanhar o ritmo das inovações em suas respectivas áreas. Dessa forma, eles podem continuar aprimorando suas habilidades e mantendo-se relevantes em um ambiente profissional em constante evolução.

Complacência x procrastinação

A complacência e a procrastinação são conceitos diferentes, embora possam estar relacionados em certos aspectos. Vamos explorar a diferença entre eles:

Complacência: A complacência refere-se a um estado de conforto excessivo ou satisfação com a situação atual, acompanhado pela falta de motivação para buscar mudanças ou melhorias. É uma atitude de contentamento que pode levar à estagnação pessoal e profissional. A pessoa complacente pode estar satisfeita com seu estado atual, mesmo que haja oportunidades de crescimento e desenvolvimento.

Procrastinação: A procrastinação, por sua vez, é o adiamento de tarefas ou atividades que precisam ser realizadas, geralmente em favor de atividades mais agradáveis ou de menor importância. É uma tendência de evitar ou postergar ações necessárias, mesmo que ela cause problemas ou estresse no futuro.

Embora a complacência possa levar à procrastinação em algumas situações, nem todo indivíduo complacente é necessariamente um procrastinador, e vice-versa. Agora, veja o quadro comparativo entre os dois conceitos, com destaque para suas diferenças.

Complacência	Procrastinação
Estar em conforto excessivo e satisfação com a situação atual.	Adiar tarefas ou atividades necessárias.
Sentir falta de motivação para buscar mudanças ou melhorias.	Evitar ou postergar ações importantes.
Pode levar à estagnação pessoal e profissional.	Pode resultar em problemas futuros ou estresse.
Sentir contentamento com o estado atual.	Preferir atividades mais agradáveis ou menos exigentes.
Pode resultar em falta de crescimento e desenvolvimento.	Pode levar a atrasos ou consequências negativas.

Agora, para ilustrar a diferença entre complacência e procrastinação, vamos considerar os seguintes exemplos.

Exemplo de perfil complacente, mas não procrastinador: Um profissional que está satisfeito com sua posição atual e não tem ambições de crescimento na carreira pode ser complacente, pois se sente confortável com seu nível atual de sucesso. No entanto, esse profissional não é necessariamente um procrastinador, pois cumpre suas responsabilidades no trabalho de forma diligente e não adia tarefas importantes, mesmo que não busque avançar na hierarquia da empresa.

Exemplo de perfil insatisfeito e procrastinador: Imagine uma pessoa que está infeliz em seu trabalho atual e sente que precisa fazer uma transição de carreira para encontrar uma ocupação que seja mais alinhada com seus interesses e paixões. Essa pessoa reconhece que a mudança é necessária para obter maior satisfação profissional. No entanto, apesar de estar consciente da necessidade de mudança, ela continua adiando a tomada de medidas concretas para buscar novas oportunidades de emprego, como atualizar seu currículo, pesquisar vagas, enviar inscrições ou procurar orientação profissional. Ela pode encontrar várias desculpas para postergar essas ações, como falta de tempo, medo do desconhecido ou a crença de que "ainda há tempo suficiente para resolver isso".

Essa pessoa está experimentando a procrastinação em relação à mudança de carreira, adiando ações que poderiam levar à melhoria de sua situação profissional. Embora esteja ciente de sua insatisfação e saiba que precisa agir, ela continua protelando, permitindo que o tempo passe sem tomar medidas efetivas para transformar seu cenário. Nesse exemplo, a pessoa não está complacente, pois reconhece a necessidade de mudança e não está satisfeita com a situação atual. No entanto, a procrastinação impede que ela tome as ações necessárias para efetivar essa mudança, resultando em uma estagnação e prolongamento de sua insatisfação profissional.

O coelho e a tartaruga

A fábula da lebre (coelho) e da tartaruga é atribuída ao grego Esopo (*c.* VI a.C.), famoso por suas histórias curtas, conhecidas como fábulas, que com frequência apresentam animais como personagens para transmitir lições morais.

Era uma vez uma lebre ou, segundo alguns, um coelho que se achava o mais rápido e esperto de todos os animais da floresta. Ele vivia se gabando de sua velocidade e zombando dos outros que eram mais lentos. Um dia, ele encontrou uma tartaruga que caminhava devagar e calmamente pelo caminho. O coelho resolveu provocar a tartaruga e disse:

– Olha só que criatura mais lerda! Você nunca vai chegar a lugar nenhum desse jeito. Por que você não anda mais rápido ou corre um pouco?

A tartaruga não se abalou com as palavras do coelho, olhou para ele e respondeu:

– Eu não preciso correr para ir onde quero. Eu prefiro ir devagar apreciando a paisagem e com segurança. Além disso, eu aposto que sou capaz de vencer você em uma corrida. Sabia?

O coelho ficou surpreso e achou muita graça no desafio da tartaruga. Ele aceitou na hora, pensando que seria uma vitória fácil e que poderia humilhar ainda mais a tartaruga. Eles combinaram o percurso da corrida, que seria de uma ponta a outra da floresta, e marcaram o dia e a hora para começar. O coelho muito convencido de sua velocidade e vitória certa espalhou a notícia para todos os cantos.

No dia da corrida, todos os animais se reuniram para assistir ao espetáculo. Alguns torciam pelo coelho, outros pela tartaruga, mas todos estavam curiosos para ver o resultado. Assim que o sinal foi dado, o coelho saiu disparado como um raio, deixando a tartaruga para trás. Ele correu tanto que logo chegou à metade do caminho. Ele olhou para trás e não viu nenhum sinal da tartaruga. Ele pensou:

– Essa tartaruga é tão lenta que nem vale a pena continuar correndo. Eu vou aproveitar para tirar um cochilo debaixo desta árvore e esperar ela passar por mim. Depois eu corro até a linha de chegada e ganho a corrida com folga.

E assim ele fez. Ele se deitou à sombra de uma árvore e adormeceu profundamente. Enquanto isso, a tartaruga continuava seu caminho, sem parar nem se distrair. Ela seguia no seu ritmo, mas com determinação e confiança. Ela passou pelo coelho adormecido sem fazer barulho e seguiu em frente.

Depois de um tempo, o coelho acordou e se espreguiçou. Ele olhou para trás e não viu a tartaruga. Ele achou que ela ainda não havia passado por ele e resolveu terminar a corrida. Ele correu o mais rápido que pôde, mas quando chegou perto da linha de chegada, ele teve uma surpresa: a tartaruga já estava lá, esperando por ele, cercada pelos animais da floresta que comemoravam o feito.

O coelho não podia acreditar no que via. Ele tinha perdido a corrida para a tartaruga! Ele ficou muito envergonhado e decepcionado consigo mesmo. A tartaruga, por outro lado, estava muito feliz e orgulhosa. Ela foi aplaudida e parabenizada por todos os animais, que admiraram sua coragem e persistência.

A fábula do coelho e da tartaruga nos ensina que nem sempre o mais rápido é o melhor, e que devemos respeitar os outros, independentemente de suas diferenças. Ela também nos mostra que, com esforço e dedicação, podemos alcançar nossos objetivos, mesmo que pareçam impossíveis.

Aplicação da fábula à complacência

A fábula do coelho e da tartaruga exemplifica claramente como a complacência pode ser prejudicial. O coelho estava tão confiante em sua velocidade e habilidade que subestimou completamente a tartaruga. Ele permitiu que sua complacência o levasse a agir de maneira descuidada, inclusive tirando um cochilo durante a corrida. Esse excesso de confiança e falta de esforço levou à sua derrota. A complacência pode fazer as pessoas subestimarem desafios, pararem de se esforçar ou pensarem que não precisam melhorar. Isso pode levá-las a perder oportunidades valiosas ou atrasar seu progresso. No caso do coelho, a complacência resultou em derrota e em uma lição humilhante. A fábula serve como um lembrete de que é importante manter a humildade, a perseverança e o esforço contínuo, mesmo quando se acredita ter uma vantagem. A complacência é uma armadilha perigosa que impede o crescimento e o sucesso. Como toda fábula, a moral da história nos incentiva a evitar a complacência e a manter um compromisso constante com nossos objetivos.

EXERCÍCIOS

Avalie o seu nível de complacência respondendo, com a sua percepção, aos itens a seguir. Seja realista e responda francamente. Para cada afirmação, avalie-se em uma escala de 1 a 5, em que:

1 - Discordo totalmente
2 - Discordo em parte
3 - Neutro / Indeciso
4 - Concordo em parte
5 - Concordo totalmente

Afirmação	Avaliação
Estou satisfeito com meu nível atual de sucesso e não sinto a necessidade de buscar mais.	
Evito sair da minha zona de conforto e prefiro manter as coisas como estão.	
Não tenho motivação para buscar mudanças ou melhorias em minha vida pessoal ou profissional.	
Acredito que não preciso me esforçar mais do que já estou fazendo.	
Sou resistente a mudanças e prefiro manter a situação atual.	
Não costumo estabelecer metas desafiadoras para mim mesmo.	
Não me preocupo em aprender novas habilidades ou adquirir novos conhecimentos.	
Não vejo necessidade de me atualizar sobre as tendências e desenvolvimentos em minha área.	

(*continua*)

Afirmação	Avaliação
Tenho dificuldade em aceitar feedback construtivo e tendo a ignorá-lo.	
Sinto-me confortável em realizar apenas as tarefas mínimas necessárias.	
Não tenho interesse em buscar novas experiências ou desafios.	
Não me preocupo em estabelecer um plano de ação para atingir meus objetivos.	
Tenho dificuldade em identificar áreas em que preciso melhorar.	
Sinto-me satisfeito com meu desempenho atual e não vejo necessidade de buscar melhorias.	
Não me preocupo em me desenvolver profissionalmente.	

Depois de avaliar cada afirmação, some os pontos e interprete seu resultado. Quanto maior o total, maior o nível de complacência identificado. Lembre-se de que essa é apenas uma autoavaliação e uma ferramenta para reflexão pessoal. Se você perceber um alto nível de complacência, pode ser útil considerar formas de se desafiar e buscar crescimento pessoal e profissional.

Aqui está uma tabela de autoavaliação para ajudar a identificar o nível de procrastinação. Para cada afirmação, avalie-se em uma escala de 1 a 5, em que:

1 - Discordo totalmente
2 - Discordo em parte
3 - Neutro / Indeciso
4 - Concordo em parte
5 - Concordo totalmente

Afirmação	Avaliação
Costumo adiar tarefas ou responsabilidades até o último momento.	
Fico facilmente distraído por atividades menos importantes quando tenho algo a ser feito.	
Tenho dificuldade em cumprir prazos estabelecidos.	
Sinto-me ansioso ou estressado ao lidar com prazos ou tarefas urgentes.	

(*continua*)

Afirmação	Avaliação
Tenho o hábito de adiar atividades que não são prazerosas ou que considero difíceis.	
Costumo subestimar o tempo necessário para concluir uma tarefa.	
Evito iniciar projetos ou tarefas complexas por medo de falhar ou não atingir expectativas.	
Sinto-me sobrecarregado(a) devido a tarefas acumuladas que não foram realizadas a tempo.	
Tendo a procrastinar em situações em que não tenho prazos rígidos.	
Tenho dificuldade em manter o foco e a disciplina para seguir um cronograma ou rotina.	
Sinto-me frustrado(a) comigo mesmo(a) quando percebo que procrastinei tarefas importantes.	
A procrastinação afeta negativamente minha produtividade e desempenho.	
Tenho dificuldade em começar uma tarefa mesmo quando sei que é importante e urgente.	
Adio atividades que exijam esforço mental ou emocional.	
A procrastinação já causou problemas ou consequências negativas em minha vida.	

Após avaliar cada afirmação, some os pontos e interprete seu resultado. Quanto maior o total, maior o nível de procrastinação identificado. Se você perceber um alto nível de procrastinação, pode ser útil desenvolver estratégias para gerenciar melhor o tempo, lidar com a procrastinação e melhorar a produtividade pessoal.

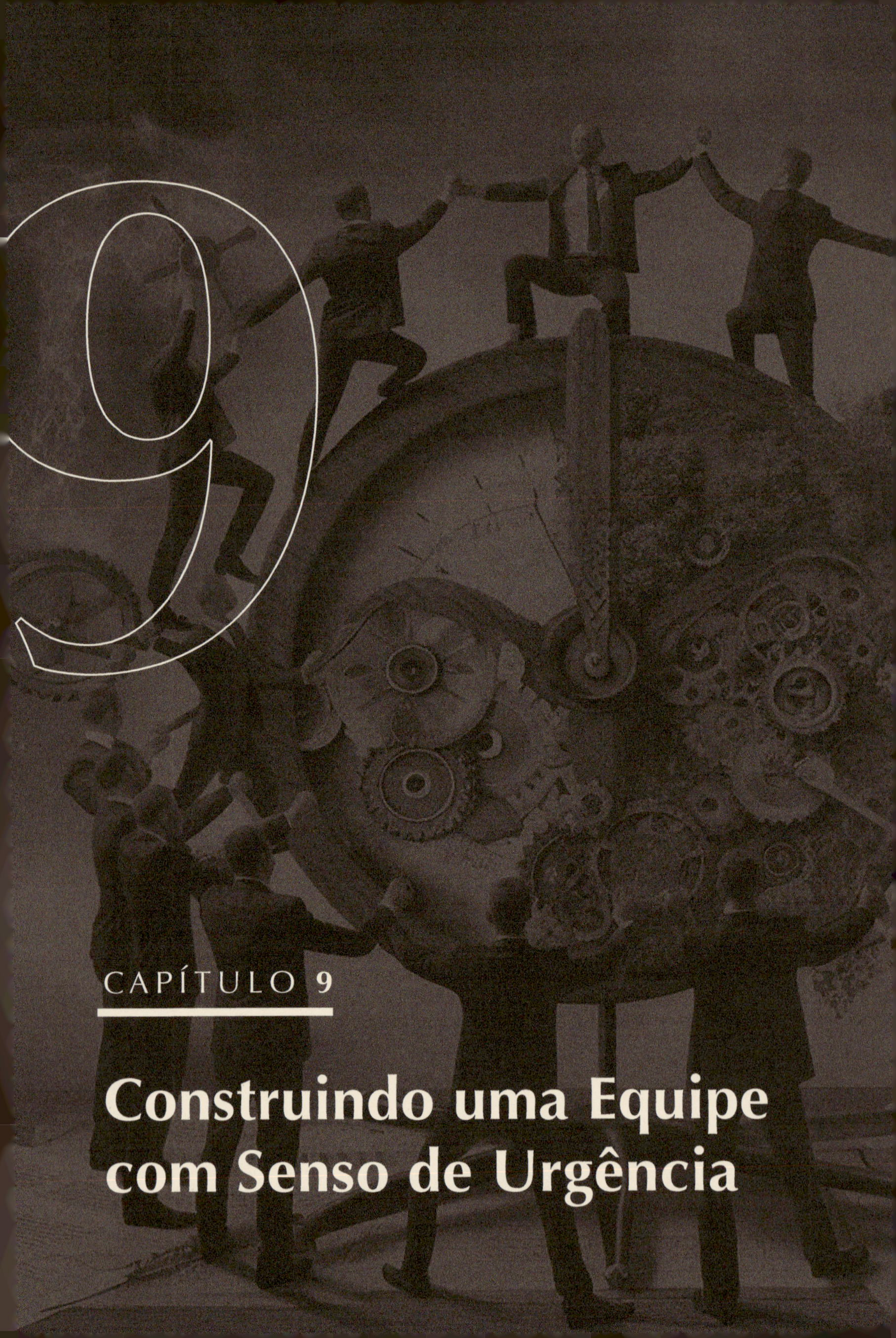

CAPÍTULO 9

Construindo uma Equipe com Senso de Urgência

Deve-se aprender a viver por toda a vida, e, por mais que tu talvez te espantes, a vida toda é um aprender a morrer.

Sêneca (4 - 65 a.C.)
filósofo e escritor

DESPERTAR O SENSO DE URGÊNCIA E PROATIVIDADE EM UMA equipe é um desafio complexo, pois envolve mudanças de comportamento e mentalidade da sua equipe e principalmente da sua mentalidade como líder. No entanto, é uma tarefa fundamental para o sucesso e o alcance de resultados positivos para a equipe e para a empresa.

Uma maneira eficaz de criar um senso de urgência na sua equipe sem desmotivá-la é abordar a situação de forma estratégica e motivadora. Ao lidar com diversos projetos e uma lista extensa de tarefas, é importante transmitir a importância de cada atividade de maneira clara e inspiradora, em vez de sobrecarregar os membros da equipe com uma sensação de pressão excessiva.

Para criar um senso de urgência produtivo, é fundamental compreender inicialmente por que essa urgência é necessária. Como líderes, não devemos apenas pressionar ou estabelecer prazos arbitrários, mas sim alcançar resultados importantes e valiosos em determinado tempo e com determinado nível de qualidade. Portanto, é crucial que compartilhemos com a equipe qual é o objetivo em jogo, tanto para nós como para eles.

Ao comunicarmos a importância da tarefa em questão, devemos fornecer o contexto histórico, explicar como ela se encaixa nas prioridades gerais e destacar as consequências positivas de sua conclusão bem-sucedida. Isso pode parecer óbvio, mas cada pessoa tem um nível de visão e entendimento diferente. É essencial investir tempo para sentar com a equipe, realizar reuniões e deixar claro qual é o objetivo real e o que está em jogo.

É importante evitar abordagens baseadas no medo, como ameaçar demissão ou perda de clientes. Uma equipe aterrorizada pode entregar algo no prazo, mas certamente verá o líder como uma pessoa dura e insensível. Em vez disso, devemos conectar a urgência com o que realmente importa para cada membro da equipe, enfatizando os aspectos positivos e as oportunidades que surgirão ao alcançar o objetivo. Isso pode envolver o crescimento pessoal deles ou o impacto positivo que a conclusão da tarefa terá nos clientes, por exemplo.

Podemos também mencionar as consequências negativas, citar exemplos de insucesso, mas sempre com a intenção de despertar o senso de urgência e não espalhar o terror para a equipe. Ao conectarmos o que precisa ser feito de maneira urgente com o que realmente importa para a equipe, evitamos desmotivar as pessoas, pois mostramos por que elas devem se importar e se envolver com a tarefa. É fundamental estabelecer essa conexão e fazer com que cada membro da equipe compreenda como sua contribuição é significativa para o resultado final.

Lembre-se de que não existe uma solução mágica, mas espero que essa aproximação inicial o ajude a pensar em como comunicar a urgência de forma mais efetiva, em vez de simplesmente dizer "faça isso o mais rápido possível".

O tempo que se gasta criando a consciência da importância dos prazos retornará pela mudança de mentalidade da equipe. Veja a mesma situação com duas abordagens diferentes.

Um chefe que utiliza abordagens positivas e motivadoras

Equipe, gostaria de compartilhar a importância de entregarmos este projeto dentro do prazo estabelecido. Além de cumprirmos nossas obrigações e responsabilidades, essa tarefa é uma oportunidade para alcançarmos resultados significativos para nós perante a empresa.

Além disso, ao entregar o projeto com sucesso, fortaleceremos nossa reputação e credibilidade junto aos clientes. Isso nos abrirá portas para novas oportunidades de negócios e crescimento. Podemos conquistar novos projetos desafiadores e, como equipe, nos desenvolvermos profissionalmente.

Ao entregarmos resultados excepcionais, demonstraremos nosso comprometimento com a excelência e a qualidade. Isso fortalecerá nossa posição na empresa e nos permitirá contribuir cada vez mais para projetos estratégicos e de maior impacto. Portanto, convido cada um de vocês a se engajar nessa tarefa com entusiasmo e dedicação. Sei que todos têm habilidades e talentos valiosos, e é por meio do trabalho em equipe que alcançaremos o sucesso. Acredito no potencial de cada um de vocês e tenho confiança de que, juntos, podemos atingir nossos objetivos.

Estou aqui para apoiá-los e garantir que tenham as ferramentas e recursos necessários para realizar um trabalho excepcional. Vamos aproveitar essa oportunidade para mostrarmos nosso valor e contribuir para o crescimento e sucesso da equipe. Sei que podemos superar os desafios, que não são poucos, e alcançar resultados extraordinários. Conto com o comprometimento e a colaboração de todos vocês.

Um chefe que lidera pelo medo e com ameaças

Equipe, escutem atentamente. Estou extremamente insatisfeito com o desempenho de vocês até agora neste projeto. Estamos muito atrasados. Se não colocarem mais esforço e dedicação imediatamente, haverá consequências graves para cada um de vocês. Não vou tolerar mais desculpas ou falta de comprometimento. Vocês têm uma última chance para provar seu valor e mostrar que merecem estar nesta equipe. Se não fizerem isso, não haverá lugar para vocês aqui. Eu espero ver resultados significativos dentro de prazos mais curtos para os próximos projetos e vocês podem se virar para compensar o atraso do projeto atual.

Não pensem que estão acima das consequências. Eu tenho o poder de influenciar o futuro de vocês nesta empresa. Mostrem-me que são capazes de cumprir as metas estabelecidas ou enfrentarão as repercussões negativas. Agora, voltem ao trabalho e me mostrem que vocês são capazes de fazer o que é necessário. Não há margem para erros ou atrasos. Estejam cientes de que estou observando cada movimento e avaliando seu desempenho de perto. Não se arrisquem a perder essa oportunidade. Mostrem-me seu valor e façam o que for necessário para atender às expectativas da empresa.

Fatores que influenciam negativamente o senso de urgência

Existem elementos que podem dificultar esse processo, assim como estratégias que podem facilitá-lo. Um dos principais elementos que dificultam despertar o senso de urgência e a proatividade em uma equipe é a resistência à mudança. As pessoas tendem a se acomodar em suas zonas de conforto e resistir a novas ideias ou abordagens. Além disso, a falta de clareza e comunicação eficaz por parte da liderança também pode criar um ambiente desmotivador, em que os colaboradores não compreendem a importância de agir com urgência.

Outro fator que dificulta é a falta de objetivos claros e metas desafiadoras. Sem metas específicas e mensuráveis, os membros da equipe podem perder o foco e a motivação para agir com urgência. Além disso, a sobrecarga de tarefas e a falta de recursos adequados podem criar um ambiente desfavorável para a proatividade, levando os colaboradores a apenas reagir aos problemas, em vez de antecipá-los.

Como líder, você precisa também considerar a individualidade de cada pessoa envolvida. Mais adiante, você encontrará um capítulo que fala como o caráter, temperamento e personalidade de um indivíduo, assim como sua criação, impactam o senso de urgência. Considere isso como algo de suma importância ao selecionar um membro para a equipe e saiba como lidar com essas diferenças.

Por outro lado, existem estratégias que podem facilitar o despertar do senso de urgência e proatividade. Uma delas é a criação de uma cultura organizacional que valorize a iniciativa e a tomada de decisão rápida. Estabelecer um ambiente de confiança, em que os colaboradores se sintam encorajados a propor ideias e soluções, pode estimular a proatividade. É essencial fornecer apoio e recursos adequados para que os colaboradores possam realizar suas tarefas de forma eficiente. Isso inclui investir em treinamentos, tecnologias e processos bem definidos que permitam o fluxo de trabalho ágil. Quando os membros da equipe se sentem capacitados e apoiados, eles são mais propensos a agir com urgência e tomar iniciativas.

Outra estratégia eficaz é estabelecer metas claras, desafiadoras e alinhadas com os objetivos da equipe e da organização. As metas SMART (específicas, mensuráveis, atingíveis, relevantes e temporais) são uma abordagem útil para definir metas que incentivam a ação com urgência. Ao estabelecer objetivos desafiadores, os membros da equipe são motivados a se superar e buscar soluções proativas. Também é importante reconhecer e recompensar o comportamento proativo e ações realizadas com senso de urgência. Isso pode ser feito por meio de elogios públicos, incentivos financeiros ou oportunidades de crescimento e desenvolvimento. O reconhecimento positivo reforça o comportamento desejado e incentiva os colaboradores a continuarem agindo com urgência.

Em resumo, despertar o senso de urgência e proatividade em uma equipe é um desafio que requer uma abordagem estratégica e contínua. É necessário superar a resistência à mudança, estabelecer metas claras, fornecer apoio e recursos. A seguir, destaco os aspectos em que devemos concentrar nossas ações.

Comunicação eficaz

A comunicação eficaz desempenha um papel fundamental na construção de uma equipe com senso de urgência. É necessário estabelecer canais de comunicação claros e transparentes para transmitir informações relevantes de forma precisa e oportuna. Isso envolve não apenas transmitir informações, mas também ouvir ativamente os membros da equipe. Um exercício útil para fortalecer a comunicação é realizar reuniões regulares de equipe, onde todos têm a oportunidade de compartilhar atualizações, discutir desafios e alinhar-se em relação aos objetivos e prazos. Além disso, é importante promover a comunicação aberta e encorajar a colaboração entre os membros da equipe, incentivando a troca de ideias e feedback construtivo. Também pode ser útil utilizar ferramentas de comunicação online, como chats ou plataformas colaborativas, para melhorar a comunicação e o compartilhamento de informações relevantes.

Definição de metas e prazos

A definição de metas claras e prazos realistas é essencial para promover o senso de urgência em uma equipe. As metas devem ser específicas, mensuráveis, alcançáveis, relevantes e com prazo determinado (SMART). Ao estabelecerem metas desafiadoras, os colaboradores são motivados a agir rapidamente e buscar soluções proativas. Um exercício prático para essa etapa é solicitar à equipe que estabeleça metas SMART para um projeto urgente. Por exemplo, em um cenário de indústria, a equipe pode estabelecer a meta de reduzir em 20% o tempo de produção de determinado produto até o final do trimestre. Para isso, é necessário definir estratégias, ações e prazos específicos para alcançar essa meta, além de revisar regularmente o progresso e fazer ajustes quando necessário.

Liderança inspiradora

Uma liderança inspiradora é fundamental para despertar o senso de urgência e proatividade em uma equipe. Os líderes devem ser exemplos de comprometimento, determinação e ação rápida. Eles devem motivar e engajar os colaboradores, demonstrando entusiasmo e fornecendo suporte necessário. Um exercício prático para essa etapa é realizar uma dinâmica de liderança, em que os líderes são desafiados a compartilhar experiências inspiradoras de superação de obstáculos e demonstrar sua paixão pela busca de resultados.

Além disso, é importante estabelecer uma comunicação aberta e transparente com a equipe, ouvindo suas preocupações, fornecendo feedback construtivo e reconhecendo suas contribuições.

Foco e priorização

A habilidade de manter o foco e priorizar tarefas é crucial para uma equipe com senso de urgência. Os membros da equipe devem ser capazes de identificar as tarefas mais importantes e concentrar seus esforços nelas. Isso envolve saber distinguir entre o urgente e o importante, evitando a dispersão e o desperdício de tempo e energia em tarefas menos relevantes. Um exercício útil é realizar uma atividade de classificação de tarefas, em que os colaboradores são solicitados a priorizar uma lista de tarefas urgentes com base em critérios estabelecidos, como impacto, prazo e recursos disponíveis. Também é importante estabelecer um sistema de gestão de tempo eficaz, com prazos claros e metas intermediárias, para que os colaboradores possam acompanhar seu progresso e garantir a conclusão oportuna das tarefas.

Reconhecimento e recompensa

O reconhecimento e a recompensa por esforços e resultados são poderosos estímulos para manter uma equipe com senso de urgência. É importante valorizar e elogiar os colaboradores por seu comprometimento, produtividade e capacidade de agir rapidamente. Um exercício prático para essa etapa é aplicar um sistema de reconhecimento, em que os membros da equipe podem reconhecer e premiar uns aos outros pelo trabalho realizado de forma urgente e eficaz. Isso pode abranger de um simples agradecimento verbal a recompensas tangíveis, como bônus ou benefícios adicionais. Além disso, é fundamental que os líderes e gestores estejam atentos e expressem seu reconhecimento de forma consistente, incentivando o senso de urgência em toda a equipe.

Cultura de aprendizagem e melhoria contínua

Uma equipe com senso de urgência deve estar aberta à aprendizagem e à melhoria contínua. Os erros devem ser encarados como oportunidades de aprendizado e os processos devem ser constantemente avaliados e aprimorados. É importante criar um ambiente seguro, em que os colaboradores se sintam à vontade para experimentar novas abordagens e compartilhar suas experiências. Um exercício útil é realizar sessões de feedback e discussões em equipe, em que os colaboradores são encorajados a compartilhar suas experiências, identificar áreas de melhoria e propor soluções para aperfeiçoar o desempenho da equipe. Além disso, é importante incentivar a busca por conhecimento e o desenvolvimento de habilidades, oferecendo treinamentos e oportunidades de crescimento profissional.

Resiliência e gestão do estresse

A resiliência e a capacidade de gerenciar o estresse são fundamentais para uma equipe com senso de urgência. Os membros da equipe devem desenvolver habilidades de resiliência, como técnicas de gerenciamento do estresse, práticas de autocuidado e busca de apoio emocional quando necessário. É importante criar um ambiente de trabalho saudável, em que os colaboradores se sintam apoiados e tenham recursos para lidar com o estresse e a pressão. Um exercício prático para essa etapa é realizar atividades de relaxamento e meditação em equipe, quando os colaboradores podem aprender técnicas para lidar com o estresse, promover o bem-estar e manter a produtividade mesmo em situações urgentes.

Limitações do cérebro em relação à multitarefa

É importante reconhecer as limitações do cérebro humano em relação à multitarefa. Embora a urgência possa levar ao desejo de realizar várias tarefas simultaneamente, ela pode levar à diminuição da produtividade e da qualidade do trabalho. Pesquisas mostram que o cérebro não é eficiente em lidar com múltiplas tarefas ao mesmo tempo, resultando em perda de foco e erros. Portanto, é fundamental conscientizar a equipe sobre a importância de priorizar e focar em uma tarefa de cada vez. Um exercício útil é realizar um workshop ou palestra sobre as limitações do cérebro em relação à multitarefa, destacando os efeitos negativos da dispersão de atenção e fornecendo estratégias para priorizar e concentrar-se em uma tarefa por vez. Isso permite que a equipe trabalhe com maior eficiência, mantendo a qualidade e evitando retrabalhos.

Em um determinado momento, podemos trabalhar em três projetos ao mesmo tempo e ter de dividir o nosso tempo entre os três visando cumprir os prazos. A pressão sempre existirá, mas com uma definição de um cronograma realístico podemos nos dedicar plenamente a cada um deles em um determinado momento, ou seja, somos multitarefas, mas fazemos melhor quando focamos em uma atividade por vez.

Vale a pena pesquisar o trabalho do neurocientista Jean-Philippe Lachaux sobre multitarefa. A questão principal é o foco e desvio da atenção. Segundo ele, conseguimos focar em apenas uma coisa de forma consciente, mesmo que estejamos fazendo outra coisa de forma inconsciente.

Segundo Jean-Philippe Lachaux, "há duas maneiras de ser multitarefa. Uma é executar duas ações simultaneamente, sendo uma delas automática. Por exemplo, dirigir ouvindo rádio ou andar de bicicleta e cantar. Agora, fazer duas coisas ao mesmo tempo que precisam de atenção, como verificar seus e-mails durante uma reunião, exige que você alterne rapidamente seu foco: ouvir o que a pessoa está dizendo e discretamente verificar suas mensagens ao mesmo tempo".[2]

---

2. Fonte: https://g1.globo.com/ciencia-e-saude/noticia/neurocientista-frances-desmonta-mito-do-multitarefa-e-explica-mecanismos-cerebrais-da-atencao.ghtml). Acesso em: 03 mar. 2024.

Duelo de titãs: Inspiração para a união, proatividade e superação

No filme *Duelo de titãs* (2001) (*Remember the Titans)*, somos transportados para os Estados Unidos da década de 1970, em meio a uma sociedade profundamente dividida pela segregação racial. O enredo gira em torno do treinador negro Herman Boone, que é escolhido para liderar um time de futebol americano após a aplicação de uma lei de integração racial.

O desafio de Boone é promover a união entre os jogadores brancos e negros, superando o racismo e construindo uma equipe coesa que possa conquistar o tão almejado título. Em um contexto histórico marcado por conflitos raciais intensos, havia uma urgência em vencer os preconceitos e minimizar os efeitos da segregação racial.

Enfrentando desconfiança, intolerância e resistência, o treinador se vê obrigado a quebrar os paradigmas impostos pelas diferenças raciais, trabalhando incansavelmente para promover a integração. Ele demonstra proatividade ao adotar medidas como o envio de todos os jogadores, independentemente de raça, para uma pré-temporada isolada em um clube de campo. Essa decisão foi crucial para criar um ambiente propício à convivência, permitindo que os jogadores iniciassem um processo de superação de preconceitos raciais e culturais.

Além disso, Boone enfrenta a difícil tarefa de superar as diferenças entre ele e seu auxiliar técnico, o antigo treinador do time. Os dois têm temperamentos e estilos de treinamento opostos, o que poderia levar à complacência ou à falta de colaboração. No entanto, o treinador mostra proatividade ao buscar a superação dessas diferenças, procurando o entendimento e estabelecendo uma relação de trabalho eficiente.

Com suas habilidades de trabalho em equipe, determinação, liderança, respeito e perfeccionismo, Boone consegue conquistar a confiança de todos. Ele incute um senso de urgência na equipe, enfatizando a importância de superar as barreiras raciais e alcançar o sucesso. Essa abordagem proativa e focada nos resultados motiva os jogadores a se comprometerem com o objetivo comum de vencer o torneio.

O filme nos apresenta importantes lições sobre liderança, trabalho em equipe e superação de obstáculos. Podemos comparar as habilidades do treinador a um líder em uma organização, que precisa ser proativo ao identificar desafios, promover a colaboração e inspirar seus colaboradores a superar as adversidades. O senso de urgência é essencial para manter todos focados e engajados na busca pelo sucesso.

Mais do que uma história esportiva, *Duelo de titãs* nos lembra da importância de reconhecer a igualdade entre todos os seres humanos, independentemente de raça, credo, condição sexual ou orientação sexual. O filme enfatiza que a diversidade é o que nos torna únicos, mas é a união em torno de um objetivo comum, com uma mentalidade proativa, que realmente impulsiona a mudança e a conquista de resultados significativos. O treinador é duro quando precisa ser, mas reconhece os esforços individuais de cada jogador. Faz ajustes para que a equipe seja proativa e está sempre disposto a ajudar.

A mensagem central é aceitar os outros como são, vencendo as barreiras do preconceito e da complacência. Devemos ser proativos em nossa própria reflexão, garantindo que nossas atitudes e nosso valores estejam alinhados com a promoção da igualdade e do respeito. Essa conscientização nos permitirá evitar qualquer forma de discriminação ou preconceito, demonstrando que o caráter e a essência do ser humano são o que realmente importa.

Direção: Boaz Yakin. **Produção**: Jerry Bruckheimer: Buena Vista Pictures. (Mais informações em: https://www.imdb.com/title/tt0210945/. Acesso em: 10 jun. 2024.)

EXERCÍCIOS

Comunicação eficaz

Exercício 1: Divida a equipe em duplas e peça a cada dupla que descreva uma situação urgente de forma clara e concisa em um tempo limitado. Após a descrição, os demais membros devem repetir o que entenderam da situação.

Este exercício ajuda a aprimorar a capacidade de comunicação e garantir que a mensagem seja compreendida corretamente.

Exercício 2: Realize um jogo de telefone sem fio em que uma mensagem urgente precisa ser transmitida de um membro para outro, em sequência. Ao final, compare a mensagem original com a mensagem recebida pelo último membro e discuta os desafios da comunicação em situações urgentes.

Exercício 3: Promova sessões de treinamento em comunicação eficaz, em que os membros da equipe pratiquem técnicas de escuta ativa, expressão clara de ideias e feedback construtivo. Inclua simulações de situações urgentes para que os participantes possam aplicar essas habilidades na prática.

Definição de metas e prazos

Exercício 1: Divida a equipe em grupos e atribua a cada grupo um projeto real ou fictício. Peça que eles estabeleçam metas SMART (específicas, mensuráveis, alcançáveis, relevantes e com prazo definido) para o projeto e apresentem essas metas à equipe. Faça uma discussão em grupo para avaliar a qualidade das metas estabelecidas.

Exercício 2: Realize um exercício de planejamento de projetos, em que cada membro da equipe deve listar todas as tarefas necessárias para concluir um projeto urgente. Em seguida, eles devem definir prazos realistas para cada tarefa, considerando a urgência do projeto. Discuta os resultados em grupo e identifique possíveis conflitos ou gargalos.

Exercício 3: Faça um jogo de simulação em que a equipe tenha de estabelecer metas e prazos para uma série de desafios ou tarefas de curto prazo. Cronometre o tempo disponível e veja como a equipe se organiza para priorizar e definir prazos. Ao final, discuta as estratégias utilizadas e o impacto da urgência na definição das metas.

Liderança inspiradora

Exercício 1: Promova uma atividade de construção de equipes em que cada membro tenha a oportunidade de liderar uma tarefa específica. Os líderes devem demonstrar habilidades de motivação, delegação e tomada de decisão rápida. Após cada liderança, faça uma sessão de feedback, destacando pontos fortes e áreas de melhoria.

Exercício 2: Realize um exercício de resolução de problemas em equipe, em que um problema urgente é apresentado e os membros da equipe são desafiados a encontrar soluções rápidas. Incentive a liderança distribuída, em que diferentes membros assumem a liderança em diferentes momentos, com base em suas habilidades e conhecimentos específicos.

Exercício 3: Promova discussões em grupo sobre exemplos de líderes inspiradores que demonstraram senso de urgência em situações desafiadoras. Peça aos membros da equipe que identifiquem características desses líderes e discutam como podem aplicar essas qualidades em sua própria liderança.

Foco e priorização

Exercício 1: Distribua uma lista de tarefas urgentes para cada membro da equipe. Peça que eles classifiquem as tarefas com base na importância e no impacto no resultado final do projeto. Em seguida, discuta as prioridades individuais e encontre um consenso em grupo sobre a sequência de execução das tarefas.

Exercício 2: Realize um jogo de *role-playing*, em que cada membro da equipe assume o papel de uma pessoa com múltiplas tarefas urgentes. Eles devem praticar a habilidade de dizer "não" ou delegar tarefas para focar nas prioridades principais. Após o jogo, promova uma discussão sobre os desafios enfrentados e as estratégias utilizadas para manter o foco.

Exercício 3: Utilize a técnica Pomodoro para ajudar a equipe a desenvolver habilidades de foco e produtividade. Peça aos membros da equipe que trabalhem em períodos de 25 minutos intensos de concentração, seguidos de uma pausa curta. Após algumas rodadas, discuta os benefícios dessa técnica e como ela pode ser aplicada em situações de urgência.

Reconhecimento e recompensa

Exercício 1: Realize sessões de reconhecimento em equipe, em que os membros são convidados a compartilhar conquistas individuais ou coletivas relacionadas a projetos urgentes. Crie um sistema de premiação, como certificados ou brindes, para reconhecer e recompensar as contribuições de destaque.

Exercício 2: Promova um exercício de apreciação mútua, em que os membros da equipe escrevem cartas de reconhecimento uns para os outros, destacando suas ações rápidas e eficazes em situações urgentes. Incentive a leitura dessas cartas em um momento de celebração da equipe.

Exercício 3: Programe um sistema de recompensa tangível, como um quadro de conquistas, em que os membros da equipe possam registrar suas realizações em projetos urgentes. Ofereça prêmios ou benefícios especiais para aqueles que alcançarem marcos significativos ou demonstrarem um alto nível de comprometimento com a urgência.

Cultura de aprendizagem e melhoria contínua

Exercício 1: Promova sessões regulares de compartilhamento de conhecimento, nas quais cada membro da equipe pode apresentar um aprendizado recente relacionado ao trabalho. Incentive a discussão e a troca de ideias entre os membros.

Exercício 2: Realize um workshop de solução de problemas em grupo. Apresente um desafio específico para a equipe resolver, incentivando o pensamento criativo e a busca de soluções inovadoras. Após a resolução, faça uma análise de como o processo de aprendizado contribuiu para a melhoria contínua.

Exercício 3: Promova a prática de feedback construtivo entre os membros da equipe. Realize sessões regulares de feedback, em que cada membro pode oferecer sugestões de melhoria para os outros. Isso ajudará a criar um ambiente de aprendizado e crescimento mútuo.

Resiliência e gestão do estresse

Exercício 1: Realize sessões de *mindfulness* ou meditação em grupo, em que os membros da equipe podem aprender técnicas de relaxamento e controle do estresse. Essas práticas podem ajudar a desenvolver resiliência e a lidar de forma mais saudável com a pressão.

Exercício 2: Promova atividades de autocuidado, como exercícios físicos em grupo ou sessões de ioga e meditação. Essas práticas ajudam a reduzir o estresse e a melhorar a saúde mental e física dos membros da equipe.

Exercício 3: Crie um sistema de suporte e encorajamento mútuo dentro da equipe. Realize sessões de compartilhamento de desafios e ofereça apoio emocional uns aos outros. Isso ajudará a construir resiliência e a enfrentar o estresse de forma coletiva.

Conscientização das limitações do cérebro em relação à multitarefa

Exercício 1: Realize um exercício de concentração em grupo, em que os membros devem executar várias tarefas simultaneamente. Após o exercício, discuta os desafios e a eficácia da multitarefa, ressaltando as limitações do cérebro nesse processo.

Exercício 2: Desafie os membros da equipe a priorizarem suas tarefas e a criar um plano de ação focado em uma tarefa de cada vez. Eles devem registrar suas experiências e compartilhar os resultados obtidos ao adotar uma abordagem mais sequencial e concentrada.

Exercício 3: Realize um debate em grupo sobre os mitos e as verdades da multitarefa. Divida a equipe em dois grupos, um defendendo a eficácia da multitarefa e o outro argumentando sobre suas limitações. Promova uma discussão saudável e embasada em evidências científicas para conscientizar sobre a importância de evitar a sobrecarga da multitarefa.

CAPÍTULO **10**

Lidando com a Pressão Externa e Expectativas Irrealistas

> # Jumentos laboriosos são mais aptos a carregar fardos do que cavalos de raça.
>
> Sêneca (4 - 65 a.C.)
> *filósofo e escritor*

NO AMBIENTE DE TRABALHO, É COMUM ENFRENTARMOS PRESSÕES externas e expectativas irrealistas que podem gerar estresse, ansiedade e prejudicar o desempenho profissional. A crescente demanda por produtividade, prazos apertados e a busca por resultados excelentes podem criar um ambiente de trabalho desafiador, onde a pressão parece sempre presente. Além disso, muitas vezes, as expectativas dos outros sobre nossas habilidades e nosso desempenho podem ser exageradas e difíceis de serem atendidas.

Saber lidar com isso é fundamental para manter o bem-estar e o equilíbrio no ambiente de trabalho. É importante reconhecer que não podemos controlar todas as circunstâncias e as expectativas dos outros, mas podemos aprender a gerenciar nossa resposta a essas pressões, estabelecendo limites saudáveis, priorizando tarefas e adotando estratégias eficazes de gerenciamento do estresse.

Neste capítulo, exploraremos tópicos para lidar com a pressão externa e as expectativas irrealistas. Abordaremos estratégias de comunicação assertiva, definição de prioridades, estabelecimento de limites saudáveis, gerenciamento do estresse, adaptação às mudanças e estabelecimento de expectativas realistas. As influências externas podem se sobrepor e ocorrer simultaneamente, resultando em um efeito cumulativo que amplifica o impacto negativo sobre os indivíduos. Essa combinação de pressões externas pode levar a um aumento significativo do estresse, da exaustão e do desgaste emocional.

Fontes de pressão externa

Através do reconhecimento dos fatores de pressão, você poderá construir uma base sólida para lidar com ela de maneira eficaz, mantendo a saúde mental, a motivação e o desempenho no trabalho. Lembre-se de que cada indivíduo é único e pode encontrar abordagens diferentes para lidar com as pressões. O objetivo é encontrar as estratégias que funcionem melhor para você e adaptá-las ao seu contexto específico.

Prazos apertados

Prazos rigorosos para concluir tarefas ou projetos podem criar uma pressão significativa. A sensação de estar correndo contra o relógio pode levar ao estresse e à perda de foco. Para lidar com essa pressão, é importante priorizar as tarefas, estabelecer um cronograma realista e buscar apoio quando necessário.

Demandas do cliente

As expectativas e demandas dos clientes são uma fonte de pressão externa, especialmente quando se trata de entregar produtos ou serviços de alta qualidade dentro do prazo. Comunicação eficaz, gerenciamento de expectativas e colaboração com os clientes podem ajudar a lidar com essa pressão e garantir a satisfação do cliente. Não espere o cliente reclamar, pois nesse ponto já foi criado algum dano à imagem da empresa ou da equipe.

Ambiente de trabalho competitivo

Em ambientes de trabalho altamente competitivos, a pressão para se destacar e superar os colegas pode ser intensa. Isso pode levar a um senso constante de urgência e a uma carga de trabalho excessiva. Em setores altamente competitivos, como vendas ou consultoria, os profissionais podem enfrentar uma competição acirrada com colegas enquanto atendem às demandas e expectativas dos clientes. Essa combinação de competição interna e pressão externa dos clientes pode resultar em uma carga de trabalho intensa e constante necessidade de demonstrar desempenho excepcional. Isso pode levar ao esgotamento e à perda de motivação. É importante estabelecer limites saudáveis, equilibrar as responsabilidades e reconhecer a importância do trabalho em equipe. Lembre-se de fazer periodicamente uma análise da sua performance comparada com a de outras pessoas da equipe e fazer ajustes que julgue necessários.

Mudanças organizacionais

Mudanças organizacionais, como reestruturações, fusões ou aquisições, podem criar incertezas e aumentar a pressão sobre os funcionários. É fundamental adaptar-se às mudanças, buscar clareza nas expectativas e oferecer suporte mútuo durante períodos de transição.

Expectativas irrealistas

Expectativas irrealistas impostas pelos superiores, colegas de trabalho ou até mesmo por si mesmo podem levar a uma pressão excessiva. É importante comunicar abertamente as limitações e buscar um diálogo construtivo para alinhar as expectativas com a realidade.

Sobrecarga de trabalho

Ter uma carga de trabalho excessiva e não ter recursos adequados pode levar ao esgotamento e comprometer a qualidade do trabalho. Nesses casos, é importante comunicar a situação, buscar apoio na delegação de tarefas e estabelecer prioridades claras.

Ambiente de alta pressão

Alguns setores ou profissões têm um ambiente intrinsecamente estressante e de alta pressão, como serviços de emergência, medicina ou finanças. Nesses casos, é crucial estabelecer uma cultura de apoio mútuo, buscar o equilíbrio entre trabalho e vida pessoal e adotar estratégias de gerenciamento do estresse.

Metas e objetivos ambiciosos

Estabelecer metas e objetivos ambiciosos pode ser motivador, mas também pode criar uma pressão significativa. É fundamental definir metas realistas, dividir grandes projetos em tarefas menores e acompanhar o progresso de forma regular. Quando uma empresa estabelece metas e objetivos ambiciosos, isso pode ser motivador, mas se combinado com uma cultura organizacional de alta pressão, pode criar um ambiente extremamente desafiador. Os funcionários podem se sentir constantemente pressionados a alcançar resultados extraordinários, o que pode levar ao estresse crônico e à sensação de estar sempre correndo contra o tempo.

Cultura organizacional

A cultura de uma organização pode influenciar a pressão que os funcionários enfrentam. Ambientes de trabalho competitivos, com ênfase excessiva nos resultados e pouca valorização do bem-estar dos colaboradores, podem aumentar a pressão. É importante criar uma cultura que valorize o equilíbrio entre trabalho e vida pessoal, o respeito mútuo e o apoio aos colaboradores.

Responsabilidades familiares

As responsabilidades familiares, como cuidar de crianças, idosos ou familiares doentes, podem adicionar uma pressão adicional aos indivíduos. Equilibrar essas responsabilidades com as demandas do trabalho pode ser desafiador. Nesses casos, é importante buscar suporte da família, amigos e empregadores e adotar estratégias de gerenciamento do tempo eficazes.

Essas são apenas algumas das muitas fontes de pressão externa que as pessoas podem enfrentar. É importante reconhecer essas fontes de pressão e desenvolver estratégias eficazes para lidar com elas, como o estabelecimento de limites, o gerenciamento do tempo, a busca de apoio e a adoção de práticas de autocuidado.

Esses exemplos ilustram como as influências externas podem se sobrepor e ocorrer simultaneamente, aumentando o efeito negativo sobre os indivíduos. É essencial que as organizações reconheçam essas pressões e adotem medidas para mitigar o estresse e promover um ambiente de trabalho saudável e equilibrado. Isso pode incluir estratégias como gerenciamento de carga de trabalho, estabelecimento de expectativas realistas, promoção do equilíbrio entre vida pessoal e profissional e apoio aos funcionários para lidar com o estresse.

EXERCÍCIOS

As perguntas a seguir podem servir como ponto de partida para uma autoavaliação mais profunda sobre como você lida com o nível de pressão externa no ambiente de trabalho. Ao refletir sobre essas questões, você pode identificar áreas de melhoria e desenvolver estratégias para lidar melhor com a pressão e o estresse em sua rotina profissional. Dependendo de suas respostas, você pode refletir sobre o custo emocional e pessoal que está sendo cobrado e se vale a pena continuar nessa situação. Muitas vezes temos de considerar uma mudança radical e deixar um ambiente tóxico, estressante, e que não nos traz satisfação ou retorno.

1. **Com que frequência você se sente sobrecarregado(a) com o volume de tarefas e prazos que precisa cumprir?**
2. **Como você reage quando enfrenta prazos apertados ou demandas urgentes no trabalho?**
3. **Quão desafiador é equilibrar suas responsabilidades profissionais com sua vida pessoal?**
4. **Você se sente pressionado(a) pela competição entre os membros da equipe?**
5. **Com que frequência você precisa lidar com clientes exigentes ou demandas que parecem inalcançáveis?**
6. **O quanto a falta de recursos humanos ou materiais afeta a sua capacidade de realizar suas tarefas de forma eficiente?**
7. **Como você lida com a pressão de entregar resultados consistentes e alcançar metas estabelecidas pela empresa?**
8. **Você percebe que suas habilidades e competências são adequadamente reconhecidas e valorizadas no ambiente de trabalho?**
9. **Quão bem você se comunica com seus colegas e superiores sobre a pressão externa que está enfrentando?**
10. **Você consegue encontrar tempo suficiente para cuidar de sua saúde física e mental enquanto trabalha sob pressão?**
11. **Você sente que a empresa oferece suporte e recursos suficientes para enfrentar os desafios e as demandas externas?**
12. **Com que frequência você se sente ansioso(a) ou estressado(a) devido à pressão no trabalho?**
13. **O quanto você acredita que a pressão externa impacta negativamente sua produtividade e seu desempenho?**

14. **Você já procurou ajuda ou orientação para lidar melhor com a pressão no ambiente de trabalho?**
15. **Como você enxerga a possibilidade de melhorar a gestão do tempo e priorização de tarefas para reduzir a pressão que enfrenta?**

Ao avaliar as perguntas relacionadas à pressão externa no trabalho, você pode realizar uma reflexão profunda sobre sua qualidade de vida e bem-estar. Lembre-se de que sua saúde física e emocional deve estar acima de tudo, pois são fundamentais para um desempenho eficaz e sustentável no ambiente profissional.

Ao analisar suas respostas, você pode identificar sinais de que a pressão externa está afetando negativamente sua qualidade de vida, e isso pode ser um indicativo para tomar medidas corretivas e promover mudanças positivas em sua carreira. Essas mudanças podem seguir duas direções:

1. **Mudanças para melhorar a qualidade de vida no seu atual emprego: Com base em suas respostas, você pode buscar alternativas para reduzir a pressão externa no ambiente de trabalho. Isso pode incluir:**
   - **Comunicar suas preocupações e necessidades à liderança e buscar soluções em conjunto.**
   - **Definir limites claros entre o trabalho e a vida pessoal, garantindo momentos de descanso e lazer.**
   - **Buscar apoio e compartilhar responsabilidades com colegas de equipe.**
   - **Aprender técnicas de gerenciamento de estresse e desenvolver habilidades de autogerenciamento.**
   - **Procurar oportunidades de desenvolvimento profissional para lidar melhor com as demandas do trabalho.**

2. **Mudanças radicais para melhor qualidade de vida: Em alguns casos, sua avaliação pode indicar que a pressão externa é insustentável e prejudicial à sua saúde física e emocional. Nesse cenário, pode ser necessário considerar mudanças mais drásticas, como:**
   - **Procurar oportunidades em outras organizações que ofereçam um ambiente de trabalho mais equilibrado e menos estressante.**
   - **Explorar a possibilidade de transição para uma carreira ou setor diferente, em que as exigências sejam mais compatíveis com o bem-estar pessoal.**
   - **Priorizar valores e interesses pessoais em detrimento de metas profissionais que possam ser incompatíveis com a qualidade de vida desejada.**

Lembre-se sempre de que buscar mudanças para melhorar sua qualidade de vida não é um sinal de fracasso, mas sim uma decisão corajosa de tentar equilibrar sua vida pessoal e profissional. Seu bem-estar é um componente essencial para alcançar a excelência em qualquer área da vida, e isso inclui sua carreira profissional.

Ao avaliar a pressão externa no trabalho e suas consequências na qualidade de vida, você estará mais consciente da necessidade de fazer mudanças positivas. Ao fazer escolhas alinhadas com seus valores e bem-estar, estará mais bem preparado para alcançar um desempenho mais satisfatório tanto para si quanto para a empresa onde atua. Lembre-se sempre de que cuidar de sua saúde física e emocional é uma responsabilidade individual e contribui diretamente para o seu sucesso pessoal e profissional a longo prazo.

CAPÍTULO **11**

Mantendo um Senso de Urgência Sustentável

Quando vires frequentemente uma toga pretexta ou um nome célebre no fórum, não o invejes: essas coisas são adquiridas ao custo da vida.

Sêneca (4 - 65 a.C.)

filósofo e escritor

AO LONGO DOS CAPÍTULOS ANTERIORES, EXPLORAMOS A importância do senso de urgência no ambiente de trabalho e como ele impulsiona a produtividade, a eficiência e o alcance de metas. No entanto, é essencial manter um senso de urgência equilibrado e saudável em longo prazo para evitar a exaustão e preservar a motivação dos colaboradores. Neste capítulo, discutiremos estratégias e orientações para manter um senso de urgência sustentável, garantindo que ele seja aplicado de forma eficaz e respeitando os limites humanos.

Comprometimento empresa x colaboradores

A importância do comprometimento da direção da empresa, gerência e colaboradores na criação de um ambiente em que o senso de urgência seja aplicado, mas que respeite os limites humanos, é fundamental para promover um equilíbrio entre produtividade e bem-estar no local de trabalho. Quando a direção da empresa e a gerência estão comprometidas em estabelecer um ambiente de trabalho saudável, elas podem definir expectativas realistas e alinhar metas e prazos de forma adequada. Isso inclui reconhecer a importância de considerar os limites humanos, como a necessidade de pausas, descanso adequado e um ambiente de trabalho livre de pressões excessivas. Ao demonstrar esse comprometimento, a direção e a gerência enviam uma mensagem clara de que valorizam o bem-estar e o desempenho sustentável de seus colaboradores.

Por sua vez, os colaboradores também desempenham um papel fundamental na criação de um ambiente equilibrado. Eles podem buscar uma comunicação aberta e honesta com seus superiores, expressando suas necessidades e limitações de forma clara. Além disso, os colaboradores podem se envolver ativamente no gerenciamento do tempo e das tarefas, estabelecendo prioridades, definindo limites saudáveis e buscando um equilíbrio entre o trabalho e a vida pessoal. Quando todos os níveis da organização estão comprometidos com a criação de um ambiente de trabalho equilibrado, o senso de urgência pode ser aplicado de forma eficaz. Isso significa que as tarefas importantes são realizadas com prontidão e eficiência, mas sem colocar em risco a saúde física e mental dos colaboradores. Esse equilíbrio é essencial para promover a produtividade, a criatividade, a motivação e a satisfação no trabalho.

Um ambiente de trabalho que respeita os limites humanos contribui para a retenção de talentos e para a construção de uma cultura organizacional

saudável. Os colaboradores se sentem valorizados, ouvidos e apoiados, o que resulta em maior engajamento, comprometimento e lealdade à empresa. Para promover esse ambiente, é importante investir em programas de desenvolvimento de liderança, comunicação, treinamentos sobre gerenciamento de tempo e estresse, além de estabelecer políticas e práticas que incentivem a flexibilidade, o equilíbrio entre trabalho e vida pessoal, e o respeito aos limites individuais.

Papéis da empresa e dos colaboradores no senso de urgência sustentável

1. **Empresa:** A empresa desempenha um papel fundamental na criação de um ambiente que incentive e apoie um senso de urgência sustentável. Alguns aspectos importantes que a empresa pode considerar incluem:
    - Definir expectativas claras: A empresa deve comunicar de forma clara as metas, os prazos e as prioridades para que os colaboradores compreendam a importância do senso de urgência.
    - Fornecer recursos adequados: É responsabilidade da empresa fornecer os recursos necessários para que os colaboradores possam realizar suas tarefas com eficiência e dentro dos prazos estabelecidos.
    - Cultivar uma cultura de apoio: Uma cultura que valorize o equilíbrio entre trabalho e vida pessoal, que encoraje o aprendizado contínuo e que promova o bem-estar dos colaboradores é essencial para manter um senso de urgência sustentável.
2. **Colaboradores:** Os colaboradores também desempenham um papel crucial na manutenção de um senso de urgência sustentável. Eles podem adotar as seguintes estratégias:
    - Gerenciamento do tempo: Os colaboradores devem desenvolver habilidades de gerenciamento do tempo, priorizando tarefas, estabelecendo prazos realistas e evitando a procrastinação.
    - Comunicação eficaz: Comunicar-se de maneira clara e assertiva é essencial para garantir que as expectativas sejam compreendidas e que os prazos sejam cumpridos.

- Autocuidado: Os colaboradores devem priorizar o autocuidado, reservando tempo para descanso, lazer e atividades que promovam o bem-estar físico e mental.

Estratégias para manter um senso de urgência sustentável

1. **Estabelecer metas claras e alcançáveis:** Definir metas específicas, mensuráveis, alcançáveis, relevantes e com prazo (metas SMART) permite que os colaboradores tenham uma visão clara do que precisa ser alcançado e ajuda a manter o foco e o senso de urgência.
2. **Priorizar tarefas de forma eficiente:** Os colaboradores devem aprender a identificar e priorizar as tarefas mais importantes e urgentes, evitando a sobrecarga e garantindo que o tempo seja dedicado ao que realmente importa.
3. **Gerenciar interrupções e distrações:** É essencial minimizar as interrupções e distrações que podem comprometer a produtividade e o senso de urgência. Isso pode incluir desligar as notificações de dispositivos eletrônicos, estabelecer períodos dedicados ao trabalho concentrado e comunicar, aos colegas, os momentos em que a interrupção deve ser evitada.
4. **Promover a colaboração e o trabalho em equipe:** Uma equipe colaborativa e coesa pode ajudar a manter um senso de urgência sustentável. Promova uma cultura de apoio mútuo, compartilhamento de conhecimento e trabalho em equipe para otimizar a eficiência e alcançar resultados de forma mais ágil.
5. **Avaliar e ajustar regularmente:** É importante realizar avaliações periódicas do progresso e dos processos de trabalho para identificar pontos de melhoria e fazer os ajustes necessários. Adapte as estratégias e abordagens de acordo com as necessidades da equipe e as demandas do ambiente de trabalho.
6. **Cultivar um ambiente de aprendizado contínuo:** Incentive os colaboradores a buscar constantemente o desenvolvimento profissional e pessoal. Ofereça oportunidades de treinamento, workshops, mentorias e compartilhamento de conhecimento para manter o engajamento e a motivação.

Manter um senso de urgência sustentável é essencial para garantir a produtividade e o sucesso a longo prazo. Ao equilibrar o senso de urgência com o bem-estar dos colaboradores, a empresa cria um ambiente saudável e motivador. Ao desempenhar seus papéis de maneira eficaz, tanto a empresa quanto os colaboradores podem aplicar estratégias como o estabelecimento de metas claras, o gerenciamento do tempo, a minimização de distrações e a promoção da colaboração.

Este quadro apresenta uma visão comparativa do papel da empresa e dos colaboradores em cada tópico promotor do senso de urgência sustentável. Ambos desempenham papéis complementares, sendo responsabilidade da empresa estabelecer as bases e fornecer o ambiente propício para o senso de urgência, enquanto os colaboradores devem se comprometer ativamente e agir em consonância com os objetivos da organização. Ao trabalharem juntos, empresa e colaboradores podem promover uma cultura de urgência sustentável, impulsionando o sucesso e a inovação.

Tópicos Promotores do Senso de Urgência Sustentável	Papel da Empresa	Papel dos Colaboradores
1. Liderança Inspiradora	A empresa deve fornecer uma visão clara e inspiradora, definindo metas desafiadoras e comunicando a importância do senso de urgência.	Os colaboradores devem abraçar a visão da empresa, compartilhar a mesma urgência e agir de acordo com ela. Eles devem se comprometer com os objetivos e buscar constantemente oportunidades de melhoria.
2. Comunicação Efetiva	A empresa deve estabelecer canais de comunicação abertos e transparentes, compartilhando informações relevantes sobre metas, desafios e progresso.	Os colaboradores devem participar ativamente da comunicação, compartilhar informações pertinentes e expressar preocupações ou sugestões que possam impactar a urgência e o sucesso da organização.
3. Autonomia e Empoderamento	A empresa deve conceder autonomia aos colaboradores, permitindo que tomem decisões e ajam com agilidade para aproveitar oportunidades ou enfrentar desafios.	Os colaboradores devem assumir a responsabilidade por suas tarefas e seus projetos, agindo com iniciativa e proatividade para impulsionar a mudança. Eles devem buscar soluções criativas e tomar decisões com base na urgência e nos melhores interesses da organização.
4. Reconhecimento e Recompensas	A empresa deve reconhecer e recompensar os esforços e resultados alinhados com a urgência sustentável, incentivando a motivação e o engajamento contínuos.	Os colaboradores devem buscar a excelência e contribuir ativamente para alcançar as metas de urgência, buscando o reconhecimento pelo trabalho bem-feito e promovendo uma cultura de reconhecimento mútuo.

(continua)

Tópicos Promotores do Senso de Urgência Sustentável	Papel da Empresa	Papel dos Colaboradores
5. Aprendizado e Melhoria Contínuos	A empresa deve fomentar uma cultura de aprendizado e melhoria contínuos, incentivando a experimentação, a análise de dados e a busca por soluções inovadoras.	Os colaboradores devem estar dispostos a aprender, adaptar-se às mudanças e buscar constantemente maneiras de aprimorar processos e resultados. Eles devem compartilhar conhecimentos e lições aprendidas para impulsionar a urgência sustentável.
6. Equilíbrio entre Resultados e Bem-Estar	A empresa deve valorizar o equilíbrio entre alcançar resultados urgentes e promover o bem-estar dos colaboradores, reconhecendo a importância de um ambiente saudável e sustentável.	Os colaboradores devem cuidar de seu bem-estar físico, emocional e mental, gerenciando o estresse e buscando um equilíbrio saudável entre a urgência dos resultados e a qualidade de vida. Eles devem comunicar suas necessidades à empresa e buscar suporte quando necessário.

Entrevista com Ricardo Kamel, presidente da HP Brasil

https://www.linkedin.com/in/ricardo-kamel-58873613/

Nesta conversa, falamos sobre senso de urgência e sobre como planejamento, diversidade, respeito e gestão das equipes são fundamentais para que objetivos sejam atingidos em mundo corporativo que não para de mudar, mas onde o respeito e as relações humanas continuam sendo fundamentais.

Ramalho: Nós estamos conversando hoje sobre senso de urgência e sobre como sua falta impacta, quase sempre de forma negativa, o resultado das empresas, das relações e dos negócios. Vamos partir de algumas premissas.

O senso de urgência, resumindo muito, é a atitude e o tempo de resposta a tarefas e ações que precisam ser tomadas para que as coisas aconteçam. A procrastinação é a falta de atitude para executar o que você sabe que tem de ser feito dentro de um prazo. A complacência é a aceitação do estado das coisas sem uma motivação para a mudança. Um exemplo é daquela empresa que defende que "em time que está ganhando não se mexe" e que algum tempo depois perde mercado, pois não se mexeu. O estado de urgência é quando algo fora do comum acontece de forma inesperada, e você tem de agir imediatamente. Um exemplo é um incêndio que você tem que apagar para depois continuar o trabalho.

Considerando isso dentro das empresas, gostaria da sua visão sobre esses temas ao longo dos anos e as mudanças ocorridas nas últimas décadas, com a passagem do mundo analógico para o digital extremamente conectado, e como essas mudanças impactaram as empresas.

Ricardo Kamel: Sobre o que você comentou, tudo está sempre ligado a um fator: planejamento. Se você não tem planejamento, uma coisa pode ser urgente, ser percebida pelo senso de urgência, e você pode procrastinar ou agir. A única coisa que vai definir o que é importante e urgente é o planejamento. Então, se você faz um planejamento e tem uma timeline, pode decidir fazer algumas coisas imediatamente, pode procrastinar outras, analisando o grau de importância e urgência. Você tem de estar focado no planejamento. Nesse processo, as pessoas sofrem quando algo que acham que é importante e urgente não está sendo feito. Eu sofro com isso, e a única maneira que me tira essa dor de consciência é se isso, dentro do planejamento, está sendo feito no tempo disponível. Porque o tempo é finito, e as necessidades e ideias são infinitas.

Você nunca vai conseguir encaixar o infinito no finito. Então, dentro do finito, eu tenho de escolher do infinito aquilo que eu vou executar. Uma linha de montagem foi planejada. Pode acontecer o que for o barulho que for, a pessoa que está na linha de montagem está executando essa tarefa. No planejamento, ocorre o mesmo. Evidentemente, você tem as intercorrências. É a intercorrência que muda o teu planejamento. Só que você sabe que tem de voltar para o planejado. Você pode sair um pouco, até postergar algumas coisas, resolver a intercorrência, mas você depois tem de voltar. E para isso é muito importante você ter bem definido o progresso do que foi planejado, porque sabe em que passo está, qual tarefa você cumpriu, quais tarefas que não cumpriu e as que tem de executar. E aí, quando você fecha um ciclo do planejamento, parte para o outro.

Ramalho: Dentro de um planejamento, você envolve colaboradores que fazem parte de uma equipe, que vão realizar aquilo que foi planejado. Cada pessoa tem características pessoais, algumas são procrastinadoras, outras são proativas, mas todas têm o mesmo objetivo, que é seguir aquele planejamento. Como lidar com pessoas que estão nos extremos dessas características e estão colaborando naquele projeto?

Ricardo Kamel: Muitas vezes, as pessoas não têm a visão clara do seu papel. Existem pessoas que conseguem entender o ambiente e ver onde que elas podem colaborar. Existem pessoas ativas, mas também as reativas, aquelas que reagem justificando: "Eu fiz o que me pediram". Somado a isso, existe a liderança do time. As características dos líderes. Vou dar um exemplo sem querer ser injusto, com nenhum deles, mas descrevendo o estilo. O Bernardinho, técnico da seleção de vôlei, nunca vai ter um jogador reativo no time. Ele rapidamente vai trocar o jogador por um que seja proativo. E tem o Felipão, que foi totalmente neutro com o time quando o Brasil perdeu de 7 a 1 na final contra a Alemanha. Se fosse o outro técnico, quando levou 2 a 1, ele teria agido, mudado a estratégia do time, tentado travar o jogo da Alemanha, mas tomou 1, 2, 3, 4 à espera do milagre. Então, eu acho que tem muito do papel do líder saber o que está acontecendo com o time e também da equipe em si. O time que quer ganhar, que quer vencer, está a toda hora tentando desempenhar o seu papel da melhor forma e analisando se o papel dele está bom.

Tem a história do campeão olímpico. Você sabe que o cara é um campeão nato no dia seguinte à medalha de ouro. O que o verdadeiro campeão faz? Continua treinando.

Mas outro competidor, que teve a sorte de ganhar, vai comemorar. O verdadeiro campeão vai treinar mais, ele já sabe o que tem de fazer. Apenas talento não é suficiente. Alguns jogadores de futebol tem um talento nato, e isso faz com que não se empenhem como deveriam. Se ele quer aproveitar o talento que tem, precisa se empenhar muito. O Neymar tem um talento nato, ele poderia ser o melhor do mundo por vários anos se focasse no contínuo aprimoramento do seu talento, mas dificilmente será o melhor em um ano. Por outro lado, conseguiu ótimos acordos financeiros. Talvez aos 40 anos ele reflita sobre sua conta bancária e os seus títulos.

Ramalho: Isso que você falou é um ótimo exemplo. O oposto disso é o Ayrton Senna, que tinha ganhado a corrida no domingo e, às 8 da manhã da segunda-feira estava com a equipe, avaliando tudo o que aconteceu e como poderia ter feito melhor.

Ricardo Kamel: Normalmente, você tenta achar onde está a falha. As empresas têm de criar um sistema de motivar os times a se autogerenciar. Um time autogerenciado é um time com responsabilidade, que passa pelos problemas unido. É muito complexo você conseguir essa maturidade.

Uma pessoa é uma trabalhadora ou ela está empregada? O empreendedor não está empregado, ele não tem direitos de CLT. Se ele não trabalhar, não vai ter dinheiro no final do mês. Então, são conceitos de reciprocidade que precisam existir.

Muitas pessoas olham muito para o que a empresa vai dar para elas, mas não pesam o que elas estão dando para a empresa. Posso falar francamente que perder um negócio para a empresa me dói como se fosse a perda de um filho. Obviamente, não quero nem imaginar perder um filho, mas é uma dor de semanas. O que foi que não deu certo? Quando você ganha um negócio, é uma prova de que está planejando certo.

Ramalho: Você quer dizer que, quando ganha um negócio, você tem a sensação do dever comprido. Tudo foi feito como devia, e o resultado foi aquele. E quando você perde o negócio, a dor é muito maior do que a alegria de ter ganhado.

Ricardo Kamel: Você não se prepara para perder. Eu não saio de casa para perder. Ninguém entra para perder. Esse ditado de que entrou para participar é legal, é uma síntese da pessoa que gosta de estar empregada, que cumpre o mínimo para o que foi contratada. No insucesso, muitas pessoas tentam jogar a responsabilidade para o planejamento da empresa, no chefe, mas isso tudo é um ecossistema.

Um cara que é muito bom jogador entra em um time que não tem planejamento; então vai chegar uma hora em que começará a falar e fazer o trabalho de um capitão. Por que tem capitão e técnico em um time? Você tem o nível de proximidade com o jogo em si. O capitão é o executor, e o técnico é o planejador. Estamos fazendo o que foi planejado, mas não está dando certo. Meu amigo, ou você corre mais ou muda a tática, a estratégia. Então, é essa percepção, essa sensibilidade de saber o que está acontecendo, é o que separa o profissional extraordinário do profissional corriqueiro. E são esses profissionais com sensibilidade e senso de urgência que fazem a diferença no time. E é muito difícil ter dentro do time todos com essa sensibilidade. Aí, o que você faz? Começa a fornecer dados para criar essa sensibilidade. Por exemplo, aqui na HP, mensuramos o *market share* semanalmente. Perdemos um ponto, na semana passada, mas ganhamos quatro pontos em relação ao mês; na semana seguinte, ganhamos três pontos. A análise imediata e ativa é a sensibilidade que permite saber se você está ganhando ou perdendo, e agir adequadamente.

Para saber se você está ganhando, tem de fazer as perguntas certas. Se você não está mensurando, não vai conseguir controlar aquilo que não sabe com exatidão. Têm de existir muitas métricas, medições para saber como está indo o planejamento e como está indo a sua evolução. Qual a missão de uma empresa que está com 70% do mercado? Atingir 75%, depois aumentar, rentabilidade. Não pode haver uma meta na qual você fica voando em céu de brigadeiro o tempo inteiro, sem turbulências.

Ramalho: Aí entra a complacência, não é? A empresa não se contentar que está com 70%. Porque, senão alguém vai conseguir achar uma solução para tirar os 70% dela.

Ricardo Kamel: A concorrência está acordando todo dia. O mercado está acordando todo dia. A pior coisa que se pode fazer é menosprezar um concorrente. Às vezes, no futebol, você vê um time de elite perder para o lanterna do campeonato, "entrou de salto alto". Então, é difícil você entrar com a faca nos dentes todo dia, é importante também manter um equilíbrio.

Tem horas que a procrastinação é aceitável. Uma máquina não pode andar a 5 mil RPM o tempo inteiro. Ela tem de ser desacelerada para se manter funcionando.

Ramalho: Você falou num ponto importante, que abordo no livro: manter um senso de urgência sustentável. Senão, você fica nos 5 mil RPM mais do que deve, e uma hora vai pifar alguma coisa, não é? Então, você tem de avançar e recuar um pouco para se recarregar também.

Ricardo Kamel: Eu acho que os times devem ter momentos de descontração e comemoração. Têm de existir momentos do time de não fazer nada em equipe, ou fazer algo muito legal em equipe. Você, como empresa, não pode entregar uma pessoa acabada, exaurida para a família no final de semana. O que sobrou desse profissional para a sua família? O pior dele.

Isso é um desafio que as empresas têm, e é muito difícil atingir. Temos de ter a ciência de procurar fazer isso e a consciência de procurar melhorar. Procuramos criar atividades que unam as equipes da empresa em torno de um objetivo que seja prazeroso e reconfortante. Um exemplo foi a ação de voluntariado que fizemos com uma ONG. Lá não pensávamos em métricas ou *market share*, o que uniu as pessoas em torno de algo maior é ser um ser humano. Nós tínhamos o objetivo de montar 500 cestas básicas, e a empolgação dos colaboradores foi tão incrível que atingimos 1.388. Esse evento ocorreu numa sexta-feira, e as pessoas chegaram à empresa na segunda-feira levitando ainda. Como empresa, temos de pensar em como fazer essas conexões.

Ramalho: O autogerenciamento das equipes. Você tem de transmitir às pessoas que não é o chefe que tem de ficar cobrando todo mundo. Todo mundo tem de ficar cobrando o resultado para que ele apareça, e esse lado de ligar a parte emocional das pessoas, de conectar as pessoas com os objetivos da empresa é muito difícil.

Conheço o caso de uma empresa que resolveu pagar um plano de academia para os funcionários no mesmo prédio da sede. Quando um dos líderes quis organizar um horário para concentrar os colaboradores, se surpreendeu com algumas respostas do tipo: "Eu já trabalho o dia inteiro com você, e ainda tenho de fazer a academia com você?". Você vê que aquela pessoa não tem o espírito que se espera de alguém que quer trabalhar realmente em equipe e com um comprometimento comum. É o perfil do antigo funcionário batedor de ponto. Eu trabalho das 8 às 18, e depois tenho a minha vida. É isso o que você vê.

Ricardo Kamel: É, você não necessariamente vai ter o teu melhor amigo trabalhando com você. Agora, o cara que trabalha com você pode ser também o teu melhor amigo. Então, você cria as relações. Você está muito mais tempo com as pessoas da empresa do que com as pessoas da sua família durante semana. Tem a questão da empatia e das afinidades.

Aqui na empresa, nós temos grupos de afinidades, que é o Business Impact Network (BIN). Então, são os grupos de BINs, como o de jovens, raça, mulheres, LGBTQ+, que discutem a melhor forma de comunicação com eles. Contudo, em vez de criarmos mensagens específicas para cada grupo, decidimos criar um conselho dos BINs para que toda a comunicação seja igual e para que um apoie o outro.

"A afinidade é o que nós aproxima, as diferenças nos transformam." Normalmente falamos sobre a diferença entre diversidade e inclusão. Diversidade é quando você é convidado para um baile; e a inclusão é quando você é convidado para dançar. Poxa, quantas pessoas, quantas oportunidades, quantos times poderíamos ter transformado se focássemos um pouquinho mais em atenção e menos em força. Isso é uma das coisas que hoje me cobro bastante, mas, ao mesmo tempo, às vezes, por falta de força, se faz uma procrastinação de uma ação. Temos de repensar tudo. Há coisas que a gente já sabe que não dá mais para aceitar e coisas que podemos pegar das experiências dos cabelos brancos, dos que sobraram, não é? Para ir dosando: O que tem de fazer? Como transformar? A transformação vem daí. E, obviamente, quando você fala em senso de urgência, uma das coisas que posso afirmar é que times diversos, equitativos em número de homens e mulheres, também de diversidades e pensamentos, são muito mais autogerenciáveis do que grupos similares, de uma coisa só.

Por quê? Às vezes, quando você tem um grupo que pensa muito igual, se tiver uma diversidade, o grupo para. Se você tem um grupo com diversos pontos de vista, e se tiver uma diversidade, um do grupo salta e fala: "Espera aí! Isso aqui a gente faz assim, ou isso aqui não vamos aceitar". Uma é a visão de sindicato; a outra, a visão de um time.

Ramalho: Nossa, isso é muito bacana, muito bacana. E, principalmente, mesmo as grandes empresas, às vezes, tentam mudar, mas ainda pecam. Por exemplo, a Dove teve uma campanha maravilhosa há uns anos. Ela punha uma pessoa falando para um artista forense, que faz retratos falados, que fazia o retrato baseado na autodescrição dela. Mas o artista não via a pessoa, tinha uma barreira entre eles. Então, a pessoa se descrevia, e o artista fazia o retrato. Depois alguém que havia estado com aquela pessoa a descrevia para o artista. Depois os dois retratos, o da autodescrição e o descrito por outra pessoa, eram exibidos para a retratada. E o resultado, quando a pessoa via, era emocionante, quase sempre o retrato baseado na descrição da outra pessoa era muito mais realista e compatível com a imagem dela, e aquilo fazia a pessoa rever sua autoimagem.

Recentemente, a Dove lançou uma campanha da axila, sobre o desodorante com creme hidratante, com pessoas de diferentes tipos físicos e diversidade, mostrando suas axilas. E a mensagem, numa das frases, declarava: "Se padrões de beleza não toleram a diversidade, nós não toleramos padrões."

Ricardo Kamel: Então, está sendo igual.

Ramalho: Você entendeu. A campanha começou com o espírito legal, que é mostrar a diversidade de corpos, de pele, só que a mensagem que tem ali no meio "se você não aceita a diversidade, a gente também não te aceita" continua o nós e eles. Isso que você estava falando é o contrário. Não tem de ter mais nós e eles. É só nós do jeito que somos. Era uma ótima oportunidade para a campanha convidar "eles" a se juntarem a "nós" para repensarem essa questão de padrão.

Ricardo Kamel: E como você falou anteriormente, envolver o respeito. O respeito é aquilo que faz o *link* entre as pessoas. Então, é bem legal, se você pensa assim, ótimo, você respeita como eu penso, e vamos vivendo juntos.

O ponto importante dentro dos times é ter bem claro que valor não se negocia, e que ética está acima de atingir um número. Porque a empresa que não tem ética nem valor pode atingir sucesso uma vez, mas sempre está fadada ao fracasso.

Ramalho: Ricardo, que oportunidade os leitores tiveram com a sua experiência! Muito obrigado por compartilhar esses ensinamentos que só a prática pode nos trazer.

EXERCÍCIOS

Exercícios para promover a cultura do senso de urgência sustentável:

1. **Exercício de autoavaliação: Avalie sua própria atitude em relação ao senso de urgência. Identifique áreas onde você pode melhorar e estabeleça**

metas para desenvolver um senso de urgência sustentável em sua vida profissional e pessoal.

2. Análise de obstáculos: Identifique os principais obstáculos que impedem o senso de urgência sustentável em sua organização. Liste esses obstáculos e desenvolva estratégias para superá-los.
3. Dinâmica de equipe: Realize uma dinâmica em equipe para incentivar a discussão sobre a importância do senso de urgência sustentável. Peça aos membros da equipe que compartilhem exemplos de situações em que o senso de urgência foi eficaz e discutam como podem aplicá-lo em seu trabalho diário.
4. Estudo de caso: Analise um estudo de caso de uma empresa que implementou com sucesso o senso de urgência sustentável. Discuta as estratégias utilizadas e as lições aprendidas. Em seguida, peça aos participantes que identifiquem maneiras de aplicar essas estratégias em sua própria organização.
5. Simulação de situações de urgência: Crie simulações de situações de urgência em que os participantes precisam trabalhar em equipe para resolver problemas rapidamente. Isso ajudará a desenvolver habilidades de tomada de decisão rápida e a criação de um senso de urgência coletivo.
6. *Brainstorming* de ideias: Realize uma sessão de *brainstorming* com a equipe para gerar ideias sobre como promover o senso de urgência sustentável. Encoraje todos os participantes a contribuir com suas sugestões e avalie a viabilidade e impacto de cada ideia.
7. Plano de ação individual: Peça aos participantes que desenvolvam um plano de ação individual para promover o senso de urgência sustentável em seu trabalho. Eles devem identificar as ações específicas que tomarão, os prazos para cada ação e como medirão o progresso.
8. Avaliação periódica: Realize avaliações periódicas para monitorar o progresso na aplicação do senso de urgência sustentável. Reúna-se com a equipe para discutir os resultados, identificar desafios e ajustar as estratégias, se necessário.
9. Reconhecimento e recompensa: Estabeleça um sistema de reconhecimento e recompensa para aqueles que demonstram um senso de urgência sustentável em seu trabalho. Isso incentivará os colaboradores a se esforçarem mais e a manterem o foco na excelência e na agilidade.
10. Treinamento e capacitação: Ofereça treinamento e capacitação sobre o senso de urgência sustentável. Ensine habilidades de gerenciamento de tempo, tomada de decisão rápida e priorização de tarefas para ajudar os colaboradores a lidar com prazos apertados e demandas urgentes de forma eficaz.

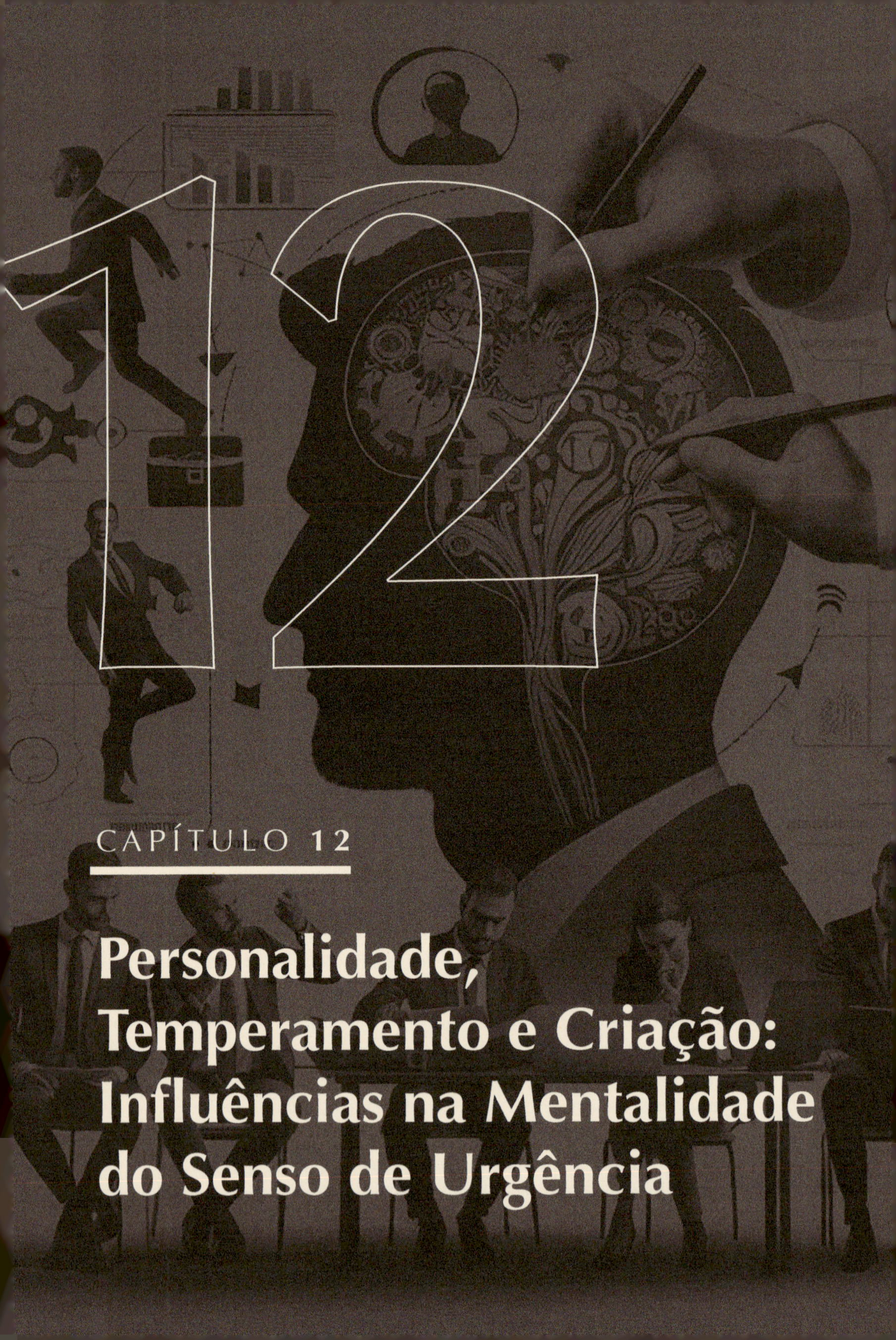

CAPÍTULO 12

Personalidade, Temperamento e Criação: Influências na Mentalidade do Senso de Urgência

A vida divide-se em três períodos: o que foi, o que é, e o que há de ser. Destes, o que vivemos é breve; o que havemos de viver, duvidoso; o que já vivemos, certo.

Sêneca (4 - 65 a.C.)

filósofo e escritor.

NESTE CAPÍTULO, EXPLORAREMOS A RELAÇÃO ENTRE PERSONAlidade, temperamento e criação e sua influência na mentalidade do senso de urgência. Compreender como esses aspectos individuais afetam a forma como as pessoas percebem e respondem à urgência é fundamental para promover uma cultura de senso de urgência saudável e eficaz em qualquer ambiente. Veremos como diferentes personalidades e temperamentos podem afetar a motivação, a tomada de decisões e a maneira como as pessoas lidam com prazos e demandas urgentes. Além disso, discutiremos como a criação e o ambiente em que fomos criados podem moldar nossa mentalidade em relação à urgência.

Personalidade, temperamento, caráter e criação

Antes de abordarmos as influências da personalidade, do temperamento, do caráter e da criação na mentalidade do senso de urgência, é importante compreender os conceitos-chave relacionados a esses aspectos individuais.

Personalidade

A personalidade é a combinação única de traços e características psicológicas que influenciam a forma como uma pessoa pensa, sente e se comporta. Ela engloba diversos componentes, incluindo o caráter, o temperamento e a forma e o contexto onde fomos criados.

Temperamento

O temperamento é um componente importante da personalidade e se refere às características inatas e biologicamente determinadas que influenciam a forma como os indivíduos reagem a estímulos e situações. Existem quatro principais tipos de temperamento: colérico, sanguíneo, melancólico e fleumático. Cada um desses temperamentos tem suas próprias tendências comportamentais e emocionais, que podem influenciar a mentalidade em relação à urgência.[1]

1. Este texto utiliza a teoria dos quatro temperamentos de Hipócrates e Galeno como abordagem simplificada. Contudo, teorias modernas, como o modelo dos Cinco Grandes Traços de Personalidade (Big Five), são mais amplamente aceitas por sua base científica e aplicabilidade prática.

Temperamento colérico

Pessoas com temperamento colérico são enérgicas, assertivas e orientadas para a ação. Elas têm uma tendência a serem líderes naturais e tomam decisões rápidas. No contexto do senso de urgência, indivíduos com esse temperamento tendem a responder prontamente às demandas e a buscar soluções rápidas e eficazes.

Temperamento sanguíneo

Pessoas com temperamento sanguíneo são sociáveis, extrovertidas e otimistas. Elas têm uma abordagem entusiasta em relação às tarefas e podem trazer um senso de entusiasmo e motivação para a urgência. Sua natureza extrovertida facilita a comunicação e a colaboração com outros membros da equipe.

Temperamento melancólico

Pessoas com temperamento melancólico são sensíveis, analíticas e perfeccionistas. Elas têm uma abordagem mais cautelosa em relação à urgência, preferindo analisar cuidadosamente as informações antes de agir. Embora possam ter uma tendência a procrastinar, com treinamento e prática, indivíduos com esse temperamento podem aprender a gerenciar suas tendências reflexivas e encontrar um equilíbrio entre a análise e a ação.

Temperamento fleumático

Pessoas com temperamento fleumático são tranquilas, calmas e têm uma abordagem mais reservada. Elas podem ter uma reação mais lenta à urgência, mas também são conhecidas por sua estabilidade emocional e capacidade de lidar com situações estressantes de forma serena. Com o apoio adequado e motivação, indivíduos com esse temperamento podem desenvolver uma mentalidade de senso de urgência produtivo.

Caráter

Construção do caráter

O caráter refere-se aos valores, às crenças e aos princípios que orientam o comportamento de uma pessoa. Ele é moldado pela interação entre fatores genéticos e ambientais, como a criação e as experiências de vida. O caráter influencia a forma como tomamos decisões, lidamos com desafios e nos comprometemos com objetivos, incluindo a adoção de uma mentalidade de senso de urgência.

Agora que compreendemos os conceitos-chave, vamos explorar como a personalidade, temperamento e criação influenciam a mentalidade do senso de urgência.

Personalidade e senso de urgência

A personalidade desempenha um papel significativo na forma como cada indivíduo lida com a urgência. Algumas pessoas têm uma inclinação natural para a ação e uma mentalidade voltada para o senso de urgência, enquanto outras são mais tranquilas e reflexivas. Ambas as personalidades podem contribuir para uma cultura de senso de urgência, desde que sejam compreendidas e equilibradas.

Personalidades orientadas para a ação

Indivíduos com personalidades mais proativas e voltadas para a ação tendem a ter uma mentalidade natural de senso de urgência. Eles são motivados pela conquista de resultados e têm um forte impulso para responder prontamente às demandas e aos prazos. Essas pessoas são frequentemente energéticas, assertivas e têm facilidade em encontrar soluções eficazes. A resiliência é uma característica comum nessas personalidades, permitindo-lhes manter uma mentalidade de senso de urgência produtivo mesmo em momentos desafiadores.

Personalidades reflexivas

Já os indivíduos com personalidades mais reflexivas podem ter uma abordagem mais ponderada em relação à urgência. Eles tendem a analisar cuidadosamente as informações antes de agir e podem ser mais cautelosos em relação a prazos e demandas. No entanto, com treinamento e prática, esses indivíduos podem aprender a gerenciar suas tendências reflexivas e desenvolver uma mentalidade de senso de urgência produtivo. Isso pode ser alcançado por meio de técnicas de autocontrole, como a identificação de gatilhos emocionais e o desenvolvimento de estratégias de autogerenciamento.

Temperamento e senso de urgência

Além das quatro categorias de temperamento citadas, podemos atribuir o fator de resiliência e reação a cada uma delas. Algumas pessoas têm um perfil naturalmente resiliente, o que significa que são capazes de lidar com situações urgentes sem entrar em pânico ou se sentir sobrecarregadas. Outras podem ter um perfil mais reativo, o que pode dificultar a resposta rápida aos desafios urgentes.

Perfil resiliente

Indivíduos com perfil resiliente são capazes de lidar melhor com situações urgentes, mantendo a calma e encontrando soluções eficazes. Eles têm uma capacidade natural de adaptar-se às mudanças e permanecerem focados em meio à pressão. O perfil resiliente está associado aos tipos de temperamento sanguíneo e fleumático. Pessoas com esses temperamentos tendem a ser mais equilibradas emocionalmente e capazes de enfrentar desafios com uma atitude positiva.

Perfil reativo

Algumas pessoas têm um temperamento mais reativo, o que pode dificultar a resposta rápida às demandas urgentes. Elas podem sentir-se sobrecarregadas emocionalmente e ter dificuldade em tomar decisões claras sob pressão. O perfil mais reativo está associado aos tipos de temperamento colérico e melancólico. Pessoas com esses temperamentos podem ser mais suscetíveis ao estresse e tendem a reagir de maneira emocionalmente intensa diante de situações urgentes.

No entanto, é importante ressaltar que o temperamento não determina completamente a capacidade de resposta à urgência. Com treinamento e prática, todas as pessoas podem desenvolver habilidades para lidar melhor com situações urgentes, independentemente do seu temperamento. Estratégias de gestão do estresse, como técnicas de respiração e relaxamento, assim como o desenvolvimento de habilidades de tomada de decisão sob pressão, podem ajudar a minimizar os efeitos negativos do perfil reativo e promover uma mentalidade de senso de urgência sustentável. A resposta à urgência está intrinsecamente ligada ao temperamento individual. Enquanto algumas pessoas têm um perfil naturalmente resiliente, outras podem ser mais reativas diante de situações urgentes. No entanto, é possível desenvolver habilidades e estratégias para melhorar a resposta à urgência, independentemente do temperamento. Compreender o próprio temperamento e adotar técnicas de gerenciamento do estresse e tomada de decisão pode ajudar a promover uma mentalidade de senso de urgência sustentável e eficaz.

	Perfil resiliente	Perfil reativo
Sanguíneo	Indivíduos com esse temperamento tendem a ser extrovertidos, otimistas e adaptáveis. Eles lidam bem com a pressão e mantêm a calma em situações urgentes. São pessoas sociáveis e de fácil relacionamento.	Pessoas com esse temperamento podem ser impulsivas, agitadas e ter dificuldade em lidar com situações urgentes. Podem sentir-se sobrecarregadas emocionalmente e ter reações exageradas diante do estresse.
Fleumático	Indivíduos com esse temperamento são calmos, equilibrados e têm uma natureza pacífica. Eles tendem a ser bons ouvintes e têm habilidades de resolução de problemas. São capazes de lidar com situações urgentes de forma ponderada e tranquila.	Pessoas com esse temperamento podem ser excessivamente passivas e tendem a evitar confrontos. Elas podem ter dificuldade em tomar decisões rápidas em situações urgentes e podem sentir-se sobrecarregadas com a pressão.
Colérico	Indivíduos com esse temperamento são determinados, enérgicos e têm uma natureza competitiva. Eles são ágeis na tomada de decisões e agem rapidamente em situações urgentes. São líderes naturais e têm facilidade em assumir o controle.	Pessoas com esse temperamento podem ser impulsivas, impacientes e propensas a reações explosivas. Elas podem sentir-se sobrecarregadas com a pressão e ter dificuldade em lidar com situações urgentes de forma equilibrada.
Melancólico	Indivíduos com esse temperamento são reflexivos, sensíveis e têm uma natureza analítica. Eles são cautelosos em suas decisões e tendem a avaliar cuidadosamente as situações urgentes. São perfeccionistas e têm altos padrões de qualidade.	Pessoas com esse temperamento podem ser propensas à ansiedade e ao perfeccionismo excessivo. Elas podem ter dificuldade em lidar com a pressão e podem ser mais lentas em tomar decisões em situações urgentes.

Observação: É importante lembrar que essas descrições são generalizações e que cada indivíduo é único, podendo apresentar características de diferentes temperamentos em graus variados. Além disso, a personalidade é influenciada por diversos fatores e não se limita apenas ao temperamento.

Caráter e senso de urgência

O caráter de uma pessoa desempenha um papel essencial em sua resposta à urgência. O caráter refere-se aos traços morais e éticos que moldam o comportamento de um indivíduo. Ele está relacionado a integridade, responsabilidade, compromisso e ética de trabalho de uma pessoa. O caráter influencia como uma pessoa toma decisões, lida com desafios e se compromete com seus objetivos.

Em relação à urgência, o caráter pode determinar a postura de uma pessoa diante de situações urgentes. Indivíduos com um caráter sólido e comprometido são mais propensos a responder de maneira proativa e eficaz quando confrontados com desafios urgentes. Eles demonstram determinação, responsabilidade e perseverança, buscando soluções e tomando ações decisivas.

Pessoas com um caráter frágil ou comprometido, no entanto, podem ter dificuldade em lidar com a urgência. Elas podem demonstrar falta de compromisso, irresponsabilidade e uma tendência a adiar tarefas importantes. Esses traços de caráter podem resultar em procrastinação, falta de motivação e uma resposta menos efetiva aos desafios urgentes.

É importante ressaltar que o caráter não é fixo e imutável. Pode ser moldado e desenvolvido ao longo do tempo por meio de experiências, aprendizado e autoconsciência. Portanto, mesmo que alguém tenha um caráter inicialmente fraco em relação à urgência, é possível trabalhar para fortalecer esses traços e adotar uma mentalidade de senso de urgência produtivo e sustentável.

Em resumo, o caráter de uma pessoa desempenha um papel fundamental em sua resposta à urgência. Um caráter sólido e comprometido pode impulsionar uma abordagem proativa e eficaz, enquanto um caráter frágil pode resultar em falta de compromisso e uma resposta menos efetiva. Desenvolver um caráter forte e ético é essencial para promover uma mentalidade de senso de urgência sustentável.

Influência da criação e do ambiente no senso de urgência

Além da personalidade, a criação e o ambiente em que fomos criados também desempenham um papel significativo na formação de nossa mentalidade em relação à urgência. Exploraremos a influência da criação na mentalidade do senso de urgência e como superar as limitações impostas por ela.

A forma como fomos criados pode moldar nossa visão sobre a urgência. Se fomos expostos a um ambiente em que a eficiência e a resposta rápida eram valorizadas, é mais provável que tenhamos uma mentalidade de senso de urgência desde cedo. No entanto, se fomos criados em um ambiente mais complacente, em que o tempo não era uma prioridade, pode ser necessário um esforço adicional para desenvolver um senso de urgência produtivo.

Mentalidade de urgência produtiva

Quando uma pessoa é criada em um ambiente que valoriza e promove a mentalidade de senso de urgência produtivo, ela tende a desenvolver características e comportamentos que são favoráveis a essa mentalidade. Isso ocorre quando há incentivo a proatividade, responsabilidade, eficiência e cumprimento de prazos. A criação e o ambiente promovem uma cultura de ação, em que a urgência é vista como uma oportunidade para alcançar resultados melhores e mais rápidos. Por exemplo, em uma família empreendedora, os pais podem enfatizar a importância de agir rapidamente diante de oportunidades de negócios, encorajando seus filhos a serem proativos, resilientes e persistentes. Da mesma forma, em um ambiente de trabalho que valoriza o senso de urgência, os colaboradores são incentivados a tomar iniciativa, priorizar tarefas e buscar soluções eficazes em tempo hábil. No entanto, é importante destacar que a mentalidade de urgência produtiva não deve ser confundida com uma cultura de excesso de trabalho e estresse constante. O equilíbrio entre ação e bem-estar deve ser mantido para garantir uma abordagem sustentável ao senso de urgência.

Mentalidade de complacência e procrastinação

Quando uma pessoa é criada em um ambiente que promove a complacência e a procrastinação, ela pode desenvolver uma mentalidade contrária ao senso de urgência produtivo. Nesse tipo de criação e ambiente, há uma tendência a adiar tarefas, evitar desafios e não priorizar ações imediatas. A falta de estímulo para agir rapidamente e a ausência de consequências para a procrastinação podem levar a uma mentalidade de complacência. Por exemplo, em uma família em que não há expectativas claras em relação a prazos e responsabilidades, os filhos podem crescer sem um senso de urgência em relação às tarefas e aos compromissos. Da mesma forma, em um ambiente de trabalho em que a cultura organizacional é baseada na procrastinação e na falta de senso de urgência, os colaboradores tendem a postergar suas responsabilidades, o que pode prejudicar a produtividade e a qualidade do trabalho.

O quadro a seguir apresenta os impactos da criação e do ambiente nas duas mentalidades.

Mentalidade de urgência produtiva	Mentalidade de complacência e procrastinação
Proatividade e responsabilidade	Adiamento de tarefas e falta de iniciativa
Foco na eficiência e no cumprimento de prazos	Falta de senso de urgência e desatenção aos prazos
Cultura de ação e busca por soluções eficazes	Apatia e resistência à mudança
Mentalidade de crescimento e aprendizado	Estagnação e falta de motivação

É importante ressaltar que a influência da criação e do ambiente não é determinante, e cada indivíduo tem a capacidade de desenvolver e moldar sua própria mentalidade, independentemente das circunstâncias. No entanto, reconhecer a influência desses fatores é fundamental para promover uma mentalidade de senso de urgência sustentável e produtiva.

Superando limitações impostas pela criação

Independentemente de como fomos criados, é possível superar as limitações impostas pela criação e desenvolver uma mentalidade de senso de urgência produtivo. Isso requer um compromisso pessoal em desafiar crenças limitantes e adotar novas perspectivas. A busca por oportunidades de aprendizado e desenvolvimento, a exposição a ambientes de trabalho que valorizam o senso de urgência e a busca de mentores ou modelos inspiradores também podem ajudar a moldar uma mentalidade mais alinhada com a urgência sustentável.

Conclusão: A personalidade, o temperamento e a criação desempenham um papel fundamental na forma como percebemos e respondemos à urgência. Compreender esses aspectos individuais nos permite desenvolver estratégias personalizadas para promover uma mentalidade de senso de urgência sustentável. Ao equilibrar as diferentes personalidades, trabalhar com o temperamento e superar as limitações impostas pela criação, é possível criar uma cultura que valoriza a agilidade, a eficiência e a responsabilidade em relação aos prazos e às demandas urgentes.

A história dos gêmeos que não eram iguais

Era uma vez dois irmãos gêmeos, Lucas e Gabriel, que nasceram em uma pequena cidade e cresceram em um ambiente familiar semelhante. Eles foram criados por pais amorosos e receberam a mesma educação e formação ao longo dos anos.

Lucas, desde muito cedo, demonstrava uma tendência natural para a procrastinação. Ele sempre deixava suas tarefas e responsabilidades para depois, adiando compromissos e priorizando atividades menos importantes. Aos olhos de Lucas, o tempo sempre parecia estar a seu favor, e ele não sentia a urgência de agir rapidamente.

Gabriel tinha uma mentalidade completamente diferente. Ele era extremamente proativo e sempre buscava antecipar-se às demandas e aos desafios da vida. Gabriel valorizava a eficiência, o cumprimento de prazos e a busca por soluções eficazes. Ele sentia uma constante motivação para agir rapidamente e alcançar resultados positivos.

À medida que cresceram, suas características moldaram suas vidas profissionais de maneiras muito distintas. Lucas, o procrastinador, encontrava-se constantemente atrasado em seus projetos e suas entregas. Ele adiava as tarefas importantes, comprometendo a qualidade de seu trabalho. Essa falta de senso de urgência e a tendência de deixar as coisas para depois afetaram sua reputação profissional. Lucas nunca conseguia alcançar o sucesso em sua carreira, perdendo oportunidades valiosas.

Gabriel, o irmão proativo, brilhava em sua vida profissional. Ele era conhecido por sua eficiência, seu comprometimento e sua capacidade de agir rapidamente. Gabriel assumiu posições de liderança em diferentes empresas, sempre se destacando por sua capacidade de antecipar problemas, tomar decisões acertadas e alcançar resultados significativos. Sua mentalidade de senso de urgência produtivo abriu portas e possibilitou que ele alcançasse o sucesso em sua área de atuação.

Lucas, mesmo testemunhando o sucesso de seu irmão, lutava para mudar sua mentalidade e superar a tendência à procrastinação. Ele percebeu tarde demais como suas escolhas afetaram sua carreira e sua vida como um todo. Por mais que tentasse se esforçar para adotar uma mentalidade mais proativa, Lucas enfrentava dificuldades em abandonar antigos hábitos.

FINALIZANDO

Essa história dos irmãos gêmeos destaca como características como proatividade e procrastinação podem ter um impacto significativo na vida profissional. Mesmo com a mesma educação e ambiente, a mentalidade molda as escolhas e ações individuais, influenciando diretamente os resultados alcançados.

CAPÍTULO 13

Ladrões do Tempo: O Desafio de Mudar Hábitos

Não há nada que a longa passagem dos anos não destrua ou desordene, mas ela não pode tocar nos conhecimentos que a sabedoria consagrou.

Sêneca (4 - 65 a.C.)

filósofo e escritor

ESPERO QUE A LEITURA ATÉ ESTE PONTO TENHA MOTIVADO VOCÊ a refletir sobre como lida com o senso de urgência e o tempo. Você já se perguntou para onde vão aqueles preciosos minutos que desaparecem no decorrer do dia? Pois é, estamos cercados por ladrões sorrateiros, disfarçados de distrações e hábitos enraizados, que roubam impiedosamente o tempo que poderíamos dedicar a atividades úteis e enriquecedoras. Para nos tornarmos verdadeiros mestres do nosso tempo e destino, precisamos encarar a difícil tarefa de mudar nossos próprios hábitos, libertando-nos das armadilhas que nos afastam do caminho da produtividade e do autoaperfeiçoamento.

Acredite, não há escapatória: mudar hábitos é um dos desafios mais árduos que o ser humano enfrenta. No entanto, é também uma das jornadas mais recompensadoras, pois é através dessa mudança que abrimos espaço para atividades genuinamente úteis, que nos impulsionam em direção aos nossos objetivos. No mundo moderno, somos constantemente seduzidos por uma miríade de distrações, muitas delas enraizadas nas facilidades tecnológicas que nos cercam. O que poderia ser um momento de lazer gratificante facilmente se transforma em um vício ou mau hábito que drena nosso tempo e nossa energia. As redes sociais, os aplicativos de entretenimento e o constante bombardeio de informações podem nos fazer perder horas preciosas sem nem ao menos percebermos.

Mas eu lhe digo com convicção: sem mudarmos essa realidade, nada do que foi discutido neste livro sobre o senso de urgência e gerenciamento de tempo será de fato útil. É como tentar encher um balde com um buraco no fundo. Precisamos tomar uma atitude decisiva, abandonar o conformismo e enfrentar esses ladrões do tempo. O primeiro passo é reconhecer nossas próprias fraquezas e ilusões. Aquilo que parece um momento de relaxamento e lazer pode, na verdade, estar minando nossa produtividade e bem-estar. É hora de questionar nossos padrões, identificar os hábitos prejudiciais e confrontar a realidade de como utilizamos nosso tempo diariamente.

Ao recuperarmos os minutos que jogamos fora em atividades fúteis, criamos espaço para investir em nosso crescimento pessoal, em nossa carreira, em nossos relacionamentos e em tudo aquilo que verdadeiramente importa para nós. Não se engane, não será fácil. A tentação estará sempre presente, mas é através da resistência e da disciplina que encontraremos nosso poder para direcionar nosso tempo com propósito.

Você sabe quem é o maior culpado pela sua falta de tempo?

Você já ouviu, leu ou assistiu a um vídeo em que dizem que é importante deixar o celular de lado enquanto você está trabalhando? Já avisaram para você assistir somente a um episódio de uma série por vez? Já ouviu alguém dizer "Priorize suas tarefas, elimine todas as distrações"? Mas o que exatamente constitui uma distração? É algo que desvia sua atenção, quebrando sua concentração e impedindo que você se dedique ao que realmente importa. É a lista de coisas às quais você pode atribuir a culpa.

Se você analisar com atenção, perceberá que não são o celular, o Whatsapp, Instagram nem a Netflix que estão agindo como vilões. São as ações que você opta por realizar, ações que não contribuem para o seu bem-estar. Você escolhe atender aquela ligação; escolhe abrir o Whatsapp quando recebe uma notificação; escolhe se render à Paramount Plus ou a outras distrações digitais que conhece muito bem. A forma como você responde a essas distrações é o que está prejudicando sua produtividade.

Sempre existe a escolha: manter o foco na tarefa em mãos ou sucumbir à tentação. Portanto, quando quiser identificar essas chamadas distrações, elas estão sempre ao seu alcance, e se você olhar para um espelho vai encontrar o maior antagonista de si: VOCÊ.

Nas páginas seguintes, exploraremos estratégias práticas para enfrentar esses ladrões do tempo e transformar sua vida em uma jornada de eficácia e realização. Esse é o início de uma jornada transformadora e só depende de você dar o primeiro passo rumo à sua liberdade temporal. Levantei os principais fatores diários que são os principais ladrões no nosso tempo. Convido você a adicionar outros que são pertinentes ao seu cotidiano. Agrupei os fatores em externos (dos quais temos menos controle) e internos (dos quais temos mais controle).

Fatores externos que nos roubam tempo

Tráfego intenso

O congestionamento nas estradas e vias urbanas consomem horas preciosas de nosso dia. Nos grandes centros, algumas pessoas gastam duas horas extras no trânsito todos os dias para chegar ao trabalho e mais duas para voltar. Considere:

- **Opções de transporte alternativas:** Considere utilizar transporte público, bicicleta ou caronas compartilhadas para evitar o trânsito pesado.
- **Horários flexíveis:** Tente negociar horários de trabalho mais flexíveis com o empregador para evitar os horários de pico do trânsito.
- **Trabalho remoto:** Se possível, negocie trabalhar de casa alguns dias por semana para reduzir o tempo gasto no trânsito.
- **Planejamento de rotas:** Use aplicativos de navegação para encontrar rotas mais eficientes e evitar congestionamentos.
- **Podcasts e audiolivros:** Utilize o tempo no trânsito para ouvir podcasts educativos ou audiolivros, tornando o trajeto mais produtivo.
- **Serviços de entrega:** Em vez de ir pessoalmente a um local para entregar ou retirar algum produto ou documento, use um serviço de entrega.

Sempre que possível, eu tenho adotado o uso de transporte público, combinando trem e metrô para me deslocar por São Paulo, deixando o carro na garagem. Com isso ganho, pelo menos, duas ou três horas de leitura durante o deslocamento, além de não me estressar com o trânsito. Prefiro livro a podcast, mas não descarto ouvir algum podcast interessante.

Interrupções no trabalho

Constantes interrupções no ambiente de trabalho, como conversas entre colegas ou notificações de dispositivos, podem afetar a produtividade. Exemplo: Um funcionário de escritório perde cerca de trinta minutos por dia, em média, com interrupções frequentes. Considere:

- **Espaço silencioso:** Crie um espaço de trabalho tranquilo para minimizar interrupções e distrações.
- **Comunicação clara:** Estabeleça sinais visuais (como "não perturbe"), quando estiver concentrado em tarefas importantes. Alguns restaurantes do tipo rodízio deixam sobre as mesas uma placa com as cores verde e vermelho. Verde indica que você quer ser servido; vermelho, que você não quer ser interrompido. Crie algo similar.
- **Horários designados:** Reserve períodos específicos do dia para focar em tarefas que requerem maior concentração considerando os horários mais tranquilos do escritório.
- **Tecnologia a seu favor:** Configure *status* de disponibilidade em mensageiros e e-mails para indicar quando você está ocupado e não pode ser interrompido.
- **Limites:** Comunique educadamente aos colegas que você precisa de tempo para se concentrar em tarefas específicas e que dará atenção a eles em momentos mais apropriados.

Mídias sociais e aplicativos

Mídias sociais e aplicativos são os campeões, sem contestação, em relação ao desperdício de tempo. O uso excessivo de redes sociais e aplicativos de entretenimento pode levar a horas de distração. Conheço pessoas que passam mais de seis horas por dia nas redes sociais, perdendo tempo que poderia ser usado em atividades mais produtivas. Sinceramente, quanto tempo você gasta com elas? A minha recomendação mais honesta é você deixar de usá-las, pelo menos por um tempo. Fazer um detox digital é a melhor recomendação, mas como sei que pode ser difícil. Considere as sugestões do próximo capítulo.

Reuniões improdutivas

Reuniões desnecessárias ou mal conduzidas podem consumir uma parte significativa do dia de trabalho. Exemplo: Uma equipe passa duas horas em uma reunião que poderia ser concluída em uma hora com uma agenda mais eficiente. Se você é o responsável pela reunião, considere:

- **Agenda clara**: Certifique-se de que todas as reuniões tenham uma pauta clara e objetiva.
- **Envio de conteúdo**: Envie, por e-mail ou mensageiro eletrônico, algum conteúdo que será abordado para economizar tempo na reunião.
- **Tempo limite**: Estabeleça limites de tempo para cada item da agenda e mantenha-se disciplinado em cumpri-los.
- **Redução de frequência**: Avalie a necessidade de algumas reuniões e tente reduzir sua frequência ou encontrar alternativas para comunicar informações.
- **Reuniões virtuais**: Utilize ferramentas de videoconferência para evitar deslocamentos desnecessários e economizar tempo.
- **Acompanhamento por escrito**: Em vez de reuniões presenciais, considere trocar informações por e-mail ou outros meios escritos quando apropriado.
- **Remoção da lista de cópia de e-mails**: Peça que seja removido de e-mails que não tenham finalidade prática para você.
- **Remoção de listas de e-mail ou grupos de Whatsapp**: Gaste algum tempo, e aí, sim, bem gasto, para se remover (*unsubscribe*) dessas listas.

- **Reuniões em pé**: Isso mesmo, reunião sem cadeiras. Desse modo, os participantes vão ser muito mais objetivos, tenha certeza.

Filas e espera

Esperar em filas de supermercados, bancos ou outros lugares pode ser um desperdício de tempo valioso. Considere:

- **Serviços online**: Utilize serviços bancários online, compras virtuais e check-ins eletrônicos para evitar a necessidade de esperar em filas.
- **Planejamento antecipado**: No caso de ter de ir a um local, escolha horários menos movimentados para realizar tarefas em lugares com filas frequentes, como supermercados e bancos.
- **Organização de tarefas**: Combine várias tarefas em uma única saída, de forma a evitar várias viagens para resolver diferentes assuntos.
- **Entretenimento produtivo**: Leia um livro ou ouça um podcast enquanto espera, para aproveitar o tempo de espera.
- **Serviços agendados**: Quando possível, agende horários para serviços e evite longos períodos de espera.

Tecnologia defeituosa

Problemas técnicos, como falhas de internet ou computadores lentos, podem atrasar tarefas importantes. Alguns, ou talvez a maioria dos problemas nessa área, não dependem de nós, mas podemos minimizar alguns efeitos negativos. Se algo puder dar errado, certamente vai dar.

- **Atualizações e manutenção**: Certifique-se de manter seus dispositivos e software atualizados para evitar problemas técnicos.
- **Backup de dados**: Faça backups regulares de arquivos importantes para evitar perda de informações em caso de falha tecnológica.
- **Testes prévios**: Antes de eventos ou reuniões importantes, teste a tecnologia que será utilizada para garantir que tudo funcione corretamente.
- **Suporte técnico**: Tenha acesso a uma equipe de suporte técnico para resolver problemas rapidamente quando eles ocorrerem.
- **Dispositivos de backup**: Tenha um dispositivo de backup pronto para uso caso o principal apresente problemas.

Responsabilidades familiares

Cuidar de familiares ou lidar com emergências familiares pode ocupar boa parte do nosso tempo. Essa é uma área delicada e muitas vezes com muitas limitações para ação de forma eficaz. Já abordamos como as relações familiares influenciam o senso de urgência, mas outros fatores tomam nosso tempo e, nesse caso, podemos agir para atenuar a situação.

- **Delegação de tarefas**: Divida as responsabilidades familiares com outros membros da família para reduzir a carga individual.
- **Horários compartilhados**: Planeje horários para atividades familiares, de forma a garantir tempo suficiente para atender a outras obrigações pessoais.
- **Priorização**: Identifique e priorize as responsabilidades familiares mais urgentes, dedicando tempo a elas de forma eficiente.
- **Comunicação aberta**: Mantenha comunicação aberta com a família sobre as demandas de tempo e encontre soluções em conjunto.
- **Suporte da comunidade**: Busque apoio em grupos ou comunidades que possam ajudar com responsabilidades familiares, como grupos de pais ou organizações de apoio.
- **Saia do grupo de Whatsapp da família**. Sinceramente, quase nunca ele serve para alguma coisa, além de tomar tempo e provocar irritação pelas desavenças e fofocas familiares.

Excesso de compromissos sociais

Aceitar muitos convites e participar de muitas atividades sociais pode diminuir o tempo disponível a outras responsabilidades. Embora sejam oportunidades de networking e abertura de novas oportunidades, podem ter um efeito negativo quando não limitados.

- **Estabeleça limites**: Saiba dizer "não" a eventos ou convites quando estiver sobrecarregado de atividades.
- **Priorize eventos importantes**: Escolha cuidadosamente os eventos sociais mais significativos e alinhe-os com seus interesses e objetivos.
- **Reduza a frequência**: Participe de eventos sociais com menos frequência, reservando mais tempo para momentos de descanso e autocuidado.

Trabalho em casa (home office)

Trabalhar em casa pode ser conveniente, pois não se gasta tempo em deslocamento, mas também pode dificultar a separação entre trabalho e vida pessoal. A pandemia acelerou a adoção do modelo de home office causando muitos problemas de adaptação. Contudo, agora podemos pensar em um formato melhor para que você, como profissional, possa exercer sua atividade com mais tempo bem empregado. Algumas das sugestões a seguir podem não ser factíveis para a sua realidade doméstica, mas devem ser consideradas.

- **Espaço dedicado**: Crie um espaço de trabalho separado em sua casa para minimizar distrações e estabelecer uma divisão clara entre trabalho e vida pessoal.
- **Rotina consistente**: Estabeleça uma rotina diária para o trabalho em casa, com horários definidos para iniciar e encerrar as atividades profissionais. Isso tem de estar muito claro para a família e a empresa.
- **Limites de tempo**: Estabeleça limites claros com familiares e amigos, explicando que, mesmo trabalhando em casa, ainda há responsabilidades e prazos a cumprir.

Fatores internos que roubam tempo

Procrastinação

Nossa vilã favorita já foi abordada em capítulos anteriores, mas volto a sugerir algumas mudanças de atitude. Diz o ditado que "água mole em pedra dura, tanto bate até que fura".

a) **Utilizar técnicas de gerenciamento de tempo**, como a técnica Pomodoro, para dividir tarefas em intervalos menores e mais gerenciáveis.

b) **Identificar as razões emocionais** por trás da procrastinação e buscar formas de lidar com elas, como meditação ou exercícios de *mindfulness*.

c) **Estabelecer metas claras e prazos realistas** para se motivar a cumprir as tarefas em tempo hábil.

d) **Priorizar as tarefas mais difíceis ou importantes** no início do dia, quando a energia e a motivação geralmente estão mais altas.

e) **Recompensar-se ao completar tarefas importantes**, criando um incentivo positivo para evitar a procrastinação.

Falta de organização

Uma abordagem desorganizada em relação às tarefas pode levar à perda de tempo na busca de materiais ou informações.

Exemplo: Uma pessoa gasta quinze minutos todas as manhãs procurando os itens essenciais antes de sair de casa.

a) **Manter um local específico para objetos essenciais**, como chaves e carteira, para encontrá-los facilmente.

b) **Utilizar aplicativos de gerenciamento de tarefas e listas** para organizar as atividades diárias.

c) **Criar pastas e sistemas de arquivamento digital** para facilitar o acesso a documentos importantes.

d) **Estabelecer um cronograma semanal ou diário** para planejar atividades e compromissos.

e) **Investir em organizadores físicos**, como caixas ou prateleiras, para manter espaços ordenados.

Distrações pessoais

Hábitos pessoais, como assistir a vídeos engraçados ou navegar em sites não relacionados ao trabalho, podem reduzir a produtividade. **Exemplo**: Um profissional que passa trinta minutos navegando em sites de compras durante o horário de trabalho ou redes sociais não é bem visto.

a) **Identificar as principais fontes de distração** e criar um ambiente propício ao foco, afastando-se delas.
b) **Definir um limite de tempo** para atividades de lazer, garantindo que não interfiram em tarefas importantes.
c) **Utilizar aplicativos de bloqueio de sites ou redes sociais** durante horários específicos.
d) **Praticar a atenção plena e a autorregulação** para manter o foco em uma tarefa por vez.
e) **Comunicar às pessoas** ao seu redor quando precisar de um período de concentração para evitar interrupções desnecessárias.

Falta de definição de metas

Não ter metas claras pode levar a um uso ineficiente do tempo e à falta de foco nas atividades prioritárias. **Exemplo:** Um empreendedor não estabelece metas semanais para o seu negócio, o que resulta em uma abordagem pouco produtiva em relação ao crescimento da empresa.

Hábitos de sono inadequados

Não dormir o suficiente ou ter um sono de má qualidade pode prejudicar muito a produtividade diária. Em capítulo anterior, abordamos o ciclo de atividades diárias. Considere:

a) **Criar uma rotina de sono consistente**, deitando-se e acordando sempre nos mesmos horários.
b) **Evitar o uso de dispositivos eletrônicos** antes de dormir para melhorar a qualidade do sono. Alguns estudos apontam que o uso das telas dificulta o desligamento da sua consciência na hora de dormir, principalmente se você ficar em redes sociais.
c) **Praticar atividades relaxantes** antes de dormir, como meditação ou leitura, para induzir ao sono. Algumas pessoas têm o hábito de assistir à TV no quarto para pegar no sono, mas nem sempre pode funcionar.

d) **Manter o ambiente do quarto propício ao sono,** com temperatura adequada e pouca luminosidade. Eu sempre gostei de dormir com a janela do quarto livre para a passagem de luz e acordar com o sol nascendo, mas isso dificultava o sono, pois o quarto ficava claro, e fazia com que eu despertasse muito antes do horário desejado nos meses e que os dias são mais longos.

e) **Evitar o consumo de cafeína ou comidas pesadas** nas horas que antecedem o sono. Eu sempre tomei muito café e por anos tive meu sono afetado. Gradativamente diminuí o consumo e o meu horário limite para tomar café é às 14h. Essa mudança melhorou muito meu "pegar no sono".

Desorganização pessoal

Um espaço físico desorganizado pode resultar em perda de tempo quando se precisa encontrar objetos e documentos. Algumas pessoas são bastante afetadas pela organização do espaço de trabalho; outras conseguem lidar com uma bagunça generalizada. Se você sofre com a desorganização, considere:

a) **Realizar uma limpeza regular** em sua área de trabalho e espaço físico para manter a organização.

b) **Criar uma lista de itens importantes,** com sua localização, para manter um controle sobre eles.

c) **Utilizar aplicativos de gerenciamento de tarefas** para manter um registro digital das atividades e dos compromissos.

d) **Alocar alguns minutos ao final do dia** para organizar o ambiente de trabalho antes de sair.

e) **Identificar e eliminar itens desnecessários** para evitar acúmulos e desordem.

Eu confesso que sempre tive dificuldade em organizar meu espaço de trabalho e invejo quem consegue ter uma mesa *clean*, minimalista. Sempre estou me policiando, mas, mesmo assim, ela não fica muito tempo sem objetos que preciso remanejar para outros locais e com isso perder tempo. O uso de agenda do celular me ajudou muito a não me esquecer de compromissos e ganhar tempo para outras atividades.

Lute com aquilo que mais o incomoda. Vença um leão por dia, porque alguns leões parecem mortos, mas eventualmente voltam.

Multitarefa excessiva

Tentar fazer várias coisas ao mesmo tempo pode levar a uma redução na eficiência. Exemplo: Um profissional tenta responder a e-mails, participar de uma reunião online e fazer um relatório, tudo simultaneamente, resultando em tarefas mal executadas. Para diminuir este mal do século 21, considere:

a) **Concentrar-se em uma tarefa de cada vez**, evitando o salto constante entre várias atividades.
b) **Priorizar tarefas e definir um horário específico** para cada uma, evitando sobrecarga.
c) **Estabelecer um limite de tempo para cada atividade** para evitar gastar mais tempo do que o necessário.
d) **Evitar o uso simultâneo de dispositivos eletrônicos ou aplicativos** que levem a uma multitarefa prejudicial.

e) **Praticar a atenção plena em cada atividade**, dedicando-se totalmente a ela antes de passar para a próxima.

Ao aplicar essas sugestões de ações, é possível reduzir ou eliminar fatores que roubam nosso tempo, otimizando assim nossa produtividade e melhorando nossa qualidade de vida. Lembre-se de que cada pessoa é única e pode precisar adaptar essas sugestões para atender às suas necessidades e preferências individuais.

Desculpas indesculpáveis

Nesse processo das distrações, acabamos criando desculpas e justificativas para nós mesmos. Por exemplo, ao detectar que você gasta duas horas por dia assistindo a vídeos aleatórios no YouTube ou programas na TV, você justifica esse tempo afirmando que é para relaxar ou se afastar dos problemas do dia a dia, quando na verdade, esse tempo é apenas desperdiçado, sem ter efeito de alívio em seu estado de espírito. É natural buscar formas de relaxar e se afastar dos problemas do dia a dia, mas é essencial avaliar se essas atividades estão realmente trazendo alívio ao nosso estado de espírito ou se são apenas uma fuga que, no fim das contas, desperdiça nosso tempo sem oferecer benefícios reais.

As desculpas e justificativas que criamos para manter esses hábitos prejudiciais muitas vezes têm raízes em mecanismos de defesa psicológica. Tentamos racionalizar nossas escolhas para evitar confrontar nossos comportamentos negativos e as consequências que eles podem ter em nossa vida. A mudança é desafiadora e, em muitos casos, preferimos nos apegar à zona de conforto, mesmo que isso signifique desperdiçar nosso tempo e não progredir em nossos objetivos. No entanto, é importante lembrar que o gerenciamento do tempo eficaz não significa que devemos abdicar completamente de momentos de lazer e descanso. Pelo contrário, encontrar formas saudáveis de relaxar é essencial para manter nossa saúde mental e equilíbrio emocional. A chave está em buscar atividades que realmente nos proporcionem um alívio genuíno e contribuam para nossa felicidade e bem-estar.

Para superar as desculpas e justificativas, é importante:

1. **Autoconsciência**: Reconhecer quando estamos criando desculpas para justificar o mau uso do tempo e estarmos abertos a enfrentar a realidade.
2. **Análise dos benefícios**: Avaliar se as atividades que tomam nosso tempo realmente nos trazem benefícios e satisfação ou se são apenas uma distração temporária.
3. **Definição de prioridades**: Identificar o que é realmente importante em nossa vida e alinhar nossas ações com essas prioridades.
4. **Substituição de hábitos**: Encontrar alternativas mais saudáveis e produtivas para preencher o tempo que antes era desperdiçado.
5. **Equilíbrio**: Buscar um equilíbrio entre produtividade e descanso, reservando tempo para atividades que realmente recarreguem nossas energias.
6. **Inspire-se em outras pessoas**: Converse sobre as atividades de lazer de outras pessoas, busque aprender novas habilidades fora de sua área de conhecimento.
7. **Responsabilidade**: Assumir a responsabilidade por nossas escolhas e agir de forma proativa para mudar padrões negativos.

Ao enfrentarmos nossas desculpas e justificativas, podemos romper com padrões de comportamento prejudiciais e conquistar um maior controle sobre nosso tempo e nossa vida. A jornada pode ser desafiadora, mas ao reconhecermos que o mau uso do tempo é contraproducente e buscarmos mudanças positivas, estamos dando passos importantes em direção a uma vida mais significativa, produtiva e gratificante. É um processo contínuo de crescimento e aprendizado, mas os resultados valem o esforço investido.

EXERCÍCIOS

FATORES EXTERNOS

Na tabela, escreva o tempo médio gasto em cada um dos fatores externos. As anotações podem ser feitas em minutos ou horas, dependendo do nível de detalhamento desejado. Lembre-se de que a avaliação é uma ferramenta para a autoconscientização, e a precisão pode variar de acordo com a percepção individual de cada pessoa.

Fator Externo	Tempo Diário (minutos ou horas)	Tempo Semanal (minutos ou horas)
Tráfego intenso		
Interrupções no trabalho		
Mídias sociais e aplicativos		
Reuniões improdutivas		
Filas e espera		
Tecnologia defeituosa		
Responsabilidades familiares		
Excesso de compromissos sociais		
Trabalho em casa (home office)		

Avaliação

1. **Anote o tempo diário (ou semanal) gasto em cada fator externo.**
2. **Faça um esforço para ser o mais preciso possível ao registrar o tempo.**
3. **Ao final do período de avaliação, some o tempo gasto em cada coluna para ter uma visão geral do tempo consumido por cada fator.**

Essa avaliação permitirá que você identifique os principais fatores que estão consumindo seu tempo e fornece uma visão mais clara sobre como otimizar o uso do seu tempo e fazer ajustes para uma vida mais equilibrada e produtiva. Lembre-se de que a mudança de hábitos e a redução desses fatores externos podem levar tempo, mas cada pequena melhoria pode ter um impacto significativo no seu dia a dia.

FATORES INTERNOS

Responda sinceramente às seguintes questões sobre os fatores internos que podem afetar seu uso do tempo e suas consequências na sua vida. Marque a opção que melhor descreve sua situação e escreva sobre como você é afetado por ela.

Procrastinação

(   ) Sim, reconheço que procrastino em algumas tarefas importantes.
(   ) Não, não costumo procrastinar com frequência.

Como isso me afeta

Exemplo: Eu tinha um prazo para entregar um relatório importante no trabalho, mas acabei adiando a tarefa por vários dias. Como resultado, tive de trabalhar sob pressão e não pude dedicar tempo suficiente para revisar o documento, o que resultou em um relatório com erros.

Falta de organização

( ) Sim, sinto que minha falta de organização afeta minha produtividade.
( ) Não, sou organizado(a) e consigo gerenciar meu tempo de forma eficiente.

Como isso me afeta

Exemplo: Eu tinha várias tarefas para realizar em um único dia, mas não organizei uma lista de prioridades. Acabei fazendo as tarefas menos importantes primeiro e, quando percebi, não tinha mais tempo para completar as tarefas cruciais.

Distrações pessoais

( ) Sim, reconheço que sou facilmente distraído(a) por coisas ao meu redor.
( ) Não, consigo me concentrar facilmente nas minhas atividades.

Como isso me afeta

Exemplo: Eu estava estudando para um exame importante, mas, mesmo em um ambiente silencioso, me distraí com notificações no meu telefone e perdi muito tempo verificando mensagens em vez de me concentrar nos estudos.

Falta de definição de metas

( ) Sim, sinto que não tenho metas claras em algumas áreas da minha vida.
( ) Não, tenho metas bem definidas e estou comprometido(a) em alcançá-las.

Como isso me afeta

Exemplo: Eu queria melhorar minha forma física, mas não tinha uma meta específica em mente. Sem um objetivo concreto, acabei adiando a prática de exercícios e não alcancei os resultados que esperava.

Hábitos de sono inadequados

( ) Sim, reconheço que tenho hábitos de sono irregulares ou pouco saudáveis.
( ) Não, tenho uma rotina de sono adequada e descanso o suficiente.

Como isso me afeta

Exemplo: Eu costumo ficar acordado(a) até tarde assistindo a séries ou usando o celular, o que resulta em poucas horas de sono. No dia seguinte, me sinto cansado(a) e com dificuldade de concentração, o que prejudica minha produtividade.

Identificar e compreender esses fatores internos é um passo importante para aprimorar sua gestão do tempo e alcançar uma vida mais equilibrada e produtiva. Com base nas suas respostas, reflita sobre como você pode aplicar as sugestões de ações para otimizar seu tempo e alcançar seus objetivos de forma mais eficiente.

CAPÍTULO 14

Desintoxicação Digital

O tempo presente é brevíssimo, tanto que a alguns parece não existir, pois está sempre em movimento; flui e precipita-se; deixa de ser antes de vir a ser.

Sêneca (4 - 65 a.C.)
filósofo e escritor

ANTES DE ENTRARMOS NO TEMA DA DESINTOXICAÇÃO DIGITAL, precisamos abordar a dependência digital.

Dependência digital

A dependência digital é um fenômeno relativamente novo, mas que tem se tornado cada vez mais prevalente na sociedade moderna. As pessoas que nasceram antes da década de 1980 sabem que a vida é possível sem um celular na mão ou no bolso. A humanidade, desde os tempos da pré-história até a década de 1990, se desenvolveu sem ninguém ter um dispositivo desses. A facilidade de acesso a informações, entretenimento e de substituição de tarefas antes físicas, como ir ao banco para pagar uma conta ou ir ao supermercado para fazer compras, pelo acesso aos aplicativos é realmente cativante. No entanto, além desse lado prático, temos o lado sombrio, que é a dependência que se criou dos celulares.

Nomofobia

A nomofobia é uma condição que se refere ao medo ou à ansiedade que algumas pessoas sentem quando não têm acesso ao telefone celular ou à internet. Isso pode ocorrer, por exemplo, quando o telefone está sem bateria, sem sinal ou simplesmente esquecido em casa. O termo "nomofobia" é uma abreviação de "no-mobile-phone phobia" ou "fobia de não ter um telefone móvel". Foi cunhado em 2008 pelos correios da Inglaterra durante um estudo[3] que observou as ansiedades sofridas pelos usuários de celulares e descobriu que cerca de 53% dos usuários no Reino Unido sentiam-se ansiosos quando perdiam ou ficavam longe seu telefone móvel, sem bateria ou crédito. Embora a nomofobia não seja oficialmente reconhecida como uma condição médica, ela é cada vez mais estudada por causa da crescente dependência da tecnologia.

Aqui estão algumas estatísticas recentes sobre as nomofobias:

- 66% da população mundial mostra sinais de nomofobia.
- O tempo médio diário gasto em smartphones é de 3 horas e 15 minutos.
- O proprietário médio de um smartphone desbloqueia seu telefone 150 vezes por dia.
- 71% dos usuários geralmente dormem com ou ao lado do celular.
- 3 em cada 4 americanos usam seus celulares no banheiro.
- 52% dos adolescentes ficam em silêncio, com seus smartphones, enquanto estão com amigos.
- 85% dos usuários de smartphones verificam os dispositivos enquanto conversam com amigos e familiares.

Essas estatísticas destacam a prevalência da nomofobia e o papel cada vez mais dominante que os smartphones desempenham em nossa vida. É importante lembrar que, embora os smartphones possam ser ferramentas úteis, é essencial fazer pausas regulares e garantir que o uso do telefone não esteja interferindo em outras áreas da vida.

Se uma pessoa entra em um processo de pânico, caso saia para trabalhar, ou passear, e perceba que esqueceu o celular, é um sinal claro de que tem de-

3. BHATTACHARYA, Supid et al (2019).

pendência digital, o que deve ser encarado da mesma forma que vícios mais antigos, como bebida, tabaco ou drogas.

A abstinência de telas digitais e smartphones é um fenômeno que ocorre quando uma pessoa reduz ou interrompe o uso desses dispositivos. Ela pode ser comparada à dependência química, pois atua nos mesmos circuitos cerebrais de recompensa, causa síndrome de abstinência e, quando utilizada, libera dopamina, um neurotransmissor responsável pela regulação do humor, da memória e do prazer. Os sintomas de abstinência podem incluir comportamento dependente e problemático, como incapacidade de reduzir ou interromper as atividades da tela, mentindo sobre a extensão do uso, perda de interesses externos e continuação do uso da tela, apesar das consequências.

O uso excessivo de telas digitais e smartphones pode ter impactos negativos na saúde mental de todas as pessoas, mas principalmente em crianças e adolescentes. Isso pode diminuir a capacidade de comunicação, resolução de problemas e sociabilidade em crianças até 5 anos. Além disso, o contato excessivo com telas pode afetar o cérebro dos jovens, que ainda não está suficientemente amadurecido para controlar impulsos, fazer julgamentos, manter a atenção e tomar decisões.

O que diz a ciência sobre a dependência digital

Existem várias pesquisas que investigam como o uso de redes sociais pode afetar o cérebro. A seguir, apresentamos algumas descobertas importantes.

Em um estudo de longo prazo sobre o desenvolvimento neural de adolescentes e o uso de tecnologia, pesquisadores da Universidade da Carolina do Norte relataram que a checagem habitual das mídias sociais está ligada a mudanças no cérebro dos jovens e a como eles respondem ao mundo ao redor. A pesquisa, que acompanhou 169 jovens de 13 a 17 anos ao longo de três anos, indicou que o cérebro dos adolescentes que verificavam as redes sociais com frequência (mais de 15 vezes por dia) tornou-se mais sensível neurologicamente a recompensas e punições sociais.

Um estudo de pesquisadores ligados à Universidade da Califórnia do Sul, também nos Estados Unidos, identificou mudanças anatômicas no cérebro relacionadas ao vício em redes sociais. A pesquisa, que examinou 20 usuários de redes sociais com diferentes níveis de dependência, identificou alterações nos volumes de massa cinzenta, ou seja, na morfologia cerebral, de regiões específicas do cérebro que estão associadas ao vício. Em conclusão, o estudo mostrou que o uso abusivo de redes sociais causa alterações anatômicas no cérebro similares às relacionadas a outros vícios, como substâncias e jogos de azar.

Outra pesquisa demonstrou que 40% dos adolescentes e jovens apresentaram quadros de dependência que se assemelham ao quadro de um dependente químico. Esses estudos sugerem que o uso excessivo das redes sociais pode ter consequências importantes e duradouras para o desenvolvimento neural e comportamental.

Não precisamos nos aprofundar nesse estudo para entender que algo mudou no comportamento das pessoas, e para pior. Vemos isso a toda hora, ao nosso redor e no espelho.

Refletindo sobre a relação com o smartphone

Antes de continuar a leitura, por favor, assista ao vídeo de animação em um dos *links*: https://youtu.be/g-t8aSjSS7E?si=4I5zZpIplKVTLnC3 ou https://youtu.be/u4R7fUXlpcI?si=Za7QIgXIzWVQFGhk. Acessos em: 12 jun. 2024.

Você reconheceu alguma situação da animação *Histoire 2 couples* em sua vida ou na vida de uma pessoa próxima? Acredito que sim. Veja a seguir os comentários que extraí sobre este vídeo no YouTube, com as reações de muitas pessoas.

1. Me lembra muito o meu irmão, esse vídeo... Quando o celular dele quebrou, minha mãe e eu achamos que ele ia enlouquecer. Ele ficou chorando como se tivesse perdido uma pessoa de que gostava muito.

Ele não dormia e ficava falando que não iria aguentar por muito tempo. Não passou nem dois dias, e ele estava com um novo. Meu irmão está mais viciado nesse celular novo. Sinceramente. Celular é igual uma corda. Você segue a corda e, quando vê, está todo enrolado e não sabe como sair.

2. Preciso da cura. Não consigo ficar nem um minuto sem meu celular que a ansiedade toma conta.
3. Meus irmãos, meu marido, MINHA MÃE são viciados em internet, redes sociais. Eu uso o celular diariamente sim, mas consigo viver tranquilamente sem ele, pois já sou acostumada com coisas mais manuais do que digitais, é coisa minha mesmo, mas o fato da minha família inteira estar sempre desligada de mim, focada em assuntos que eu não sei o que são, ou sabendo de um problema de um famoso e sem interesse algum em como eu estou me sentindo, que muitas vezes é parecido com o do tal famoso, me incomoda de uma forma que não consigo expressar, às vezes fico triste, às vezes com raiva, às vezes não ligo e me isolo, às vezes tento me encaixar nesse ritmo, mas não consigo, isso é uma porcaria.
4. Em 2018, eu reclamava desse meu vício, agora me vejo em 2022 e não mudei nada, continuo no vício.
5. Queria que uma pessoa muito importante na minha vida assistisse a esse vídeo, mas ela deve estar ocupada agora conversando no Whatsapp.
6. O vício me destruiu, mas eu mesmo me reconstruí e destruí o vício.
7. Ultimamente venho tendo um grande vício em celular como forma de me distrair de outro problema. Mas isso é horrível: estou sedentário. Preciso voltar a me exercitar, mas este outro problema me impede. É mais a mente.
8. Nossa! Eu assistindo isso pelo celular dá vontade de jogar longe na hora. E isso me fez lembrar da minha amiga que falou "Nossa amiga, coitada de você", só porque o máximo de pessoas que viam meus status era 5. Na verdade, eram só essas pessoas que eu queria que vissem meus status e bloqueei as outras, mas não é como se eu precisasse de visualização de status pra me sentir bem.
9. Eu estou vendo esse vídeo debaixo do chuveiro, enquanto tomo banho. Porque, desde que eu esteja acordada, não largo meu celular

pra nada. Estou sempre mexendo nele e não deixo descarregar de jeito nenhum. Mas, agora, pronto! Bora mudar isso! Colocar uma meta e trabalhar pra deixar esse vício. Se Deus quiser, em 2024, terei uma outra vida.

10. Não é fictício isso, tenho um exemplo em minha casa, minha sobrinha de 14 anos está altamente viciada, não ajuda em nada nos afazeres de casa, está sempre no celular; quando ele descarrega, ela vai pra televisão e liga a internet, pra assistir vídeos. Desde que ela ganhou este celular a 2 anos atrás, tudo mudou.

Esses comentários refletem comportamentos comuns de quem é usuário de smartphones. Algumas pessoas reconhecem sua dependência e lutam contra o vício; outra mostra seu uso em locais que para muitos é o único refúgio depois de um dia cansativo, o banho. Abismado com esse relato, fiz algumas pesquisas e encontrei diversas capas e caixas à prova d'agua para as pessoas assistirem a vídeos durante o banho.

Não sei qual é o seu estágio e dependência de uso, mas tenha certeza de que você precisa agir. Uma pessoa média verifica o telefone 110 vezes/dia, enquanto os mais viciados verificam até 900 vezes/dia. A maioria das pessoas verifica constantemente os telefones sem motivo, principalmente quando são viciadas. Apesar de terem verificado os telefones há cerca de cinco segundos, elas tendem a sentir vontade de verificá-los novamente. A maioria das pessoas simplesmente manteria seus celulares nas mãos o tempo todo e continuaria ligando a tela para se certificar de que não perderia nenhuma notificação ou atualização de redes sociais.

Avaliando sua relação com o smartphone

Marque a coluna "Sim" de acordo com sua própria situação e comportamento em relação ao uso do smartphone. Essa análise pode ajudar a avaliar sua dependência digital. Responda de forma sincera, e na dúvida considere que a hesitação é um "sim" resistente.

Se você respondeu sim a mais de três perguntas, pode ser viciado em smartphone. Mas não há motivo para pânico. Milhões de pessoas têm esses vícios. É importante que você reconheça sua situação para fazer algo a respeito.

	Sintoma	Sim
1	Você se sente deprimido quando verifica seu telefone e não há novas notificações?	
2	Você se sente incomodado se não consegue consultar informações no celular?	
3	Você dá likes em postagens/status assim que são publicadas?	
4	Você está envia constantemente mensagens de texto/conversas sem prestar atenção ao que está ao seu redor?	
5	Você odeia desligar seu telefone?	
6	Você fica preocupado onde está seu telefone, e ele quase sempre está no seu bolso ou na sua mão?	
7	Você entra em pânico quando seu smartphone está fora de sua vista?	
8	Você entra em pânico quando deixa o telefone em casa?	
9	Você dorme com seu telefone na cama?	
10	Você encontra maneiras de justificar estar ao telefone o tempo todo?	
11	Você se sente mais calmo e confortável ao usar o telefone?	
12	Você só desliga o telefone no avião?	
13	Você fica assustado quando a bateria do seu celular começa a descarregar?	
14	Você entra em pânico se atingir seu limite mensal de dados?	
15	Se você não tem sinal de WiFi, você verifica continuamente a busca de sinal?	
16	Você se preocupa em ficar preso em algum lugar se não puder usar seu celular?	
17	A ideia de não conseguir se comunicar com seus amigos e familiares deixa você ansioso?	
18	Você se preocupa com o fato de seus entes queridos não conseguirem entrar em contato com você?	
19	Se você não consegue receber mensagens de texto e chamadas, fica preocupado?	
20	Se você não consegue acessar as redes sociais no seu telefone, fica incomodado?	
21	Se alguém comenta sobre você passar muito tempo no telefone, fica incomodado?	
22	Você acha que talvez não saiba o que fazer sem celular?	
23	Você tem a sensação de que precisa usar cada vez mais o celular?	
24	Você perde a noção do tempo quando está usando o smartphone?	
25	Você vive adicionando novos apps ao aparelho?	

Etapas do processo de desintoxicação digital

A desintoxicação digital é um processo de redução do uso de dispositivos digitais, como smartphones e computadores, para melhorar a saúde mental e física de uma pessoa e resgatar relacionamentos no mundo não digital.

Aqui estão algumas dicas que podem ajudar você a ter menos e-mails, passar menos tempo nas redes sociais, usar menos o celular e retomar o controle de sua vida. Para isso, você precisa seguir um processo de várias etapas e sugeridas a seguir.

Reconhecimento

O primeiro passo para superar a dependência digital é reconhecer que existe um problema. Isso pode ser difícil, pois muitas pessoas veem o uso excessivo de tecnologia como uma parte normal da vida moderna. “Você está biruta? Quem vivia sem smartphone eram os dinossauros.”

A presença física não é a única coisa que importa quando estamos com a família e amigos. A presença mental, ou estar emocionalmente presente, é igualmente importante. Se alguém próximo a você expressa preocupação sobre o tempo que você passa na internet, é importante levar essas preocupações a sério. Estar na mesma sala com a família, mas distraído pelo celular, não é realmente estar presente, é como se você estivesse em outro lugar. Isso pode levar a sentimentos de desconexão e solidão para aqueles ao seu redor.

Passos para a desintoxicação digital

Passo 1: Comunique sua intenção

Informe seus amigos e familiares sobre sua decisão de se desintoxicar digitalmente. Explique os motivos e peça apoio e compreensão. Eles desempenharão um papel importante nesse processo, ajudando a manter você focado em seu objetivo. Isso inclui uma eventual saída dos grupos de whatsapp da família.

Passo 2: Avaliação

Avalie o quanto você usa seus dispositivos digitais e quais atividades estão consumindo mais tempo. Existem aplicativos e ferramentas que podem ajudar a rastrear esse tempo.

Passo 3: Definição de metas

Defina metas realistas para reduzir o uso da tecnologia. Isso pode incluir limites de tempo para certas atividades ou períodos do dia em que você se compromete a ficar offline.

Passo 4: Implementação

Aplique as mudanças necessárias para atingir suas metas. Elas podem incluir a desinstalação de aplicativos, o uso de ferramentas de limitação de tempo ou a criação de zonas livres de tecnologia em sua casa. Por exemplo, a sala de TV não pode ter nenhum dispositivo digital além da TV. Crie novas rotinas ou recupere antigas, como sair de casa, encontrar-se com amigos (sem celular na mão) e outras atividades presenciais não digitais.

Passo 5: Manutenção

Mantenha suas novas práticas e ajuste suas metas conforme necessário. Lembre-se, deslizes acontecem. O importante é não desistir e continuar tentando reduzir sua dependência. Crie pontos de avaliação periódicos. Por exemplo, toda semana avalie o quanto você diminuiu sua presença digital e ajuste as metas.

A desintoxicação digital não é fácil, mas é possível com o comprometimento e as ferramentas certas. Lembre-se, o objetivo não é eliminar completamente a tecnologia da sua vida, mas sim criar um relacionamento mais saudável e equilibrado com ela.

Passo 6: Busque ajuda profissional

Se você achar que a desintoxicação digital está se tornando um desafio significativo, considere procurar ajuda de um terapeuta ou profissional de saúde mental. Eles podem oferecer orientação e estratégias adicionais para lidar com vícios digitais.

Lembre-se de que a desintoxicação digital é um processo contínuo. Não se preocupe com eventuais recaídas. O mais importante é perseverar, buscar apoio de amigos e familiares e fazer escolhas saudáveis para restaurar o equilíbrio em sua vida digital. Você certamente terá de lidar com os efeitos da abstinência nesse processo de desintoxicação.

Os sintomas de abstinência do vício são frequentemente associados à do vício em drogas e álcool e podem ser igualmente reais e graves. Os sintomas típicos de abstinência de smartphones podem até incluir:

- Ficar com muita raiva.
- Sentir tensão no corpo.
- Experimentar depressão.
- Ficar irritado.
- Sentir-se muito inquieto.

Colocando em prática a desintoxicação digital

Para economizar seu tempo, você terá de gastar algum tempo. A seguir proponho algumas ações para você recuperar o tempo desperdiçado com e-mails, redes sociais e smartphones.

E-mails

Comece pelas listas e spam

Reserve um tempo para analisar sua caixa de entrada de e-mails. É bem provável que você esteja recebendo muitos e-mails por fazer parte de listas de assinatura. Boa parte delas talvez você nem se lembre de ter se inscrito, e em outras você foi incluído sem a sua permissão.

Pois bem, selecione e abra um dos e-mails que você recebe automaticamente e vá até o final da mensagem, lá encontrará alguma mensagem, normalmente em letras bem pequenas, com os dizeres *unsubscribe* ou *Change email settings*.

Se o e-mail estiver em português, você encontrará alguma mensagem parecida com "Se não deseja receber mais mensagens, clique aqui".

Ao clicar no *link*, você normalmente é enviado para uma página que confirma sua exclusão da lista ou ainda que pede que você indique por que quer sair antes de ser definitivamente excluído. Escolha uma opção e confirme a sua saída.

Como acabamos dentro dessas listas?

Seu e-mail foi capturado por algum robô que faz varreduras de sites e redes sociais ou por outra forma qualquer. Você não tem controle sobre isso e resta apenas se descadastrar.

Contudo, muitas vezes somos os responsáveis passivos ou ativos por participarmos de muitas listas. Uma das formas mais comuns é quando você se cadastra em algum site ou aplicativo do celular. Normalmente, ao final do cadastro, antes de pressionar o botão de confirmar, você tem de marcar alguns *checkboxes* ou caixas de confirmação concordando com os termos de uso do site/app e confirmando sua intenção de receber material promocional ou comunicados. Muitas vezes a caixa de receber comunicados já está pré-marcada, e você tem de desmarcá-la para não participar da lista. A maioria das pessoas nem percebe e acaba confirmando a inscrição.

Em alguns sites, o recebimento compulsório de mensagens é obrigatório para o cadastro ser realizado, e aí você estará na lista, queira ou não.

Sugestões para administrar listas de e-mail

1. Preste atenção ao finalizar seu cadastro e desmarque as opções para receber qualquer tipo de comunicado por e-mail, SMS ou qualquer outro meio.
2. Crie o e-mail do lixo. Deixa-me explicar melhor, crie um e-mail alternativo usando uma conta de sites como Hotmail, Gmail ou qualquer outro provedor gratuito. Use este e-mail para se cadastrar em sites e aplicativos dos quais você sabe que receberá comunicados e que não são essenciais para sua atividade profissional.
3. Crie e-mails segmentados. Crie contas de e-mails dependendo da sua utilização. Por exemplo, uma para assuntos profissionais, caso você não tenha um e-mail corporativo, uma para assuntos pessoais e o e-mail do lixo.

Minha conta de e-mail do lixo tinha 1.000 mensagens geradas por cerca de 40 fontes distintas. De tempos em tempos, eu a acesso e faço a remoção daquelas fontes que realmente não me interessam. Com isso, o tempo que gasto diariamente verificando minha caixa de entrada principal é bastante reduzido.

Desative notificações

Todos os gerenciadores de e-mails possuem uma forma de desativar notificações automáticas de chegada de novos e-mails. Desativando esse recurso, você não será distraído com sons e caixas de mensagens aparecendo na tela do seu computador ou celular.

Cada caso é um caso, mas você pode também estabelecer a periocidade da sincronização dos e-mails em seu dispositivo.

E-mails do trabalho

Diminuir a quantidade de e-mails profissionais, tanto internos quanto externos, pode melhorar a eficiência e a produtividade no ambiente de trabalho. Em alguns casos, a natureza do seu trabalho pode exigir uma quantidade considerável de e-mails, mas implementar essas sugestões pode ajudar a otimizar a comunicação e reduzir a sobrecarga de e-mails.

Lidando com e-mails internos

1. **Utilize ferramentas de comunicação interna**: Adote uma plataforma de comunicação interna, como o Slack, o Microsoft Teams ou o Workplace by Facebook. Isso permite que as equipes conversem em tempo real, reduzindo a necessidade de troca de e-mails. Nesse caso, estabeleça eventuais horários e rotinas de acesso.
2. **Reuniões regulares**: Realize reuniões regulares com colegas de equipe para discutir projetos, tarefas e problemas em andamento. Muitas vezes, uma rápida reunião pode resolver questões que, de outra forma, seriam tratadas por e-mail.
3. **Implemente políticas de etiqueta de e-mail**: Desenvolva e promova diretrizes de uso de e-mail na empresa. Incentive os funcionários a serem concisos em suas mensagens e a limitar o uso de "responder a todos". Da mesma forma, se você estiver em cópia de um e-mail, não responda apenas para confirmar que leu ou dar um ok. Responda apenas se for necessário.
4. **Crie listas de distribuição eficazes**: Utilize listas de distribuição de e-mail com moderação, garantindo que apenas as pessoas relevantes recebam determinadas mensagens.

5. **Centralize informações:** Mantenha uma intranet atualizada com informações importantes, documentos e recursos para que os funcionários possam acessar as informações de que precisam sem recorrer a e-mails.
6. **Cuidado com respostas automáticas:** Use respostas automáticas quando não estiver disponível, mas tome cuidado para que isso não inunde a caixa de entrada de seus colegas.

Lidando com e-mails externos

1. **Estabeleça diretrizes para comunicação:** Comunique claramente as suas preferências de comunicação com contatos externos. Por exemplo, indique se prefere receber informações por e-mail, telefone ou outro meio.
2. **Use respostas automáticas (com moderação):** Configure respostas automáticas para informar que você está ocupado, em reuniões ou fora do escritório, e que as respostas podem ser adiadas e evitar e-mails sucessivos em um período em que você não esteja disponível.
3. **Reduza listas de e-mail não solicitadas:** Não se inscreva em listas de e-mail não solicitadas e, se receber e-mails não desejados, cancele a inscrição ou bloqueie o remetente, como abordado anteriormente.
4. **Use plataformas de gerenciamento de tarefas:** Em vez de lidar com informações externas por e-mail, utilize ferramentas de gerenciamento de tarefas, como o Trello ou o Asana, para acompanhar e compartilhar informações relacionadas a projetos.
5. **Comunique-se de forma eficaz:** Seja claro e conciso em suas respostas a e-mails externos. Certifique-se de que todas as informações necessárias estejam incluídas em sua resposta para evitar trocas de e-mails adicionais. Inclua *links* para informações adicionais ou centrais de comunicação e FAQs.
6. **Defina horários de verificação de e-mail:** Evite verificar e-mails constantemente. Em vez disso, defina horários específicos para verificar e responder a e-mails externos, permitindo que você se concentre em outras tarefas durante o dia.

Redes sociais

Se você não reconhecer e agir sobre sua dependência e seu desejo de recuperar o controle saudável de sua vida digital, todas as dicas e orientações apresentadas serão ineficazes. As redes sociais são correntes que puxam para o fundo do mar quando você tenta nadar para uma ilha de tranquilidade. Assim como o primeiro passo na Lua representou um grande salto para a humanidade, o primeiro passo para se livrar da dependência digital é um passo corajoso, mas igualmente significativo, em direção à recuperação de sua vida. É um pequeno passo para o indivíduo, mas um salto gigantesco para sua saúde mental e emocional, sua produtividade e seus relacionamentos pessoais. Reconhecer a necessidade de mudança e tomar esse primeiro passo é o início do caminho para recuperar o controle saudável de sua vida digital, tornando-se uma jornada tão transformadora quanto o pouso na Lua foi para a humanidade.

- **Defina horários específicos:** Estabeleça horários específicos do dia para acessar as redes sociais e aplicativos de entretenimento.
- **Faça uma avaliação honesta do tempo** que gasta nas redes. Você realmente precisa estar lá todo esse tempo?

- **Remova notificações:** Desative notificações de aplicativos que não são essenciais para evitar distrações constantes.
- **Moderação:** Estabeleça limites diários ou semanais para o uso de redes sociais e aplicativos.
- **Troque por atividades produtivas:** Substitua o tempo gasto em redes sociais por leitura, exercícios físicos ou aprendizado de novas habilidades.
- **Use aplicativos de gerenciamento de tempo:** Existem aplicativos que podem rastrear quanto tempo você gasta em cada aplicativo, ajudando a conscientizá-lo sobre o uso excessivo. Consulte a loja de aplicativos do seu smartphone e pesquise novas opções, que aparecem sempre. A lista mostrada a seguir é apenas uma sugestão de apps disponíveis à época de publicação deste livro. Pesquise novas opções que possam ter surgido no momento em que decidir usar esse tipo de app.

1. Moment (iOS): Rastreia o tempo de uso do seu telefone, incluindo as redes sociais. Ele oferece *insights* detalhados sobre o tempo gasto em cada aplicativo, permitindo que você defina limites diários para uso.
2. Your Hour (Android): Monitora o tempo de uso de aplicativos, incluindo redes sociais. Ele também dispõe de recursos para definir metas de uso e receber notificações quando você ultrapassa os limites estabelecidos.
3. RescueTime (iOS, Android, Windows, Mac): O RescueTime é uma plataforma de gerenciamento de produtividade disponível em várias plataformas. Ele rastreia automaticamente o tempo gasto em aplicativos e sites,

incluindo redes sociais, e fornece relatórios detalhados sobre sua atividade diária.

4. AppDetox (Android): Permite que você defina regras personalizadas para limitar o tempo gasto em aplicativos específicos, incluindo redes sociais.
5. StayFree (Android): Rastreia o tempo de uso de aplicativos, incluindo redes sociais. Ele oferece gráficos detalhados e notificações para ajudá-lo a manter o controle do seu tempo digital.
6. Screen Time (iOS): Permite que você monitore o tempo de uso de aplicativos, incluindo redes sociais. Ele também oferece ferramentas para definir limites de uso e gerenciar o tempo de tela para crianças.

Esses aplicativos podem ser úteis para conscientizá-lo sobre o tempo que você gasta em redes sociais e ajudá-lo a estabelecer limites saudáveis para o uso dessas plataformas. Lembre-se de que o objetivo não é eliminar completamente o uso de redes sociais, mas sim equilibrar o tempo gasto nelas com outras atividades importantes de sua vida.

FINALIZANDO

Transforme suas lamentações sobre a falta de tempo. Reconheça que a maior parte do tempo que você passa na internet não traz nada real e positivo para a sua vida. Pelo contrário, você joga no lixo seu bem mais precioso, que é o tempo. Sinceramente, qual o impacto positivo das redes sociais na sua vida? Ficar sabendo das fofocas dos famosos, ver seus amigos (cuja maioria não é de fato) se exibindo em infindáveis selfies, assistindo a vídeos que nada ensinam. Isso efetivamente é uma ilusão que você vive. Tudo bem, cada um vive a sua vida, mas quando você se deixa levar por isso, não vive plenamente, apenas existe.

Eu encerro o capítulo com declarações da atriz Scarlet Johansson, que não tinha nenhuma rede social pessoal no momento da escrita deste livro e que relatou sua breve passagem de três dias por uma delas. A intérprete da Viúva Negra nos filmes da Marvel contou ao podcast *The Skinny Confidential Him & Her* os motivos que a levaram a não usar as redes sociais:

"Sinceramente, sou uma pessoa muito frágil para ter redes sociais. Não posso. Meu ego é muito frágil. Meu cérebro é muito frágil. Sou como uma flor delicada. Comecei a perceber que passei vinte minutos olhando a página do Instagram de alguém, alguém que trabalhava para um amigo meu. Agora, sei que ela tem um pitbull e duas filhas e que mora em Burbank. Eu fiquei pensando: 'O quê? Além de ter perdido dezessete minutos, sinto que deveria me mudar para a Califórnia, ter esse cachorro específico e mudar minha vida de todas essas maneiras que pareciam tão ruins'. Eu me senti tão mal, como se estivesse perdendo a vida de uma pessoa aleatória, não posso fazer isso. Sou muito frágil, tenho muita ansiedade com outras coisas."

CAPÍTULO 15

A Inteligência Artificial e o Senso de Urgência

O maior impedimento para viver é a expectativa, a qual tende para o amanhã e faz perder o momento presente.

Sêneca (4 - 65 a.C.)
filósofo e escritor

NO MUNDO EMPRESARIAL CONTEMPORÂNEO, A VELOCIDADE das mudanças e a pressão por resultados imediatos têm se tornado cada vez mais intensas. Nesse contexto, o senso de urgência emerge como uma competência essencial para o sucesso organizacional. A capacidade de agir rapidamente e de forma proativa pode ser a diferença entre o crescimento e a obsolescência. A Inteligência Artificial (IA) surge como uma poderosa ferramenta para impulsionar o senso de urgência, capacitando as empresas a antecipar demandas, identificar oportunidades e tomar decisões ágeis. Neste capítulo, exploraremos a relação entre a inteligência artificial e o senso de urgência nas empresas.

A Inteligência Artificial é uma ferramenta que auxilia as pessoas nas ações proativas, mas não toma as decisões por si só. Ela fornece insights, análises e recomendações com base em algoritmos e processamento de dados, mas a tomada de decisão final ainda é responsabilidade dos seres humanos. A inteligência artificial pode processar grandes volumes de dados, identificar padrões e prever tendências, mas é a expertise humana que determina como essas informações serão interpretadas e aplicadas. Os profissionais da empresa devem analisar os resultados fornecidos pela IA, considerar o contexto, as metas organizacionais e outros fatores relevantes antes de tomarem uma decisão.

A colaboração entre a Inteligência Artificial e os humanos é essencial para o sucesso. Os sistemas de IA podem ajudar a acelerar o processo de análise e fornecer informações valiosas, permitindo que as pessoas ajam com mais rapidez e precisão. No entanto, a experiência, o conhecimento do negócio e a intuição humana ainda são fundamentais para a tomada de decisões estratégicas. Portanto, a Inteligência Artificial é uma poderosa ferramenta de suporte ao senso de urgência, mas são as pessoas que, com base em seu conhecimento e capacidade de análise, determinam o que precisa ser feito e quando. A IA não substitui a habilidade humana de tomar decisões, mas aprimora e potencializa essa capacidade.

O papel da inteligência artificial no contexto empresarial

A Inteligência Artificial tem revolucionado diversos setores da economia, oferecendo soluções inovadoras para os desafios empresariais. Por meio do processamento de grandes volumes de dados, algoritmos sofisticados e aprendizado de máquina, a IA é capaz de identificar padrões, prever tendências e automatizar tarefas. Essas capacidades permitem que as empresas tomem decisões mais informadas e ágeis, respondendo rapidamente às demandas do mercado.

Exemplos do uso da inteligência artificial como suporte para o senso de urgência em diferentes contextos empresariais:

Antecipação de demandas e identificação de riscos e oportunidades

Uma das principais vantagens da Inteligência Artificial é a sua capacidade de antecipar demandas e identificar oportunidades antes mesmo de se tornarem aparentes para os gestores. Por meio da análise de dados em tempo real, a IA pode detectar mudanças nos padrões de consumo, identificar novas tendências de mercado e antecipar as necessidades dos clientes. Essa habilidade de antecipação permite que as empresas ajam proativamente, ajustando suas estratégias e lançando produtos ou serviços inovadores antes da concorrência. Por exemplo, as empresas podem monitorar as redes sociais e outras plataformas online para identificar o sentimento dos clientes em relação à marca, produtos ou serviços. Isso possibilita uma resposta rápida a reclamações ou elogios, permitindo que a empresa tome medidas corretivas ou aproveite oportunidades em tempo hábil.

Detecção precoce de fraudes financeiras

Instituições financeiras podem utilizar algoritmos de IA para analisar padrões de transações, comportamentos suspeitos e dados de clientes em tempo real. Isso permite a identificação rápida de atividades fraudulentas, possibilitando uma resposta imediata para evitar maiores prejuízos.

Tomada de decisão ágil e assertiva

Outro aspecto crucial para o senso de urgência é a capacidade de tomar decisões rápidas e assertivas. A Inteligência Artificial pode processar grandes volumes de dados em tempo recorde, fornecendo informações relevantes para embasar decisões estratégicas. Além disso, a IA pode simular cenários, realizar análises preditivas e recomendar ações com base em modelos estatísticos e algoritmos de aprendizado de máquina. Com isso, os gestores têm acesso a insights valiosos, que lhes permitem tomar decisões fundamentadas e agir prontamente. Alguns exemplos são:

1. **Previsão de demanda e estoque**: Através do processamento de dados históricos de vendas, informações sazonais e dados externos, a Inteligência Artificial pode prever a demanda futura de produtos. Isso ajuda as empresas a ajustarem seus níveis de estoque de forma proativa, evitando falta ou excesso de mercadorias e atendendo às demandas dos clientes de maneira rápida e eficiente.
2. **Manutenção preditiva**: A IA pode ser aplicada na análise de dados de sensores e histórico de manutenção para prever falhas em equipamentos e máquinas. Com essa capacidade preditiva, as empresas podem agendar a manutenção antes mesmo de ocorrerem problemas, evitando paradas inesperadas e reduzindo o tempo de inatividade.

Automação de processos e agilidade operacional

A automação de processos é uma das principais aplicações da inteligência artificial nas empresas. Ao substituir tarefas manuais e repetitivas por sistemas automatizados, a IA libera os colaboradores para se dedicarem a atividades de maior valor agregado. Além disso, a automação reduz erros e retrabalhos, acelera o fluxo de trabalho e permite uma resposta mais rápida às demandas do mercado. Com processos ágeis e eficientes, as empresas estão mais preparadas para lidar com situações urgentes e aproveitar oportunidades emergentes. Um exemplo prático em um mundo em constante movimento é o rastreamento e a logística em tempo real: empresas de transporte e logística podem utilizar a IA para rastrear encomendas, otimizar rotas de entrega e prever atrasos ou problemas no trajeto. Isso permite uma gestão eficiente da cadeia de suprimentos, com respostas rápidas a mudanças de última hora, garantindo a entrega no prazo e mantendo o cliente informado sobre o progresso.

Desafios e considerações

Embora a Inteligência Artificial ofereça inúmeras vantagens para o senso de urgência nas empresas, é importante destacar alguns desafios e considerações a serem observados. A aplicação da IA requer investimentos significativos em infraestrutura, treinamento e segurança de dados. Além disso, é essencial garantir que as decisões tomadas pela IA sejam éticas, transparentes e em conformidade com as regulamentações aplicáveis. A colaboração entre humanos e máquinas também se torna fundamental, combinando a expertise humana com o poder analítico da IA.

A importância da cultura do senso de urgência para o uso efetivo da Inteligência Artificial

Embora a Inteligência Artificial seja uma ferramenta poderosa para impulsionar o senso de urgência, é fundamental reconhecer que seu impacto positivo só será efetivo se as pessoas da organização praticarem ativamente o senso de urgência. A cultura empresarial e o comportamento dos colaboradores desempenham um papel crucial na utilização eficiente da IA.

Aqui estão alguns pontos a serem considerados:

a) **Cultura de agilidade**: Para que a Inteligência Artificial seja verdadeiramente eficaz, a empresa precisa ter uma cultura que valorize a agilidade e a rapidez de resposta. Isso implica encorajar os colaboradores a agir prontamente, tomar decisões rápidas e estar abertos a mudanças. Sem essa cultura de agilidade, a IA pode se tornar apenas mais uma ferramenta subutilizada.

b) **Liderança exemplar:** A liderança desempenha um papel fundamental na criação de uma cultura de senso de urgência. Os líderes devem dar o exemplo, demonstrando a importância da ação rápida e efetiva. Eles devem comunicar claramente as metas e os objetivos, estabelecer prazos desafiadores e incentivar a equipe a estar sempre atenta às demandas do mercado. A Inteligência Artificial pode apoiar essa liderança, fornecendo dados e insights relevantes, mas é a ação humana que fará a diferença.

c) **Capacitação e engajamento dos colaboradores:** É essencial que os colaboradores sejam capacitados e engajados para utilizar a inteligência artificial de forma efetiva. Eles devem compreender os benefícios da IA e como ela pode auxiliar no senso de urgência. Além disso, é importante que eles se sintam parte do processo e sejam incentivados a contribuir com ideias e feedbacks. A colaboração humana aliada à Inteligência Artificial pode impulsionar a inovação e a velocidade nas operações.

d) **Aprendizado contínuo e adaptação:** O uso da Inteligência Artificial requer um processo de aprendizado contínuo e adaptação. As empresas devem estar dispostas a experimentar, testar diferentes abordagens e estar abertas a ajustes. A IA pode fornecer insights valiosos sobre o desempenho e as oportunidades de melhoria, mas é necessário que a empresa esteja disposta a agir com base nesses dados e a adaptar suas estratégias de acordo.

Em resumo, a Inteligência Artificial é uma ferramenta poderosa para impulsionar o senso de urgência nas empresas, mas seu impacto positivo só será maximizado se houver uma cultura organizacional que já valorize e o pratique ativamente. A combinação da Inteligência Artificial com a ação humana ágil e proativa pode levar a resultados excepcionais, proporcionando uma vantagem competitiva duradoura no ambiente empresarial em constante mudança.

Entrevista Thiago Viola

Diretor de Data I.A. Automation da IBM Brasil

Ramalho: A Inteligência Artificial é considerada a quarta revolução industrial. Como você vê o seu impacto nas empresas e pessoas?[1]

1. Veja ao final do capítulo a cronologia das quatro revoluções industriais.

Thiago Viola: Ao contrário das outras revoluções que foram geograficamente localizadas e envolvendo setores específicos, a Inteligência Artificial estará presente em todas as áreas de maneira positiva.

A principal palavra que estamos percebendo sobre a Inteligência Artificial é produtividade. Reduzir trabalhos repetitivos, ganhar automação em *backoffice*, entregar mais eficiência e principalmente mais eficácia na hora de entregar documento, entregar um resultado. Aquela ineficiência de tempo que tínhamos vai ser traduzida em tecnologia e aí partes do processo terão muita automação com inteligência para evoluir o resultado.

Ramalho: Considerando que a Inteligência Artificial está automatizando também o processo criativo e não apenas o mecânico, como é a estratégia da IBM para I.A.?

Thiago Viola: A estratégia da IBM de Inteligência Artificial é o que a gente chama de I.A. for Business, ela é focada justamente em levar o B2B, soluções e proposições em cima do negócio. Esse é o primeiro passo; o segundo passo diz respeito à parte generativa. Aqui tem um dado importante que quero compartilhar de uma pesquisa que a IBM fez. Atualmente, 75% das empresas já identificam Inteligência Artificial como um fator de diferenciação dentro de qualquer coisa que está acontecendo na empresa, seja uma automação de *backoffice*, um atendimento de cliente ou uma gestão de documento.

Quando eu olho tudo o que a gente cria ou cocria junto com os nossos clientes, vejo alguns cenários bem claros e realistas. Por exemplo, uma empresa de advocacia. Um advogado tem de analisar mil páginas de um processo, precisa pesquisar a jurisprudência, analisar sua similaridade com outros processos para quantificar o que se pedirá por danos morais ou materiais. Como que trabalhamos para aumentar a eficiência desse profissional? Submetemos esse processo para a Inteligência Artificial da IBM, que faz o primeiro foco, ou seja, retira as informações principais, e através da I.A. generativa gera um resultado com um sumário dessas mil páginas, em que uma página mostra o que se está pedindo, o que se pode ganhar ou perder e uma proposição de soluções encontradas para casos similares.

A partir daí, o advogado usa seu conhecimento e sua experiência para um nível mais detalhado do que o sumário apresentado. A parte de eficiência operacional, eficiência produtiva, está no fator I.A., em que a empresa não colocou em uma sala 50 advogados lendo o processo e fazendo anotação manual para depois serem sumarizadas. Ele é colocado em uma zona "Pense já baseado na premissa que eu ofereci".

Outro exemplo, na área financeira, é o banco Inter. Hoje em dia, a validação de pagamentos, por exemplo, quando você passa o seu cartão de crédito, envolve verificar se é realmente você. Não é apenas um fator que determina isso, são vários. Se o seu cartão de crédito é frequentemente usado em São Paulo, mas você nunca esteve no Sul nem fez compras lá, e, ainda assim, ele está sendo usado lá, existem cerca de oito fatores indicando que a transação deve ser bloqueada. Isso é especialmente relevante considerando os 200 milhões de brasileiros e as inúmeras transações de cartão de crédito. Humanamente, é impossível analisar tudo isso, por isso a análise preditiva e a Inteligência Artificial são essenciais para evitar qualquer problema ou ineficiência. Com isso, conseguimos resolver 99% dos casos, deixando apenas 1% que requer uma análise mais detalhada. Por exemplo, se alguém com um determinado padrão de compras está em São Paulo e usa o cartão numa banca de jornal, isso pode exigir uma análise humana. Se o GPS do celular da pessoa estiver próximo à localização, por exemplo, pode-se concluir que é o próprio titular do cartão. Então, é interessante perceber que, muitas vezes, olhamos apenas para a nova tecnologia como solução, mas às vezes ela está apenas automatizando uma parte do processo de decisão que antes era manual e repetitivo, proporcionando eficiência.

A TIM, que é também um caso de referência para nós, possui um Call Center que recebe milhões de ligações por mês. Após essas ligações, há um time que avalia a precisão delas para saber se foram boas ou ruins, se o cliente saiu feliz ou triste, por que cancelou etc. Antes, um time fazia essa avaliação ouvindo as ligações, cuja duração média era de cinco a sete minutos. Basta fazer um cálculo simples para entender o volume de trabalho envolvido. O que fizemos foi pegar todos os áudios de todas as ligações e utilizar a ferramenta da IBM, o Watson, para analisá-los. Ele ouve o áudio, gera um resumo do conteúdo e classifica se a pessoa estava feliz, triste, motivada a comprar novos produtos etc. Isso resulta em uma classificação e, a partir daí, define-se um plano de ação. Por exemplo, ligar para o Ramalho se ele estiver satisfeito com a internet e oferecer um pacote para quando ele viajar. Ou ligar para a Juliana e oferecer um pacote diferente. Essa automatização no *backoffice* visa diminuir ineficiências e procrastinação. A ferramenta entrega os resultados que permitem à equipe ser mais produtiva, oferecendo novos serviços e gerando mais receita para a TIM. Também interage com a engenharia em caso de problemas técnicos que possam levar o cliente a cancelar o plano.

Ramalho: Eu sonho com a I.A. estar presente no Serviço de Atendimento ao Cliente (SAC) das empresas. Como consumidor, a minha experiência é horrível em 99% dos casos. São um tormento aqueles menus com inúmeras opções que levam o usuário para lugares que não ajudam ou que mandam para o WhatsApp que volta a mostrar mais menus sem fim. Como a I.A. pode ajudar o consumidor?

Thiago Viola: Uma das fortalezas da IBM com I.A. é a parte de *customer care*. E quando a gente olha a parte de *customer care*, é necessário que o *backoffice* do SAC ali tenha um grau de maturidade, vou repetir a palavra, de maturidade muito alto para chegar a esse nível de eficiência, então, por exemplo, quando você liga e fala que quer devolver um produto, a empresa tem de ter um *knowledge base* (base de conhecimento) que entende que, para o consumidor devolver o produto, tem de entrar no sistema, gerar o código de devolução do produto para o consumidor colocar o produto no correio. Só que normalmente essa informação não está em uma base, ela está num arquivo na máquina de alguém. Então esse *backoffice* com amadurecimento e com essas fortalezas, a gente entra no estágio um do *customer care* que é exatamente trazer para chatbot o que a gente tinha lá em 2014, 2015, aquela listagem de opções falando "Ramalho, me conta o que você quer fazer." "Ah, eu quero devolver o produto". "Ok, tá legal", aí vem um menuzinho: "Ramalho, o que aconteceu com o produto: Veio danificado? Não chegou? Não gostou? Quer devolver?. Então é a opção três. Ramalho, preencha para mim o seu nome CPF etc.". Tudo isso é o que chamamos de parte conversacional, que é o primeiro estágio e estava tudo bem porque fazia parte da evolução. Hoje em dia não dá mais, não tem como você ficar entrando no menu e dar 17 opções para pessoa. Então, entramos num estágio dois, chamado de prevalidação de tudo. Então, quando o Ramalho entra na página, eu já sei que é o Ramalho, endereço, de qual produto ele está falando, e que pode ser que ele não tenha gostado. Então, eu já entro numa interface com o Ramalho, já num estágio adiante e com tudo facilitado. Quer devolver o produto, se sim, está aqui o código de devolução. Nesse nível, por trás tem *machine learning, deep learning* e I.A. Você já entra num grau de humanização de comunicação muito mais forte que ficar escolhendo opções. Agora, em uma terceira fase de *customer care*, é você fazer tudo isso e uma mescla entre o transacional e a parte de comunicação nativa de um ser humano.

A Lu do Magalu é total IBM. Então, você pega a interação dela ao pedir um produto, ao pedir um desconto, que é o que mais acontece, onde se criou um mecanismo que não tem 8 etapas, 20 etapas. Com duas ou três interações, chega ao que você precisa.

Esse nível depende muito de como a empresa está estruturada. Se ela está bagunçada, se não tem as informações ou as informações são descentralizadas, essa experiência vai ser ruim. Então, no nosso caso, nós fazemos um trabalho desde o início. É o aperfeiçoamento que está acontecendo no mercado.

Ramalho: Aqui no livro tenho um capítulo sobre desintoxicação digital. Em cima da mesa, temos um celular que é o nosso algoz atual. Nós somos efetivamente dependentes dele como qualquer outra dependência, como a química, só que numa escala mundial. São mais de 5 bilhões de celulares em uso. Como você vê essa vida digital que nos tira o tempo bom da nossa vida, em função da sedução das facilidades, das recompensas que os apps oferecem e agora, com mais potência, com o uso de I.A.? O celular é uma das melhores ferramentas para estimular liberação de dopamina no cérebro e deixar você contente de estar fazendo aquilo por horas. Como você vê isso?

Thiago Viola: Eu vejo que muita coisa do que a gente faz atualmente no celular é o mecanismo utilizado para ter uma interação vinculada ao ser humano. Quando você posta uma foto numa rede social, espera que essa foto gere um *like*, gerar uma interação entre nós, é ver quem curtiu, quem comentou. Eu mudei de função há pouco tempo e postei no LinkedIn. Então, a minha ânsia era entrar e conseguir ver qual era o resultado da tecnologia que era a interação com o ser humano. Então, eu vejo indo para o lado positivo da coisa, que é a gente ter de usar esse tipo de instrumento como um meio do caminho da satisfação final como ser humano, seja para a interação com pessoas, seja para uma viagem familiar, seja para um grupo de amigos, seja para ter uma rotina combinada; então eu penso que a tecnologia e todos os dispositivos têm de ser caminho de chegar a algum propósito final, e cada um de nós tem um propósito final.

Ramalho: Você acha que a Inteligência Artificial vai poder ajudar a humanizar e diminuir a desigualdade na comunicação e na interação?

Thiago Viola: É uma ótima pergunta, essa discussão sempre aparece. A primeira coisa é que eu vejo a Inteligência Artificial ajudando, é a personificação a entender você, entender quem está do outro lado, e aí de maneira individual poder entregar algo como se eu conhecesse você.

Um segundo ponto é a maturidade da I.A. É a discussão de leis e alguns pilares do viés da alucinação e do *drift* (deslize), que acontece na Inteligência Artificial. E tudo isso pode ajudar e ser muito positivo se ela estiver bem treinada e com a base que antecede qualificada. Já existem inúmeros casos em que você não tem o treino, e em que você não qualifica a informação, em que a I.A. gera um viés, seja de gênero, de raça, enfim, de qualquer coisa.

Para ela, não ter esse viés, essa alucinação e esse deslize, a base de dados que antecede tem de estar extremamente qualificada e certificada com dados conhecidos.

A IBM tem uma grande fortaleza, a certeza de que os dados que os clientes utilizam estão certificados para serem utilizados em áreas delicadas como a jurídica ou que atendam alguma política de compliance.

Ramalho: Você não acha que existe também a possibilidade de a I.A. ser manipulada? Imagina na época das eleições, 50 milhões de pessoas afirmando alguma coisa; a I.A vai considerar que aquilo pode ser verdade, quando não é.

No processo de maturidade da I.A., existem métodos contraceptivos que validam se aquilo que está sendo postado é verídico ou não. Eu estive num evento do MIT em Boston. Ele me mostraram uma série de fotos do Donald Trump sendo preso, e até uma em que o Papa estava com moletom. Como você fala que aquela foto não é verdade?

Já existe um algoritmo que olha aquela imagem e mostra de onde ela extraiu aquelas informações para chegar àquela imagem ou resposta. O mesmo vale para notícias. Pode ser que tenham 50 milhões de pessoas falando algo, mas cadê o dado, o verídico? Está publicado onde? Um livro, um artigo no globo.com, no *New York Times*? Não está? Então a possibilidade de *fake news* é alta. Isso ainda vai existir, mas felizmente ter a base de dados pré-treinada e esses algoritmos, para ter certeza do que é e do que não é, vai nos ajudar a não cair em qualquer armadilha.

Ramalho: Qual é a sua expectativa para a Inteligência Artificial nos ajudar com o nosso senso de urgência?

Thiago Viola: Eu vejo uma expectativa boa, positiva, principalmente no que nos concerne em não executar trabalhos de massificação e trabalhos repetitivos. Tenho a expectativa de que o meu senso de urgência ou senso profissional pessoal seja muito mais direcionado para o propósito que estamos buscando no final. Espero que a I.A. torne tudo isso de maneira fácil, rápida e produtiva, para que eu possa, justamente, utilizar minhas horas e o meu tempo livre, ou seja o que for, com o propósito lá no final. E que toda essa operacionalização e orquestração seja feita através de uma Inteligência Artificial.

Ramalho: Ela vai nos proporcionar, então, o tempo de que precisamos. Se vamos usá-lo bem ou não, aí é outra questão.

Thiago Viola: Aí é uma escolha de cada um, mas o tempo vai estar lá para você poder aplicar onde tenha um propósito.

FINALIZANDO

A Inteligência Artificial desempenha um papel crucial no desenvolvimento do senso de urgência nas empresas. Ao antecipar demandas, identificar oportunidades, apoiar a tomada de decisão e promover a automação de processos, a IA capacita as organizações a agirem com rapidez, eficiência e assertividade. No entanto, é importante ressaltar que a Inteligência Artificial deve ser utilizada de forma responsável e ética, combinando o conhecimento humano com a potência analítica das máquinas. Ao incorporarem a IA em suas estratégias, as empresas podem fortalecer seu senso de urgência e obter uma vantagem competitiva significativa no mercado em constante evolução.

Revolução Industrial

Primeira Revolução Industrial (século 18): Introduziu a mecanização e o uso da máquina a vapor na indústria, começando na Inglaterra e se espalhando pela Europa e Estados Unidos, principalmente na indústria têxtil.

Segunda Revolução Industrial (século 19 e início do século 20): Marcada pelo surgimento de indústrias químicas, elétricas, de petróleo e aço, impulsionando avanços nos meios de transporte e comunicação, além de invenções como telefone, automóvel, avião e energia elétrica.

Terceira Revolução Industrial (segunda metade do século 20): Transição da mecânica analógica para a digital, com o advento dos microcomputadores e internet. Introduziu novas fontes de energia e avanços na engenharia genética e biotecnologia.

Quarta Revolução Industrial (século 21): Caracterizada pela interconectividade entre pessoas, máquinas e dados. Incorpora tecnologias como inteligência artificial, internet das coisas, robótica, nanotecnologia, impressão 3D e realidade virtual, gerando novos desafios e oportunidades.

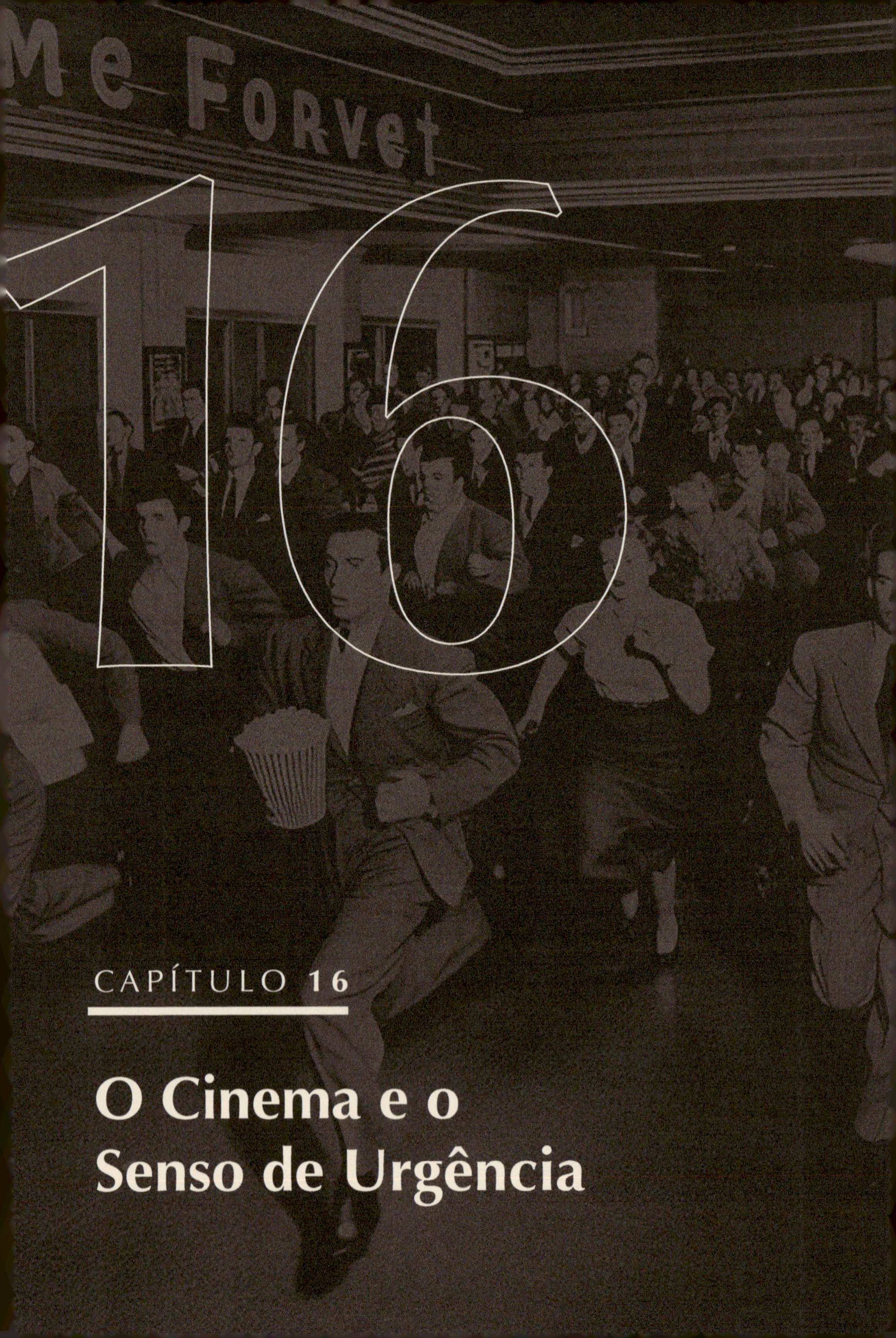

16

CAPÍTULO 16

O Cinema e o Senso de Urgência

> **Quem sofre antes de ser necessário, sofre mais que o necessário.**
>
> Sêneca (4 - 65 a.C.)
> *filósofo e escritor*

NESTE CAPÍTULO, EMBARCAREMOS EM UMA JORNADA CINEMAtográfica, explorando histórias reais e ficcionais que nos conduzem ao universo do senso de urgência, complacência, proatividade e procrastinação. O cinema nos proporciona um vasto repertório de personagens e tramas envolventes, que nos ajudarão a refletir sobre as diferentes facetas desses temas em nossa própria vida. O cinema é uma poderosa ferramenta narrativa que nos permite imergir em diferentes realidades, vivenciar dilemas humanos e extrair lições valiosas.

Ao longo destas páginas, mergulharemos em tramas envolventes que refletem a essência do senso de urgência, uma qualidade que impulsiona personagens a enfrentar desafios e tomar ações rápidas e decisivas diante de situações críticas. Exemplos como o brilhante gerente de hotel em *O Grande Hotel Budapeste*, que enfrenta reviravoltas inesperadas com determinação e agilidade, revelam como a urgência pode impulsionar nossa vida para além de nossos limites cotidianos.

Adentraremos em histórias que revelam a armadilha da complacência, como a trajetória do protagonista de *Jerry Maguire*, que, ao se confrontar com a falta de ética em sua indústria, se vê obrigado a agir com integridade e abandonar sua zona de conforto. Por meio de personagens que se acomodam em situações insatisfatórias, aprenderemos a importância de reconhecer a necessidade de mudanças e de enfrentar nossos medos para abraçar o novo.

A proatividade é uma lição que encontramos em *Um senhor estagiário*. O personagem Ben Whittaker, apesar da idade avançada, demonstra proatividade ao se candidatar a um programa de estágio e se esforçar para contribuir com sua experiência. Por fim, a procrastinação é abordada em *Feitiço do tempo*. O protagonista, Phil Connors, inicialmente usa a repetição do mesmo dia como uma desculpa para se entregar à inação.

Nessa jornada, aprenderemos a refletir sobre nossas próprias tendências procrastinadoras e a encontrar maneiras de romper esse ciclo. O cinema nos proporcionará uma experiência enriquecedora para detectar e compreender esses elementos essenciais em nossa vida, enquanto buscamos crescer, evoluir e aproveitar cada momento com sabedoria e coragem. Convido você a colocar o seu smartphone em modo avião e assistir aos oito filmes que selecionei.

- ***Jerry Maguire – A grande virada*** **(2h19min)**

Jerry Maguire – A grande virada (*Jerry Maguire*) é um filme de 1996 dirigido por Cameron Crowe que aborda a jornada de um agente esportivo, Jerry Maguire, interpretado por Tom Cruise, que passa por uma transformação profissional e pessoal significativa.

No início do filme, Jerry é um agente bem-sucedido, mas sua carreira é marcada pela complacência e pela busca excessiva de lucro. No entanto, uma noite de reflexão o leva a questionar sua ética profissional e seu senso de propósito. Sentindo a necessidade de mudar e de ser mais do que apenas um "vendedor de atletas", ele decide escrever uma missão que valoriza a honestidade e a dedicação ao cliente, em vez do lucro a todo custo. *Jerry Maguire* aborda temas como senso de urgência, complacência, proatividade e procrastinação ao longo do filme:

1. Senso de urgência: O filme começa com Jerry Maguire em um momento de epifania (revelação pessoal), em que reconhece a falta de ética em seu trabalho e decide agir rapidamente. Ele escreve um manifesto chamando a atenção para a necessidade de uma mudança e envia cópias para seus colegas. Esse senso de urgência em trazer uma mudança ética lhe custa o emprego, mas também o leva a agir com determinação e começar sua própria agência.
2. Proatividade: Ao ser demitido, Jerry não se contenta em se lamentar ou se conformar com sua situação. Ele toma a iniciativa e monta sua própria agência de esportes, buscando um novo começo. Sua atitude proativa o leva a enfrentar desafios e a trabalhar duro para construir sua nova carreira.
3. Complacência: No início do filme, vemos a complacência de Jerry com a cultura tóxica e sem ética de sua indústria. Ele é um agente bem-sucedido, mas também é egoísta e cínico. No entanto, após sua epifania, ele percebe a necessidade de mudar e abandonar sua complacência para construir uma carreira mais significativa e alinhada com seus valores.
4. Procrastinação: Antes da epifania, Jerry vinha adiando sua necessidade de mudar e fazer a diferença. Ele estava procrastinando em enfrentar seus valores éticos, escolhendo seguir o fluxo do sucesso financeiro e ignorar as questões éticas. No entanto, após esse momento de clareza, ele deixa de procrastinar e age rapidamente para trazer mudanças significativas.

Esses temas se entrelaçam durante a narrativa do filme, proporcionando uma reflexão sobre a importância de agir com senso de urgência, proatividade e integridade, enquanto se abandona a complacência e a procrastinação para alcançar o sucesso e a autenticidade pessoal e profissional.

- *O aviador* **(2h50 min)**

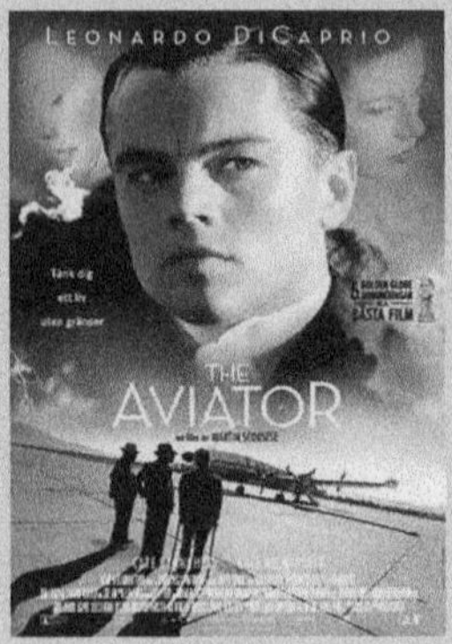

O aviador (*The Aviator*) é um drama biográfico de 2004, dirigido por Martin Scorsese. O filme conta a história real do magnata Howard Hughes, interpretado por Leonardo DiCaprio, um pioneiro do cinema e da aviação. A trama acompanha a vida de Hughes desde sua juventude até a ascensão ao sucesso como produtor de filmes em Hollywood e empresário da aviação. Ao longo da história, o filme retrata seus relacionamentos amorosos, sua batalha contra a doença mental e seu incansável desejo de alcançar a perfeição em suas realizações, apesar das adversidades. Hughes é apresentado como alguém com temperamento e personalidade únicos, o que influencia tanto seu senso de urgência quanto sua procrastinação.

No filme, Hughes é retratado como uma pessoa obcecada pela aviação e pela busca incessante de inovação e perfeição. Seu temperamento perfeccionista e detalhista o impulsiona a investir muito tempo e muitos recursos em seus projetos aeronáuticos. Ele é um homem de visão, que não mede esforços para alcançar seus objetivos e superar desafios.

Por outro lado, a mesma personalidade obsessiva de Hughes também o leva a procrastinar em outras áreas da vida. Ele fica preso a rituais e rotinas compulsivas, como repetir uma frase várias vezes antes de fazer uma ligação telefônica. Essa procrastinação é resultado do seu temperamento e das suas obsessões, que podem se tornar obstáculos para a conclusão de tarefas que não estão diretamente relacionadas à sua paixão pela aviação.

Além disso, o filme também retrata a influência da criação na personalidade de Hughes. Ele é criado por um pai rigoroso e exigente, que coloca uma grande pressão sobre ele desde a tenra idade. Essa criação rigorosa e a busca constante por aprovação podem contribuir para a sua intensidade, senso de urgência e necessidade de perfeição.

Em resumo, o filme *O aviador* apresenta Howard Hughes como uma figura complexa, cujo temperamento e personalidade moldam tanto seu senso de urgência quanto sua procrastinação. Sua paixão pela aviação e sua busca por perfeição são impulsionadoras de suas realizações, mas também podem ser fontes de procrastinação em outras áreas. O filme oferece um olhar fascinante sobre a relação entre a personalidade, a criação e a influência no senso de urgência e na procrastinação de um indivíduo.

• *O Grande Hotel Budapeste* (1h39min)

O Grande Hotel Budapeste (*The Grand Budapest Hotel*), filme de 2014 dirigido por Wes Anderson, apresenta uma variedade de personagens com personalidades e temperamentos distintos, e a maneira como cada um deles lida com o senso de urgência e a procrastinação contribui para a dinâmica da história. Ambientada na Europa dos anos 1930, a história gira em torno das aventuras do excêntrico gerente de hotel *monsieur* Gustave H. e de seu leal ajudante Zero Moustafa. Eles enfrentam roubos, assassinatos e disputas familiares enquanto buscam uma fortuna roubada e uma valiosa pintura.

No filme, Gustave H., interpretado por Ralph Fiennes, é o concierge principal do Grande Hotel Budapeste. Gustave é conhecido por seu senso de urgência e perfeccionismo; está sempre em movimento, cuidando dos hóspedes e garantindo que tudo esteja perfeito. Sua personalidade enérgica e diligente reflete seu compromisso em atender às necessidades dos hóspedes e manter a reputação impecável do hotel.

Por outro lado, outros personagens no filme podem ser vistos como mais complacentes ou até mesmo procrastinadores. Por exemplo, o personagem

Zero, interpretado por Tony Revolori, inicialmente demonstra um comportamento mais passivo e reservado. No entanto, à medida que a história avança, ele se torna mais proativo, inspirado pela liderança de Gustave, assumindo responsabilidades e agindo rapidamente para solucionar problemas.

Além disso, o filme também apresenta outros personagens que representam diferentes temperamentos e personalidades. São pessoas com abordagens mais relaxadas ou resistentes à mudança, que podem procrastinar ou resistir a situações urgentes. Essa diversidade de personalidades permite que o filme explore as consequências das ações e atitudes de cada personagem, tanto em termos de senso de urgência quanto de procrastinação.

Em resumo, *O Grande Hotel Budapeste* nos mostra como diferentes personalidades e temperamentos influenciam a forma como os indivíduos lidam com o senso de urgência e a procrastinação. Através dos personagens, o filme ilustra as diferentes abordagens diante de situações urgentes e a importância de uma postura proativa para lidar com os desafios.

- ***À procura da felicidade* (1h57min)**

À procura da felicidade (*The Pursuit of Happyness*) é um drama biográfico de 2006, dirigido por Gabriele Muccino e estrelado por Will Smith. O filme é baseado na história real de Chris Gardner, um pai solteiro que enfrenta dificuldades financeiras e pessoais. Ele luta para superar a pobreza e as adversidades, buscando um futuro melhor para si e seu filho pequeno. Com inúmeras dificuldades, Chris se esforça para conseguir um estágio não remunerado em uma corretora de valores. Sua perseverança e determinação o ajudam a alcançar o sucesso.

O filme *À procura da felicidade* aborda o senso de urgência, complacência e proatividade por meio da jornada de Chris Gardner. Inicialmente, Chris vive em uma situação desesperadora, enfrentando dificuldades financeiras e pessoais. Essa situação o impulsiona a desenvolver um senso de urgência para mudar sua vida e a de seu filho.

Ao longo do filme, Chris se depara com várias situações difíceis que exigem ação rápida e decisiva para superar obstáculos. Seu senso de urgência é evidente quando ele se esforça para vencer a concorrência e conseguir o estágio na corretora, mesmo sem garantias de remuneração, sabendo que ele poderia ser a chance de um futuro melhor.

Em contraste, o filme também retrata a complacência de algumas pessoas ao redor de Chris. Ele enfrenta a falta de apoio de algumas pessoas que não acreditam em suas habilidades e desencorajam suas ambições. Além disso, o filme apresenta a complacência social com a situação de pessoas em dificuldades financeiras, destacando como a sociedade muitas vezes não é sensível às lutas e aos desafios enfrentados por indivíduos em situação de vulnerabilidade.

A proatividade de Chris é um aspecto central da história. Ele não se resigna à sua situação e procura ativamente oportunidades para melhorar sua vida e a de seu filho. Mesmo enfrentando inúmeras adversidades, ele continua buscando emprego, mesmo que seja um estágio não remunerado, e se esforça para se destacar e aprender as tarefas diárias.

Em suma, *À procura da felicidade* aborda o senso de urgência devido à difícil situação em que o protagonista se encontra, a complacência da sociedade e de algumas pessoas ao redor e a proatividade de Chris em buscar ativamente uma vida melhor. O filme destaca a importância de agir rapidamente quando necessário, não se contentar com a situação atual e tomar a iniciativa para alcançar os objetivos pessoais, mesmo diante das adversidades.

- ***Margin Call – O dia antes do fim*** **(1h47min)**

Margin Call – O dia antes do fim (*Margin Call*) é um drama de suspense lançado em 2011, dirigido por J.C. Chandor. O filme se passa em uma empresa de investimentos em Wall Street durante a crise financeira de 2008. Tudo começa quando um jovem analista, Peter Sullivan, descobre um grande problema em uma operação financeira da empresa. Ele alerta os superiores, incluindo o chefe, Will Emerson, que, por sua vez, informa o diretor de operações, Sam Rogers. À medida que a crise se desenrola, a empresa se vê obrigada a tomar decisões morais e éticas, enfrentando as consequências devastadoras do colapso financeiro iminente. O filme explora temas como ganância, responsabilidade e efeitos devastadores das decisões tomadas no mundo das altas finanças. Retrata a intensa pressão e as decisões difíceis que os personagens enfrentam em um curto período de tempo. Vamos analisar como os personagens lidam com os aspectos de senso de urgência, complacência e proatividade:

1. Senso de urgência: À medida que a empresa descobre que está à beira do colapso financeiro, os personagens são confrontados com uma situação de extrema urgência. Eles percebem que precisam agir rapidamente para evitar uma catástrofe financeira. O filme retrata a atmosfera frenética e o senso de urgência crescente à medida que os personagens tentam encontrar soluções e tomar decisões cruciais em um curto espaço de tempo.
2. Complacência: Alguns personagens no filme demonstram certa complacência em relação à crise iminente. Eles resistem a enfrentar a realidade e relutam em aceitar a gravidade da situação. Essa complacência é representada por indivíduos que se preocupam mais com seus próprios interesses e benefícios pessoais, mesmo que isso signifique ignorar as consequências de suas ações. A complacência é retratada como um obstáculo para lidar efetivamente com a crise e tomar medidas decisivas.
3. Proatividade: Alguns personagens, no entanto, demonstram uma atitude proativa diante da crise. Eles assumem a responsabilidade de lidar com a situação, buscando soluções e enfrentando as consequências de suas decisões. Esses personagens estão dispostos a enfrentar os desafios e tomar medidas difíceis para proteger a empresa e seus funcionários. Eles mostram iniciativa e estão dispostos a arriscar sua reputação e carreira em prol do bem maior.

No decorrer do filme, os personagens são confrontados com escolhas éticas e morais difíceis, enquanto lidam com a pressão do tempo. Alguns optam pela complacência, colocando seus interesses pessoais acima do bem-estar da empresa e de seus clientes. Outros adotam uma abordagem proativa, reconhecendo a urgência da situação e agindo para mitigar os danos causados pela crise.

Margin Call – O dia antes do fim oferece uma visão realista das complexidades e dos desafios enfrentados em um ambiente corporativo durante uma crise financeira. Ele destaca como o senso de urgência, a complacência e a proatividade podem influenciar as decisões dos personagens e o destino da empresa.

No filme, diversos personagens abordam, em suas ações, os aspectos de senso de urgência, complacência e proatividade. Vamos detalhar como alguns desses personagens lidam com esses elementos:

1. Eric Dale (interpretado por Stanley Tucci): Eric é um experiente analista de riscos, que é demitido logo no início do filme. Ele percebe a gravidade da situação e, mesmo sabendo que a empresa está à beira do colapso, age com senso de urgência ao entregar um arquivo confidencial para o jovem analista Peter Sullivan. Essa ação proativa de Eric inicia a cadeia de eventos que leva à descoberta da crise iminente.
2. Sam Rogers (interpretado por Kevin Spacey): Sam é um executivo sênior na empresa de investimentos e, ao longo do filme, mostra uma mistura de complacência e senso de urgência. Inicialmente, ele reluta em aceitar a gravidade da situação, esperando que a empresa possa superar a crise. No entanto, quando confrontado com a realidade, Sam compreende a urgência da situação e toma medidas proativas para enfrentá-la, mesmo que signifique sacrificar a ética e prejudicar os outros.
3. Peter Sullivan (interpretado por Zachary Quinto): Peter é um analista jovem e talentoso que descobre a dimensão da crise financeira ao analisar um arquivo entregue por Eric Dale. Ele demonstra uma mistura de proatividade e senso de urgência, mergulhando profundamente na análise e buscando soluções para a situação desafiadora. Sua determinação e disposição em tomar medidas rápidas e decisivas refletem sua compreensão do senso de urgência.
4. Will Emerson (interpretado por Paul Bettany): Will é um dos corretores da empresa e exibe uma atitude mais complacente. Ele está relutante

em aceitar a magnitude da crise e hesita em tomar medidas drásticas para lidar com ela. No entanto, ao testemunhar os efeitos da crise em primeira mão, Will eventualmente se torna mais proativo e se une a outros personagens em busca de soluções.

Esses personagens exemplificam diferentes abordagens em relação ao senso de urgência, complacência e proatividade. Alguns agem rapidamente, reconhecendo a urgência da situação e tomando medidas proativas para enfrentá-la, enquanto outros inicialmente resistem à realidade e são mais complacentes. Ao longo do filme, suas ações e decisões moldam o curso dos eventos e revelam as consequências dessas atitudes em um ambiente de crise financeira.

- ***Um senhor estagiário* (2h10min)**

Um senhor estagiário (The Intern) é um filme de 2015 dirigido por Nancy Meyers. Ben Whittaker, um viúvo de 70 anos, entra em um programa de estágio sênior em uma empresa de moda. Ele se torna mentor e amigo da fundadora da empresa, Jules Ostin, ajudando-a a equilibrar vida pessoal e profissional. O filme aborda amizade e aprendizado intergeracional. Ele apresenta os seguintes aspectos em relação aos personagens e às suas atitudes:

1. Proatividade: O personagem principal, Ben Whittaker (interpretado por Robert De Niro), é um idoso viúvo que se aposentou recentemente. Ao se tornar estagiário em uma empresa de moda online, ele demonstra uma atitude proativa. Ele está disposto a aprender, a se adaptar e oferecer sua experiência e conhecimento para ajudar seus colegas de trabalho. Ben está sempre buscando maneiras de se envolver mais ativamente e fazer a diferença na empresa.
2. Complacência: Jules Ostin (interpretada por Anne Hathaway) é a jovem e bem-sucedida CEO da empresa de moda. Embora Jules seja altamente talentosa e determinada, ela demonstra certa complacência em relação à gestão e ao equilíbrio entre trabalho e vida pessoal. Ela se sente sobrecarregada e não está disposta a delegar tarefas ou confiar nos outros para ajudá-la em suas responsabilidades. Essa complacência afeta sua capacidade de lidar com os desafios enfrentados pela empresa.
3. Procrastinação: Embora o filme não apresente diretamente um personagem específico como procrastinador, há momentos em que Jules mostra uma tendência a adiar decisões importantes ou até mesmo uma tarefa ordinária, como arrumar a mesa de despejo no centro do escritório, cuja bagunça a atormenta, mas ela não tem uma reação para sanar o problema, e evita confrontar certas situações difíceis. Isso reflete sua falta de senso de urgência em resolver problemas iminentes, o que acaba impactando negativamente a empresa.

Um senhor estagiário explora a dinâmica entre um estagiário mais velho e uma CEO mais jovem, com seus diferentes estilos de trabalho e atitudes. Ben, o personagem pró-ativo, inspira seus colegas de trabalho a olharem além das aparências e a valorizarem a experiência e a sabedoria que os mais velhos podem levar para a equipe. Enquanto isso, Jules, mesmo enfrentando desafios e aprendendo com eles, passa por um processo de amadurecimento e descobre a importância de confiar nos outros e não se sobrecarregar com todas as responsabilidades.

O filme mostra que a proatividade de Ben e a complacência inicial de Jules são duas perspectivas distintas em relação ao trabalho e à vida. Ao longo da história, ambos os personagens aprendem com suas experiências e encontram um equilíbrio entre proatividade e reconhecimento da importância de contar com a ajuda e o apoio de outras pessoas para alcançar o sucesso.

• ***Feitiço do tempo* (1h41min)**

Feitiço do tempo (*Groundhog Day*) é uma comédia romântica de 1993 que conta a história de Phil Connors, um meteorologista mal-humorado que fica preso em um *loop* temporal, revivendo o mesmo dia repetidamente. Enquanto enfrenta a frustração de estar preso no Dia da Marmota em uma pequena cidade, ele passa por uma jornada de autodescoberta e crescimento pessoal, aprendendo a valorizar as pessoas ao seu redor e a fazer escolhas altruístas, o que finalmente o liberta do ciclo temporal e lhe permite encontrar o verdadeiro amor e uma nova perspectiva de vida.

Ele aborda de forma interessante os aspectos de senso de urgência, complacência, procrastinação e proatividade através dos seguintes elementos:

1. Senso de Urgência: Phil Connors (interpretado por Bill Murray) fica preso em um *loop* temporal. Inicialmente, ele não reconhece a urgência dessa situação, aproveitando-a para benefícios pessoais, sem se preocupar com as consequências. No entanto, à medida que o tempo passa, ele percebe que precisa aproveitar cada dia ao máximo, pois cada ação e escolha têm um impacto duradouro. Essa percepção desenvolve um senso de urgência em Phil para fazer a diferença e melhorar como pessoa.
2. Complacência: No começo do filme, Phil é complacente e até mesmo desdenhoso em relação ao dia repetido. Ele se entrega a comportamentos

autodestrutivos e egoístas, sem ver a necessidade de crescer ou mudar. Sua complacência o mantém preso em um ciclo de repetição até que ele perceba a importância de mudar suas atitudes e prioridades.

3. Procrastinação: À medida que Phil repete o mesmo dia, ele passa por uma fase de procrastinação. Ele se envolve em atividades fúteis e evita enfrentar a realidade de sua situação. No entanto, conforme sua consciência se desenvolve, ele percebe que a procrastinação não leva a lugar algum e que é necessário agir e fazer escolhas significativas para avançar.
4. Proatividade: À medida que Phil evolui em sua jornada, ele começa a adotar uma abordagem proativa para lidar com o dia repetido. Ele busca aprender novas habilidades, ajuda os outros e aproveita o tempo para crescer como pessoa. Sua proatividade o leva a se tornar um exemplo de bondade, generosidade e desenvolvimento pessoal.

O filme *Feitiço do tempo* mostra como a experiência do *loop* temporal transforma Phil, levando-o a adquirir um senso de urgência, superar a complacência e a procrastinação e se tornar uma pessoa mais proativa. Ao explorar os diferentes estágios de sua jornada, o filme nos ensina a valorizar o tempo, a aproveitar as oportunidades, a buscar mudanças significativas e a fazer a diferença na vida das pessoas ao nosso redor.

Como podemos aplicar os ensinamentos desse filme em nossa vida, já que não vivemos em um *loop* temporal? Embora não vivamos em um *loop* temporal, podemos aplicar os ensinamentos do filme de algumas maneiras:

1. Valorize o presente: Assim como Phil Connors aprendeu a valorizar cada dia repetido, podemos aplicar essa mentalidade em nossa vida diária. Em vez de nos preocuparmos excessivamente com o passado ou o futuro, podemos concentrar nossa atenção e apreciar o momento presente. Isso nos permite desfrutar mais das experiências cotidianas, dos relacionamentos e das oportunidades que nos são apresentadas.
2. Aprenda com os erros: No filme, Phil tem a chance de repetir o mesmo dia várias vezes, o que lhe permite corrigir erros e aprender com suas ações anteriores. Podemos adotar essa abordagem em nossa vida, refletindo sobre nossos erros e experiências passadas. Ao identificar

as lições aprendidas, podemos usar esse conhecimento para tomar decisões melhores e evoluir como indivíduos.

3. Desenvolva a autossuperação: À medida que Phil percebe que está preso no mesmo dia, ele aproveita a oportunidade para desenvolver novas habilidades e novos conhecimentos. Podemos aplicar essa ideia buscando constantemente aprender e crescer. Isso pode envolver a aquisição de novas habilidades, a busca por conhecimentos em áreas de interesse ou o desenvolvimento de competências pessoais. A busca pela autossuperação contínua permite expandir nossos horizontes e alcançar nossos objetivos.
4. Cultive empatia e bondade: Ao longo do filme, Phil começa a se preocupar mais com os outros e a fazer o bem para aqueles ao seu redor. Podemos nos inspirar e cultivar a empatia e a bondade em nossa própria vida. Pode envolver ajudar os outros, praticar atos de gentileza, mostrar compaixão e estar presente para as pessoas que nos cercam. Essas ações não apenas beneficiam os outros, mas também nos trazem uma sensação de satisfação e propósito.
5. Aprecie as pequenas coisas: No filme, Phil percebe que as pequenas coisas da vida podem trazer alegria e significado. Da mesma forma, podemos aprender a apreciar as coisas simples e cotidianas em nossa vida. Pode ser uma conversa com um ente querido, um momento de paz e tranquilidade, ou até mesmo um pequeno prazer, como apreciar uma xícara de café ou assistir ao pôr do sol. Ao cultivarmos uma mentalidade de gratidão e apreciação, podemos encontrar felicidade nas coisas pequenas e cotidianas.

Embora não possamos voltar no tempo como ocorre no filme, podemos aplicar seus ensinamentos para viver de forma mais consciente, aprender com nossas experiências, cultivar relacionamentos significativos e buscar o crescimento pessoal. Essas lições nos lembram a importância de aproveitar o presente, valorizar as pessoas ao nosso redor e buscar uma vida com propósito e significado.

• *Mulheres à beira de um ataque de nervos* (1h28min)

Mulheres à beira de um ataque de nervos (*Mujeres al Borde de un Ataque de Nervios*) é uma comédia de 1988, dirigida por Pedro Almodóvar. O filme acompanha a vida tumultuada de Pepa, uma atriz de dublagem que é abandonada pelo amante Ivan e embarca em uma série de confusões e mal-entendidos para tentar encontrá-lo e resolver a situação. Enquanto isso, ela também se envolve com os exóticos e excêntricos personagens que a cercam, incluindo sua amiga instável Candela e a namorada de Ivan, Lucía. Pepa está vivendo uma vida caótica, tentando equilibrar a carreira, os relacionamentos e suas próprias emoções. Ela está constantemente sobrecarregada, correndo de um lugar para outro, tentando resolver os problemas que surgem. Seu nível de estresse está constantemente no limite.

Enquanto Pepa luta para lidar com o estresse e o coração partido, outras mulheres em sua vida também estão enfrentando as próprias batalhas. Lucía, a amiga de Pepa, está lidando com a descoberta de que seu marido está tendo um caso. Paulina, a amante de Ivan, também está em busca de respostas e confronta a turbulência emocional resultante de seu relacionamento complicado. À medida que a trama se desenrola, vemos como o estresse e a pressão constante afetam a vida dessas pessoas. Elas enfrentam dificuldades em encontrar tempo para si mesmas, cuidar de sua saúde mental e equilibrar suas responsabilidades diárias.

O constante bombardeio de situações estressantes leva ao esgotamento físico e emocional, criando uma atmosfera de estresse. Essa história nos mostra a importância de reconhecer os sinais de estresse e *burnout* em nossa própria vida.

O filme aborda de forma satírica e humorística os temas de senso de urgência, complacência e pressões externas.

1. Senso de urgência: O filme lida com o senso de urgência através das situações caóticas em que os personagens se encontram. A protagonista, Pepa (interpretada por Carmen Maura), está desesperada para encontrar seu amante Ivan (interpretado por Antonio Banderas) e resolver a situação após ser abandonada. À medida que a trama se desenrola, as ações dos personagens são impulsionadas por uma sensação constante de urgência, uma vez que eles tentam resolver os mal-entendidos e desenlaces inesperados que surgem ao longo da história.
2. Complacência: O filme também aborda a complacência de certos personagens em relação aos seus relacionamentos e situações complicadas. Enquanto Pepa está determinada a resolver seus problemas, outros personagens parecem estar mais inclinados a aceitar as situações ou evitá-las, mostrando uma certa complacência em relação aos próprios dilemas.
3. Pressões externas: As pressões externas são retratadas de forma cômica no filme, especialmente através das interações e mal-entendidos entre os personagens. As reviravoltas são muitas vezes resultado de pressões externas e acontecimentos inesperados que afetam a vida dos personagens de forma tumultuada e hilária.

Em suma, *Mulheres à beira de um ataque de nervos* utiliza situações de urgência, complacência e pressões externas para criar um enredo divertido e caótico. O filme explora as complexidades dos relacionamentos humanos e as formas como as pessoas reagem a situações inesperadas e desafiadoras.

FINALIZANDO

Ao longo dos 16 capítulos busquei despertar em você a percepção do senso de urgência e como o seu uso pode mudar a nossa jornada. Mostrei também como a proatividade é a melhor aliada do senso de urgência e uma ferramenta essencial para sua prática; apresentei também como a maléfica parceria da complacência com a procrastinação são os principais obstáculos à conquista de nossos objetivos.

Os exercícios no final dos capítulos visam à sua reflexão sobre os temas abordados e a uma autoavaliação para que, eventualmente, você mude sua postura e atitude. A intenção não é verificar se você aprendeu o que foi ensinado, mas essencialmente levá-lo a uma mudança.

Todos nós temos um pouco de Lucas ou Maria, personagens do Capítulo 1. Eu cresci como o Lucas, o que me trouxe várias dificuldades que precisei superar na minha vida pessoal e profissional. Um lado racional me dizia o que fazer, mas as sequelas do mundo mágico levaram anos para serem curadas. Li, em algum lugar, que procrastinação é como um vício, que mesmo tratado, continua a ser desafiador todos os dias. Então, se você se sentir assim, desafiado diariamente, tenha certeza de que não está só. Nós não somos pessoas 100% proativas ou procrastinadoras. Em algumas áreas, podemos ser muito proativos, e em outras, muito procrastinadores. Você terá de focar nas áreas onde existe uma deficiência e em que certamente estão os seus pontos de desconforto.

Viva um dia de cada vez e faça o melhor com os seus 1.440 minutos.

Conte-me como é a sua relação com o tempo. Aguardo sua opinião em meu e-mail: ramalhoescritor@gmail.com, ou no LinkedIn: https://www.linkedin.com/in/joseantonioramalho/.

Referências

BIERNATH, André. Como uso excessivo de celular impacta cérebro da criança. *BBC News Brasil*. 24 de mar. de 2022. Disponível em: https://www.bbc.com/portuguese/geral-60853962. Acesso em: 20 de mar. de 2024.

BHATTACHARYA, Supid et al. NOMOPHOBIA: NO MObile PHone PhoBIA. *Journal of family medicine and primary care,* vol. 8, nº 4, p. 1297-1300, abr. 2019: Disponível em: https://doi.org/10.4103/jfmpc.jfmpc_71_19. Acesso em: 20 jun. 2024.

CASADEI, Graciele Reinert; BENNEMANN, Rose Mari; LUCENA, Tiago Franklin Rodrigues. Influência das redes sociais virtuais na saúde dos idosos. *Enciclopedia Biosfera*, Goiânia, v. 16, n. 29, 2019. Disponível em: https://www.conhecer.org.br/enciclop/2019a/sau/influencia.pdf. Acesso em: 14 jun. 2024.

FLORIOS, Daia. Abstinência de telas: As consequências dos eletrônicos na vida das crianças. *Green Me*. Disponível https://www.greenme.com.br/viver/especial-criancas/85519-abstinencia-de-telas/. Acesso em: 14 jun. 2024.

44 SMARTPHONE ADDICTION Statistics for 2024 [INFOGRAPHIC]. *SlickText*. Disponível em: https://www.slicktext.com/blog/2019/10/smartphone-addiction-statistics/. Acesso em: 14 jun. 2024.

GIULIODORI, Andrea. Tecnica del pomodoro: 5 cose che non sai. *Efficacemente*. Disponível em: https://www.efficacemente.com/gestione-tempo/tecnica-del-pomodoro/. Acesso em: 14 jun. 2024.

GOLEMAN, Daniel. *Inteligência emocional: A teoria revolucionária que redefine o que é ser inteligente*. Rio de Janeiro: Objetiva, 1996.

HOSPITAL ISRAELITA ALBERT EINSTEIN. Síndrome de Burnout: Quais as causas e sintomas mais comuns? *Vida Saudável*. 26 set. 2023. Disponível em: https://vidasaudavel.einstein.br/sindrome-de-burnout/. Acesso em: 14 jun. 2024.

KIRAN, Harsha. 51 + Scary Smartphone Addiction Statistics for 2024 [Nomophobia on the Rise]. *Tech Jury*. https://techjury.net/blog/smartphone-addiction-statistics/. Acesso em: 14 jun. 2024.

MARTINS, Vaneza Cristina Roscamp; BRANDÃO, Aline Aparecida Lima; MOTT, Andreia Santos. Redes sociais e seus impactos sobre a saúde mental. *Revista FT*, v. 27, 18 mar. 2023. Disponível em: https://revistaft.com.br/redes-sociais-e-seus-impactos-sobre-a-saude-mental/. Acesso em: 14 jun. 2024.

MASSEY, Morris. *The People Puzzle: Understanding Yourself & Others*. Reston, VA: Reston Publishing Co., 1979.

MAZA, Maria T.; FOX, Kara A.; KWON, Seh-Joo *et al.* Association of Habitual Checking Behaviors on Social Media With Longitudinal Functional Brain Development. *JAMA Pediatrics*. Disponível em: https://jamanetwork.com/journals/jamapediatrics/article-abstract/2799812. Acesso em: 14 jun. 2024.

MINISTÉRIO DA SAÚDE. Síndrome de burnout. *gov.br*. Disponível em: https://www.gov.br/saude/pt-br/assuntos/saude-de-a-a-z/s/sindrome-de-burnout. Acesso em: 14 jun. 2024.

NATIONAL GEOGRAPHIC. Como o uso das redes sociais pode afetar o cérebro. Disponível: https://www.nationalgeographicbrasil.com/ciencia/2023/02/como-o-uso-das-redes-sociais-pode-afetar-o-cerebro. Acesso em: 14 jun. 2024.

NEUROCIENTISTA FRANCÊS EXPLICA mecanismos cerebrais da atenção e derruba mito do multitarefa. *Globo.com*. 13 mar. 2018. Disponível em: https://g1.globo.com/ciencia-e-saude/noticia/neurocientista-frances-desmonta-mito-do-multitarefa-e-explica-mecanismos-cerebrais-da-atencao.ghtml. Acesso em: 14 jun. 2024.

PETERSON, Christopher; Seligman, Martin E. P. *Character Strengths and Virtues: A Handbook and Classification*. Oxford: Oxford University Press, 2004.

RUIZ, Miguel. *The Four Agreements: A Practical Guide to Personal Freedom*. San Rafael: CA: Amber-Allen Publishing, 2018.

THE 5S OF KAISEN: The Ultimate Guide. *Procurement Tatics*. Disponível em: https://procurementtactics.com/the-5s-of-kaizen/. Acesso em: 14 jun. 2024.

TIGGEMANN, Marika. (2014). The Status of Media Effects on Body Image Research: Commentary on Articles in the Themed Issue on Body Image and Media. *Media Psychology*, vol. 17, 2014, doi.org/10.1080/15213269.2014.891822.

TIME MANAGEMENT WORKSHOP Activity: The Eisenhower Matrix. Disponível em: https://www.health.columbia.edu/sites/default/files/content/Time%20Management-%20Eisenhower%20Matrix%20Activity.pdf. Acesso em: 14 jun. 2024.

ZITZER, Bernard. Lebensrad (Wheel of Life) – Schritt für Schritt erklärt [Anleitung + Vorlage]. Disponível em: https://bernardzitzer.com/de/lebensrad-wheel-of-life-anwendung/. Acesso em: 14 jun. 2024.

CONHEÇA OUTROS LIVROS

EM UM MUNDO DE ECONOMIA DE ATENÇÃO, A COMUNICAÇÃO DEVE SER OTIMIZADA PARA ENTRETER E INFORMAR.

Por meio da aplicação de ferramentas e estruturas narrativas consagradas, em colaboração com tecnologias atuais, José Antônio Ramalho introduz as melhores práticas éticas para cativar a audiência e potencializar projetos profissionais ou pessoais.

A ARTE DA COMUNICAÇÃO HUMANA.

Este livro apresenta uma abordagem abrangente sobre a comunicação e o diálogo, com o objetivo de ajudar as pessoas a se comunicarem de forma mais eficaz em diferentes contextos, sejam eles interpessoais ou organizacionais. Os conhecimentos adquiridos beneficiarão os leitores em suas interações cotidianas, seja no ambiente de trabalho, em relacionamentos pessoais ou em situações sociais.

Todas as imagens são meramente ilustrativas.